Informatik-Fachberichte 138

Herausgegeben von W. Brauer
im Auftrag der Gesellschaft für Informatik (GI)

Reinhard Männer

Entwurf und Realisierung eines Multiprozessors

Das System „Heidelberger POLYP"

Springer-Verlag
Berlin Heidelberg New York
London Paris Tokyo

Autor

Reinhard Männer
Physikalisches Institut der Universität Heidelberg
Philosophenweg 12, 6900 Heidelberg

CR Subject Classifications (1987): C.1.2, C.1.3, D.4.1, D.4.5, J.2

ISBN-13:978-3-540-17909-2   e-ISBN-13:978-3-642-72748-1
DOI: 10.1007/978-3-642-72748-1

CIP-Kurztitelaufnahme der Deutschen Bibliothek. Männer, Reinhard: Entwurf und
Realisierung eines Multiprozessors: d. System „Heidelberger Polyp" / Reinhard
Männer. – Berlin; Heidelberg; New York; London; Paris; Tokyo: Springer, 1987.
(Informatik-Fachberichte; 138)
ISBN-13:978-3-540-17909-2

NE: GT

Vorwort und Danksagung

Wissenschaft und Technik stützen sich in hohem Maße auf die Flexibilität und Leistung von Rechnern. Dabei kommt fast ausschließlich eine spezielle Rechnerarchitektur zum Einsatz, nämlich von-Neumann-Maschinen, die ein sequentielles Programm Schritt für Schritt abarbeiten. Die schnell wachsenden Ansprüche an höhere Rechenleistung wurden bisher traditionellerweise durch den Einsatz immer neuerer Technologien befriedigt; das Grundkonzept blieb dabei unverändert. Im Gegensatz dazu wurden im Rahmen der Informatik seit Jahrzehnten alternative Rechnerarchitekturen untersucht, bei denen z.B. mehrere Programmteile (Instruktionsströme) gleichzeitig bearbeitet werden. Wird die Beschränkung auf einen einzelnen, das gesamte Programm ausführenden Prozessor fallengelassen, so eröffnet sich eine Vielzahl neuer Möglichkeiten, gleiche oder unterschiedliche Prozessoren zu einem Parallelrechner zu verbinden und gemeinsam ein Problem bearbeiten zu lassen. Solche Architekturen versprechen über rein technologische Verbesserungen weit hinausgehende Leistungssteigerungen. Allerdings scheiterte der praktische Einsatz bis vor kurzem sowohl an den hohen Kosten, als auch an den Schwierigkeiten, das gegebene "Programm" als ein auf die jeweilige Architektur zugeschnittenes Paket paralleler Prozesse zu formulieren. Das erste Hindernis ist durch den Einsatz von Höchstintegration beseitigt worden: Moderne Mikroprozessoren bieten Rechenleistungen, wie sie noch vor wenigen Jahren nur für Großrechner üblich waren; die praktisch einsetzbare Speichergröße ist dabei um Zehnerpotenzen gestiegen. Die extrem niedrigen Kosten der verfügbaren Komponenten erlauben es, Hunderte, eventuell Tausende von Prozessoren zu Parallelrechnern zusammenzusetzen. Dagegen ist das Programmierungsproblem bis auf wenige Ausnahmen weitgehend ungelöst. Für die meisten in den letzten Jahren entwickelten oder vorgeschlagenen Rechnerarchitekturen existieren praktisch keine Hilfsmittel, die dem Benutzer eine einfache Programmierung erlauben würden. Zum Teil liegt dies daran, daß im Zusammenhang mit Rechnern jahrzehntelang entsprechend der von-Neumann-Architektur nur "sequentiell" gedacht und gelehrt wurde. Die speziellen Probleme, die bei der Definition paralleler Prozesse, ihrer Synchronisation und Kommunikation auftreten, sind den meisten Benutzern von Rechnern unbekannt. Aus diesem Grund sind Parallelrechner, obwohl sie nun kommerziell erhältlich sind, immer noch eine Sache von Spezialisten.

Das vorliegende Buch beschreibt die Entwicklung eines Parallelrechners von den ersten Entwurfsüberlegungen bis zur Realisation. Es gliedert sich in zwei Hauptteile, die zum einen mehr die theoretische Seite des Entwurfs behandeln, zum anderen mehr die technische. Dies korrespondiert in gewisser Weise zu einer Aufteilung in konzeptionelle Überlegungen und ihre Implementierung. Es wird von einer konkreten Anwendung ausgegangen, der Datenverarbeitung in der Kernphysik. Die Probleme und Anforderungen, die dabei auftreten, können als Beispiel für eine große Klasse anderer Anwendungen dienen, nämlich solcher, bei denen relativ unabhängige Datensätze durch nur schwach gekoppelte Prozesse bearbeitet werden, wie etwa bei vielen Anwendungen der Bildverarbeitung. Ausgehend von der Problemstellung wird versucht, die Architektur des realisierten Systems abzuleiten. Schwergewicht wird dabei darauf gelegt, welche Alternativen sich in den verschiedenen Entwicklungsphasen des Systems stellten und auf Grund welcher Überlegungen bestimmte Entscheidungen getroffen wurden. Aus diesem Grund werden viele Gebiete angesprochen, die für die Entwicklung relevant waren: Grundsätzliche Probleme der Parallelverarbeitung, die Abbildung von Prozeßgraphen auf eine Rechnerarchitektur unter Berücksichtigung funktioneller Spezialisierung und verschiedener Topologien, die Steuerung von Parallelrechnern und Einfluß und Behandlung von Fehlersituationen. Diesem mehr allgemeinen Teil folgt die detaillierte Beschreibung der technischen Realisierung des Polyp-Systems. Sie bezieht sich sowohl auf neuartige Konzepte wie die Organisation von Mehrfachbus-Systemen und die Systemgrößen-unabhängige Verwaltung des Systems durch Ressourcen-verwaltende Netzwerke, als auch auf quantitative Fragen wie etwa die Auslegung von Cache-Memories. Schließlich wird auch auf die Frage eingegangen, wie ein solches System vom Benutzer programmiert werden kann.

Das vorliegende Buch ist deshalb mehr als die Beschreibung eines speziellen Parallelrechners. Es stellt die theoretischen und praktischen Überlegungen und Entscheidungen zusammen, die in einem mehrjährigen Projekt durchgeführt und getroffen wurden. Es kann deshalb sowohl zur Einführung in die Thematik von Parallelrechnern herangezogen werden, als auch als Hilfe bei der Planung und Durchführung ähnlicher Projekte. Selbstverständlich ist es nicht möglich, im Rahmen dieses Buches auf alle Fragestellungen im Detail einzugehen. Deshalb wird zur Vertiefung immer auf weiterführende Literatur verwiesen.

Das Polyp-Projekt begann Ende 1979; Mitte 1985 wurde die erste Projektphase mit der Installation mehrerer Systeme abgeschlossen. Der Umfang der durchgeführten Arbeiten erforderte erheblichen finanziellen und personellen Aufwand. Die Durchführung des Projekts war deshalb nur möglich, weil sich das Physikalische Institut der Universität Heidelberg in Kooperation mit dem Institut für Angewandte Physik I der Universität Heidelberg dazu entschieden hat, die benötigte Infrastruktur bereitzustellen. Für diese Entscheidung danke ich Prof. H. J. Specht[1], Prof. J. Heintze[1] und Prof. J. Bille[2], die das Projekt auch während der mehrjährigen Durchführungszeit zusammen mit Prof. D. Schwalm[1] unterstützten.

Der erfolgreiche Abschluß der ersten Projektphase war jedoch nur durch den persönlichen Einsatz der beteiligten Physiker, Ingenieure und Techniker zu erreichen. Leider ist es hier nicht möglich, die Beiträge aller Beteiligten angemessen zu würdigen. Ich möchte mich deshalb bei den ehemaligen und jetzigen Mitgliedern des Polyp-Teams für ihr persönliches Engagement bedanken.

Zum ursprünglichen Projekt-Team, das die Konzeption der Systemarchitektur und den detaillierten Entwurf des Polybus-Systems erarbeitete, zählten B. Deluigi[2], K. Posner[2], W. Saaler[1], T. Sauer[1], W. Schneider[1] und P. v. Walter[1]. Hier möchte ich besonders B. Deluigi und W. Saaler für die vielen konstruktiven Beiträge, aber auch die Kritik danken, die das System wesentlich geformt haben. Während der Phase, in der erste Systemkomponenten aufgebaut wurden, verstärkten zusätzlich C. Albrecht[2] und M. Frieben[2] das Team. Der lange Weg bis zur Realisierung erster kleiner Multiprozessor-Systeme erforderte enormen Einfallsreichtum zur Lösung von Detailproblemen und Durchhaltevermögen bei der Suche nach Entwurfsfehlern. Für ihren Einsatz möchte ich hier besonders B. Deluigi, W. Saaler, A. Rausch[1] und H. Sickmüller[1] danken. Die gewonnenen Erfahrungen wurden für den endgültigen Aufbau der großen Systeme genutzt, der im wesentlichen von A. Chilakeas[1], W. Ludwig[1] und A. Rausch durchgeführt wurde.

---

[1] Physikalisches Institut der Universität Heidelberg
[2] Institut für Angewandte Physik I der Universität Heidelberg

Ein großer Teil der Polyp-Software einschließlich des Multitasking-Betriebssystems wurde von P. Bauer[1] geschrieben, von O. Fodi[2] das Betriebssystem für paralleles Pascal.

Mit zunehmender Benutzbarkeit wurde das System in verschiedenen Anwendungen eingesetzt. Zu den Benutzern, deren Erfahrungen und aktive Mitarbeit für den endgültigen Systemaufbau wichtig waren, zählten insbesondere C. Ender[1], T. Müller[3], R. L. Shoemaker[4] und T. Zapf[5]. Diese Anwendungen erforderten die Entwicklung zusätzlicher Hard- und Software-Komponenten, die u.a. von P. Bauer, H. Becker[1], G. Dávid[1], K. Hitschler[1], A. Liebchen[1] und A. Wurz[2] durchgeführt wurde.

Keiner der am Polyp-Projekt Beteiligten hatte Erfahrungen mit Multiprozessor-Systemen dieser Größenordnung. Der Erfolg des Projekts war nur möglich, weil bei allen großes Interesse vorhanden war, sich in die neuen Probleme einzuarbeiten, Lösungsmöglichkeiten zu entwickeln und konsequent zu realisieren. Dafür und für die ausgezeichnete Zusammenarbeit danke ich allen, die zum Gelingen des Projekts beigetragen haben.

Heidelberg, April 1987   Reinhard Männer

---

[3] Deutsches Krebsforschungszentrum Heidelberg
[4] Optical Sciences Center, University of Arizona, Tucson, AZ
[5] Institut für Sozial- und Arbeitsmedizin der Universität Heidelberg

Inhalt

1. Einleitung

Physikalische Experimente, die an Teilchenbeschleunigern durchgeführt werden, sind in den letzten Jahren zunehmend komplexer geworden. Dies ist in erster Linie der technologischen Entwicklung zu verdanken, die eine immer leistungsfähigere Infrastruktur wie Beschleuniger, Detektoren und Elektronik verfügbar machte. Damit wurde die Untersuchung neuartiger Probleme möglich. Umgekehrt stimulierten die gemachten Erfahrungen technologische Entwicklungen zur Beseitigung aufgetretener Engpässe.

Die technische Weiterentwicklung der Infrastruktur bezog sich dabei auf fast alle Stufen des Experiments, von der Erzeugung physikalisch interessanter Ereignisse bis zur ihrer endgültigen Analyse. Dies betrifft zunächst die Beschleuniger selbst, bei denen die für Reaktionen verfügbare Energie und die Strahlstromstärke um eine Größenordnung gesteigert wurde. Bei den heute verfügbaren Energien werden sowohl bei Reaktionen zwischen Elementarteilchen, als auch zwischen Atomkernen typischerweise sehr viele Reaktionsprodukte beobachtet, die nur in Detektoren mit hoher innerer Parallelität nachgewiesen werden können. Auch die Auslese- und Digitalisierungs-Elektronik wurde den hohen Zählraten und der großen Zahl der Detektorkanäle angepaßt. Moderne Frontend-Elektronik-Systeme können praktisch beliebig viele Parameter pro Ereignis aus Detektoren auslesen und mit einer Rate von bis zu 120 MHz digitalisieren. Aus Effizienzgründen wird jedoch der angebotene Datenstrom durch Trigger reduziert. Auch die Online-Rechner, zu denen die digitalisierten und vorgefilterten Ereignisse übertragen werden, wurden in den letzten Jahren verbessert, ebenso wie die Großrechner, die zur Offline-Analyse der gesammelten Daten verwendet werden.

Die Leistungsfähigkeit dieser Systeme wurde allerdings nicht in dem gleichen Maße erhöht, wie bei Detektor- und Elektronik-Systemen: Bei Online-Rechnern wurde der Übergang von der 16-Bit- zur 32-Bit-Generation vollzogen, jedoch ohne wesentliche Geschwindigkeitssteigerung. Offline stehen heute z.T. Supercomputer zur Verfügung, die aber nur bei sehr speziellen Applikationen die Leistung üblicher Großrechner um eine Größenordnung übertreffen. Das größer gewordene Mißverhältnis zwischen der Leistungsfähigkeit der Frontend-Elektronik und der Online- und Offline-Rechner erfordert eine bessere Filterung des Ereignis-Datenstroms. In vielen Fällen reicht dazu ein einfacher Hardware-Trigger nicht mehr aus. Es werden programmierbare Filterprozessoren benötigt, die aber konventionell aufgebaut nicht leistungsfähig genug sind.

Einer der wesentlichen Gründe für den zunehmenden Engpaß bei den üblichen Computer-Systemen ist die Organisation nach dem von-Neumann-Prinzip, d.h. der sequentiellen Abarbeitung eines Instruktionsstroms und der Anwendung der Instruktionen auf einzelne Daten [1]. Eine schnelle Filterung erfordert deshalb ein Computer-System, das den von-Neumann-Engpaß vermeidet, d.h. einen Parallelrechner.

Der praktische Einsatz von Parallelrechnern wurde jedoch erst durch die Fortschritte in der VLSI-Technologie möglich, die es heute erlaubt, ganze Zentraleinheiten (CPUs) von Großrechnern zu integrieren und in großer Stückzahl billig anzubieten. Die Möglichkeit, beliebige Teile davon nach Wunsch vervielfältigen zu können und dann kooperieren zu lassen, erlaubt die Realisierung sehr unterschiedlicher Parallelrechner-Strukturen. Einen Überblick über bisher realisierte oder vorgeschlagene Architekturen gibt Halatsis [2].

Bei physikalischen Experimenten wurden Parallelrechner bisher nur selten eingesetzt. Erste Anwendungsgebiete waren die Großrechner der Rechenzentren, die Vektorprozessoren wie Cray-1 oder Cyber 205 verwendeten oder Pipeline-Prozessoren wie AP120. Der Schritt vom Offline- zum Online-Einsatz wurde möglich durch die Entwicklung von (sequentiellen) Emulatoren, die es gestatteten, die vorhandenen Analyseprogramme direkt am Experiment einzusetzen. Schon kurz nach ihrer Entwicklung wurden mehrere solcher Emulatoren parallel betrieben, um die Geschwindigkeit der Online-Analyse zu steigern. Etwa um die gleiche Zeit erschienen leistungsfähige 16-Bit-Mikroprozessoren auf dem Markt. Ihr relativ niedriger Preis ließ es attraktiv erscheinen, viele davon in einem System zusammenzufassen, das dann offline, online oder in Echtzeit den Datenstrom eines Experiments bearbeiten sollte. Ein solches System, der Multiprozessor Polyp, wurde am Physikalischen Institut der Universität Heidelberg entwickelt.

Die vorliegende Arbeit beschreibt diese Entwicklung. Ausgehend von einer konkreten Anwendung, der Ereignisfilterung an einem kernphysikalischen Experiment, wird dargestellt, welche prinzipiell neuartigen Probleme die Parallelverarbeitung aufwirft und welche über die sequentielle Verarbeitung hinausgehenden Möglichkeiten sie bietet. Daraus ergeben sich mögliche Alternativen für die Architektur von Parallelrechnern, die anschließend dargestellt werden. Den Abschluß der anwendungsunabhängigen Überlegungen bildet die Diskussion, wie ein gegebenes Problem auf einer gegebenen Architektur bearbeitet werden kann.

Diese theoretischen Überlegungen werden anschließend auf eine konkrete Situation angewendet. Von den Anforderungen eine Experiments ausgehend werden die verschiedenen Möglichkeiten beim Entwurf eines Parallelrechners beurteilt und eine geeignete Architektur abgeleitet. Auf Grund der benötigten hohen Rechenleistung, Flexibilität und Zuverlässigkeit wurde eine Struktur gewählt, in der auf zwei Ebenen bis zu Hundert 32-Bit-Mikroprozessoren kooperieren. Sie sind homogen durch ein Bussystem adaptierbarer Kapazität verbunden und in einer Weise organisiert, daß der größte Teil aller Hardware-Fehler toleriert werden kann. Im letzten Hauptteil dieser Arbeit wird die realisierte Architektur des Polyp-Systems detailliert dargestellt.

2. Problemstellung

Experimente in der Atom-, Kern- und Hochenergiephysik werden zum größten Teil an Beschleunigern durchgeführt. Beschleunigte Projektile — von Elektronen bis zu schweren Kernen — lösen in Targets Reaktionen aus. Dabei werden die verschiedenen Ausgangskanäle einer Reaktion mit unterschiedlichen Wahrscheinlichkeiten populiert. Die Reaktionsprodukte aller Ausgangskanäle werden in Detektoren nachgewiesen. Vor Jahren war es noch praktikabel, den größten Teil aller Detektordaten zu digitalisieren und auf Band zu speichern. Damit standen offline alle Möglichkeiten zur Datenanalyse, d.h. zur Auswertung des Experiments, zur Verfügung.

Dies ist seit längerer Zeit in den meisten Fällen nicht mehr möglich. Die Hauptursache liegt darin, daß das Interesse mehr und mehr auf Reaktionstypen fiel, die — im Vergleich zu den dominierenden Ausgangskanälen — mit sehr kleiner Wahrscheinlichkeit angeregt werden. Experimente, die nur wenige interessante Ereignisse pro Tag oder selbst pro Jahr erwarten lassen, sind bereits keine Ausnahme mehr. Eine effiziente Durchführung solcher Experimente setzt voraus, daß die Rate aller nachgewiesenen Ereignisse so weit wie möglich erhöht wird.

Dies ist sowohl durch Heraufsetzen der Strahlstromstärke erreichbar, als auch dadurch, das Detektorsystem so auszulegen, daß möglichst kein produziertes Ereignis unentdeckt bleibt. Im Idealfall umschließt der Detektor das Target vollständig. Solche 4π-Detektoren bestehen in der Atom- und Kernphysik typischerweise aus Hunderten von unabhängigen Nachweiskanälen [3], in der Hochenergiephysik aus bis zu mehreren Zehntausend [4]. Diese Parallelisierung der Detektorsysteme erwies sich auch deshalb als notwendig, weil Experimente bei immer höheren Energien durchgeführt werden und damit die Zahl der Reaktionsprodukte pro Ereignis stark ansteigt. Waren in der Anfangszeit der Kernphysik Experimente mit zwei Reaktionsprodukten die Regel, so werden heute im Energiebereich von einigen Mev/Nukleon typischerweise 20 – 40 Reaktionsprodukte nachgewiesen, wobei jeweils noch bis zu zehn Parameter bestimmt werden. Im Bau befindliche Beschleuniger wie das SIS in Darmstadt [5] erlauben noch um eine Größenordnung höhere Reaktionsenergien.

In der Hochenergiephysik kann die Zahl der pro Ereignis aufgenommenen Parameter einige Millionen betragen. Un solche Ereignisse auszulesen, werden bis zu einigen Hundert Millisekunden benötigt, so daß die Zählraten schon dadurch auf den Bereich 1 Hz – 100 Hz beschränkt sind. Dies ist nur ein minimaler Bruchteil der im Detektor selbst verfügbaren Ereignisrate. Eine effiziente Nutzung verlangt deshalb eine Anreicherung relevanter Ereignisse; dies wird durch Triggerung auf möglichst signifikante Bedingungen erreicht.

In allen größeren Experimenten werden mehrstufige Trigger verwendet. Eine detaillierte Diskussion mehrstufiger Trigger, wie sie in den Experimenten am Fermilab eingesetzt werden, findet sich bei Nash [6]. In den meisten Fällen können diese Stufen klassifiziert werden [7] als

- Trigger nullter Stufe

Hier werden einige der Detektorsignale korreliert. Die Entscheidungszeit liegt zwischen 10 ns und 100 ns. Deshalb ist ein präzises Timing der Signale erforderlich.

- Trigger erster Stufe

Hier wird eine große Zahl von Detektorsignalen korreliert, oft mit Hilfe von Koinzidenzmatrizen und globalen Parametern wie der Multiplizität, die hardwaremäßig leicht gewonnen werden können. Die Entscheidungszeiten liegen zwischen 100 ns und 1 μs und erfordern deshalb noch ein gutes Timing der verwendeten Signale.

- Trigger zweiter Stufe

Hier werden Detailinformationen der Detektoren für komplexe Rechnungen benutzt. Dies kann die Eichung von Parametern und die Berechnung transformierter Größen umfassen, die leichter zu interpretieren sind als die Original-Daten. Ebenfalls möglich sind kinematische Rechnungen zur Ereignisrekonstruktion oder Spurerkennungsalgorithmen für Vieldrahtkammern. Der Zeitaufwand für solche Rechnungen kann bis zu 100 μs, manchmal auch mehr betragen. Voraussetzung für die Rechnungen ist, daß alle Informationen über das Ereignis bereits vorliegen; das Timing der Signale ist deshalb nicht mehr von Bedeutung. Trigger zweiter Stufe dienen dazu, das Auslesen uninteressanter Ereignisse zum Online-Rechner so früh wie möglich abzubrechen. Der mögliche Gewinn an guten Ereignissen liegt typischerweise bei einem Faktor 10 [8].

Sowohl in der Atom- und Kernphysik, als auch in der Hochenergiephysik lassen sich durch geeignete Trigger die Datenströme auf 10 MBytes/s bis 100 MBytes/s reduzieren. Dies ist die Geschwindigkeit, mit der Daten typischerweise an ein Computersystem weitergegeben werden können. Solche Datenströme können jedoch derzeit nicht mit vernünftigem Aufwand direkt abgespeichert werden: Hochleistungs-Magnetbandgeräte gestatten Transferraten von bis zu einigen MBytes/s und liegen damit um eine Größenordnung unter den genannten Anforderungen. Andererseits ist es gar nicht wünschenswert, die gesamte Datenfülle, die durch die hohen Zählraten und die Parallelität der Detektorsysteme produziert wird, vollständig zu speichern: Die zur Verfügung stehenden Großrechner würden eine Offline-Analyse aller Daten nicht in vernünftiger Zeit erlauben.

Eine Online-Filterung des produzierten Datenstroms ist deshalb unumgänglich. Dabei fallen Operationen unterschiedlicher Komplexität an, die in einer Filter-Hierarchie abgearbeitet werden. Auf jeder Stufe dieser Hierarchie muß der Datenstrom so weit reduziert werden, daß er von der folgenden Stufe im Mittel verarbeitet werden kann.

Im Gegensatz zur Triggerung zweiter Stufe können diese Rechnungen wesentlich längerere Zeit in Anspruch nehmen als der Auslesezeit der Ereignisse entspricht. Typische Rechnungen sind die Festlegung von Teilchenspuren in großen Detektorsystemen [9] oder die Rekonstruktion von Ereignissen [10], z.T. unter Verwendung von aufwendigen kinematischen Rechnungen [11]. Im Extremfall werden zur Filterung sogar die für die Offline-Analyse verwendeten Programme direkt eingesetzt [12].

Noch vor wenigen Jahren war die Rechenleistung von Mikroprozessoren für diese Anwendungen indiskutabel. Für die Ereignis-Filterung wurden deshalb vorwiegend mikroprogrammierbare Bit-Slice-Prozessoren eingesetzt. Einige der bekannteren sind Emulatoren von Großrechnern wie

168/E [13] und 3081/E [14] oder spezielle Triggerprozessoren wie ESOP [15]. Die Zykluszeiten dieser Prozessoren liegt in der Gegend von 100 ns; moderne Bauelemente erlauben es, mit Taktzeiten bis herunter zu 30 ns zu arbeiten. Damit ist die Leistungsgrenze solcher Prozessoren bei etwa 30 MIPS erreicht.

Technologische Fortschritte bei der Herstellung von VLSI-Schaltungen liesen den Geschwindigkeitsvorsprung von Bit-Slice-Elementen zusammenschrumpfen: Gerade die Miniaturisierung eines Prozessors in VLSI-Technik erlaubt, sowohl die Amplituden zu verkleinern, durch die der logische Zustand eines Signals repräsentiert wird, als auch die Länge der Übertragungswege. Heutige Mikroprozessoren können mit Taktzeiten von 50 ns betrieben werden [16]; solche mit Taktfrequenzen von 30 MHz — dies entspricht grob 30 Millionen Instruktionen pro Sekunde (MIPS) — sind angekündigt [17]. Ihre Geschwindigkeit erreicht damit die von Bit-Slice-Prozessoren.

Es gibt jedoch viele Experimente, bei denen eine Rechenleistung von 30 MIPS für einen Trigger zweiter Stufe oder für eine Online-Ereignis-Filterung nicht ausreicht. In den letzten Jahren wurden deshalb zur Lösung solcher Probleme in immer stärkerem Maße parallele Rechnerarchitekturen eingesetzt. Ein Beispiel ist das FAMP-System [18], das in einer 3-Prozessor-Konfiguration am NA11-Experiment am CERN eingesetzt wird und in Echtzeit eine grobe Ereignis-Rekonstruktion zur Triggerung zweiter Stufe durchführt [19]. Angestoßen wurden solche Entwicklungen durch Fortschritte beim Entwurf von VLSI-Schaltkreisen, die es ermöglichten, hochkomplexe Komponenten, etwa 32-Bit-Prozessoren, in großer Stückzahl zu einem verschwindenden Preis/Leistungs-Verhältnis herzustellen. Dies legt die Vorstellung von Systemen nahe, die aus einer großen Zahl solcher Einheiten bestehen und ein gegebenes Problem durch Parallelverarbeitung lösen.

Parallele Rechnerarchitekturen sind im Rahmen der Informatik seit vielen Jahren Gegenstand der Forschung [20]. Historische Beispiele sind Array-Prozessoren wie ILLIAC IV [21], Multiprozessoren wie C.mmp [22] oder assoziative Rechner wie STARAN [23], mit denen die Eignung von Parallelrechnern für allgemeine oder spezialisierte Anwendungen untersucht wurde. Ergebnisse wurden hinsichtlich prinzipieller Fragen der Kooperation paralleler Prozesse erarbeitet; die Ergebnisse weisen aber auch darauf hin, daß die Effizienz solcher Systeme entscheidend von dem Grad der dem Problem inhärenten Parallelität abhängt und davon, wie leicht eine Abbildung des Problems auf die Rechner-Hardware möglich ist.

Die vorliegende Arbeit beschreibt die Entwurfsüberlegungen und die Realisierung eines frei programmierbaren, schnellen Computersystems zur Ereignisfilterung, des "Heidelberger Polyps", der am Physikalischen Institut der Universität Heidelberg seit 1980 entwickelt wurde. Die Entwicklung orientierte sich an den konkreten Anforderungen eines Detektorsystems, des Kristallkugel-Spektrometers, das derzeit am Max-Planck-Institut für Kernphysik in Heidelberg aufgebaut ist. Seit Mitte 1985 wird das Polyp-System in etwa 10 Exemplaren unterschiedlicher Größe in völlig verschiedenen Anwendungen aus den Gebieten Physik und Medizin eingesetzt.

3. System-Konzept

Parallelverarbeitung ist im täglichen Leben die Regel. Überall dort, wo eine Gruppe von Personen gemeinsam an einer Aufgabe arbeitet, werden unbewußt ähnliche Methoden verwendet, wie sie für die Koordinierung paralleler Prozesse in Computersystemen notwendig sind.

Parallelität in Computersystemen wurde, von Ausnahmen wie Echtzeit-Programmierung abgesehen, bisher so weit wie möglich vom Benutzer abgeschirmt. Ausschließlich Systemspezialisten wurden mit Problemen der Spezifizierung und Koordinierung paralleler Prozesse behelligt. Jahrzehntelang formulierten Benutzer ihre Algorithmen sequentiell, so daß die "Rückbesinnung" auf die Verwendung paralleler Prozesse nicht einfach ist.

Im folgenden Kapitel sollen deshalb die prinzipiellen Fragen diskutiert werden, die die Parallelverarbeitung aufwirft, insbesondere die möglichen Organisationsformen. Diese Darstellung ist unabhängig von einer Implementierung über eine spezielle Rechnerarchitektur.

Von den prinzipiellen Problemen ausgehend soll im Anschluß daran ein Überblick über verschiedene Parallelrechner-Architekturen gegeben werden. Unabhängig von konkreten Anwendungen werden Alternativen vorgestellt, die in den letzten Jahren erarbeitet wurden. Die dort angegebenen Beispiele sollen verdeutlichen, daß Computersysteme auf verschiedenen Ebenen parallel arbeiten können und daß auf jeder Ebene der Grad der Parallelität, die funktionelle Verteilung auf unabhängige Funktionsmodule, ihre Topologie und die Art ihrer Koordination nahezu unabhängig sind.

Die verschiedenen Möglichkeiten zur Realisierung eines parallelen Rechnersystems werden im darauffolgenden Teil unter dem Gesichtspunkt der gegebenen Anwendung beurteilt. Obwohl eine Bewertung der Effizienz von Computersystemen schwierig ist, wird versucht darzustellen, daß die Architektur des Polyp-Systems natürlich aus den gegebenen Anforderungen und Realisationsmöglichkeiten folgt.

3.1. Parallelverarbeitung

Parallelverarbeitung bedeutet die Kooperation mehrerer, teilweise unabhängiger Prozesse. Je mehr Prozesse vorliegen, desto höher ist die potentielle Parallelität bei der Ausführung und desto kürzer kann die totale Bearbeitungszeit bei entsprechender Rechner-Hardware sein. Die Feinheit der Zerlegung eines Problems ist deshalb ein wichtiger Parameter jeder Parallelverarbeitung.

Ist die Zahl der Prozesse gegeben und > 1, so ist — vom trivialen Fall vollständiger Unabhängigkeit abgesehen — Kooperation notwendig. Aus anderen Bereichen mit Parallelverarbeitungsaufgaben, etwa der Soziologie, ist bekannt, daß mangelnde Kooperation zu ernsten Störungen führen kann. Die hohen Verarbeitungsgeschwindigkeiten von Computersystemen machen es möglich, Systeme mit sehr enger Kooperation zu realisieren. Störungen in der Kooperation müssen dann unter allen Umständen vermieden werden.

Dies kann teilweise durch Anwendung von Methoden aus der Graphen-Theorie erreicht werden, da sich parallele Prozesse formal als gerichtete Graphen darstellen lassen. Manche Graphen erlauben auch, nicht nur die wechselseitigen Abhängigkeiten der Prozesse, sondern auch den Ablauf ihrer Bearbeitung selbst darzustellen und so die Ablaufsteuerung eines Parallelrechners zu modellieren.

Diese für jede Art von Parallelverarbeitung wesentlichen Punkte sollen im folgenden diskutiert werden.

3.1.1. Zerlegung einer Aufgabe in parallele Prozesse

Die meisten komplexen Probleme lassen sich in einfachere Teilprobleme zerlegen. Darauf beruht die Top-Down-Analyse eines Problems, die eine Möglichkeit zu seiner Strukturierung darstellt. Das Verfahren läßt sich auf der Ebene der Teilprobleme fortsetzen und führt dann zu einer baumartigen Struktur immer einfacherer Teilprobleme. Abgebrochen wird das Verfahren üblicherweise dann, wenn die Teilprobleme trivial geworden sind, d.h. wenn offensichtlich ist, wie sie gelöst werden können. Da das Zerlegungsverfahren rekursiv ist, genügt es für die Diskussion der auftretenden Probleme, eine einzige Ebene der Zerlegung zu betrachten.

Die durch Zerlegung erzeugten Teilprobleme können unabhängig voneinander sein. Liegen keine Abhängigkeiten vor, so können alle Prozesse beliebig bearbeitet werden, z.B. alle gleichzeitig. Dies ist die ideale Situation für Parallelverarbeitung. In manchen Fällen ist die Situation jedoch gerade umgekehrt: Ein Prozeß benötigt als Eingangsparameter jeweils das Resultat genau eines Vorgängerprozesses. Dann ist nur eine sequentielle Bearbeitung aller Prozesse in der durch die Datenabhängigkeit gegebenen Reihenfolge möglich. Im allgemeinen Fall werden teilweise unabhängige, teilweise abhängige Prozesse existieren und eine kompliziertere Formulierung der gegenseitigen Abhängigkeiten notwendig machen.

Wie komplex eine Abhängigkeitsstruktur ist, hängt wesentlich davon ab, in wieviele Prozesse das jeweilige Problem zerlegt wird: Wird es lediglich in zwei Teilprozesse aufgespalten, so können diese nur entweder vollständig parallel oder vollständig sequentiell ausgeführt werden. Mit der Anzahl der Teilprozesse steigt die Zahl möglicher Parallelisierungs-Konfigurationen sehr rasch an.

Die Feinheit der Zerlegung wird als Granularität bezeichnet. Je feiner die Granularität, desto höher die erreichbare Parallelität bei der Ausführung. In der Praxis ist es jedoch nicht optimal, extrem feine Granularität anzustreben, da das Umschalten zwischen Prozessen und die Inter-Prozeß-Kommunikation Verwaltungsaufwand erfordern. Der zusätzliche Zeitaufwand für die Umschaltvorgänge ist etwa der Anzahl der parallelen Prozesse proportional, der für die Kommunikation kann dagegen sehr stark mit ihr wachsen. Um eine minimale Ausführungzeit für das Gesamtproblem zu erreichen, muß deshalb ein Kompromiß angestrebt werden, bei dem gleichzeitig feine Granularität und niedrige Interprozeß-Kommunikation realisiert werden können.

An der Erarbeitung systematischer Methoden zum Erreichen eines derartigen Optimums wird derzeit gearbeitet [24]. Ein möglicher Weg erfordert zwei Schritte: Zunächst wird eine Zerlegung feiner Granularität erzeugt. Ausgehend von den dann definierten Relationen zwischen den Prozessen werden solche Prozesse zu Gruppen zusammengefaßt, die besonders hohe Interprozeß-Kommunikation erfordern. Jede dieser Gruppen wird dann als ein einzelner Prozeß weiterbehandelt.

Parallele Prozesse können z.B. in Software oder in Hardware realisiert sein. Bei Software entsprechen — je nach betrachteter Ebene — Prozesse Programmen, Tasks, Instruktionen oder Mikroinstruktionen; bei Hardware entsprechen Prozesse Funktionsmodulen, die je nach Ebene Rechner, Prozessoren, arithmetische Einheiten oder Teileinheiten sein können (siehe 3.2.2.2.). Die Wahl einer optimalen Granularität erfordert, genügend viele Module zu isolieren, zwischen denen nur geringe Kommunikation notwendig ist. Dies ist äquivalent zu einer einfachen Definition von Software- oder Hardware-Schnittstellen.

In einfachen Fällen kann die Wahl einer geeigneten Granularität automatisch erfolgen. Ein Beispiel auf der Instruktionsebene ist die Kooperation zwischen einem Mikroprozessor und einem Koprozessor, etwa für Gleitkomma-Operationen. Hier ist die Auflösung in parallele Prozesse durch den Instruktionstyp gegeben; Synchronisation und Kommunikation werden durch ein festgelegtes Protokoll sichergestellt. Parallelitäten auf der Ebene von Instruktions-Blöcken können durch Compiler festgestellt werden. Kuck [25] diskutiert dies an hand gewöhnlicher, d.h. sequentieller Fortran-Programme. Hier ist das Problem wesentlich komplexer, da jeder mögliche Kontrollfluß und alle Datenabhängigkeiten in den entsprechenden Blöcken analysiert werden müssen. Diese Operationen werden in Compilern wie Parafrase [26] auf der Ebene höherer Programmiersprachen oder wie Bulldog [27] auf der Mikro-Code-Ebene durchgeführt.

3.1.2. Besondere Probleme der Parallelverarbeitung

Die Wechselwirkung zwischen parallelen Prozessen kann eine Reihe von Problemen zur Folge haben, die bei einer sequentiellen Bearbeitung nicht existieren. Solche Probleme sind oft die Folge mangelhafter Synchronisierung. Eine korrekte Synchronisierung paralleler Prozesse bedeutet, Prozesse bestimmte Operationen erst dann ausführen zu lassen, wenn eine dazu notwendige Bedingung eintritt. Sind parallele Prozesse fehlerhaft synchronisiert, so können Prozesse ablaufen, die von der Logik des Problems her nicht ausgeführt werden dürften und umgekehrt. Im Lauf theoretischer Untersuchungen über parallele Prozesse hat sich das Interesse auf vier Punkte konzentriert [28]:

- gegenseitiger Ausschluß

- Verklemmung (Deadlock)

- Aussperrung

- Korrektheit.

Korrekte Behandlung gegenseitigen Ausschlusses ist eine der wichtigsten Voraussetzungen für die Bearbeitung paralleler Prozesse. Ist sie nicht möglich, so werden fehlerhafte oder keine Resultate produziert. Aussperrung und Deadlocks führen dazu, daß ein oder mehrere Prozesse dauerhaft am Ablauf gehindert sind, so daß keine vollständige Problembearbeitung möglich ist. Die Vermeidung solcher Situationen ist eine wesentliche Voraussetzung für die Korrektheit der Formulierung eines parallelen Prozesses.

3.1.2.1. Gegenseitiger Ausschluß

Gegenseitiger Ausschluß paralleler Prozesse bedeutet eine erzwungene Serialisierung von Operationen, die auch parallel ablaufen, in diesem Fall aber Fehler hervorrufen könnten. Sie ist immer dann notwendig, wenn eine Operation nicht in dem benötigten Grad parallel ausgeführt werden kann. In diesem Fall müssen zunächst von allen Prozessen, die den Versuch zur Ausführung dieser Operation unternehmen, einer oder einige ausgewählt werden. Dies ist die Aufgabe eines Arbiters. Die Operation selbst wird als ununterbrechbar behandelt.

Ein typisches Beispiel ist ein schreibender Zugriff auf Systemtabellen eines Betriebssystems, etwa auf eine Warteschlange. Das Einfügen neuer Elemente am Ende der Warteschlange kann nur sequentiell durchgeführt werden. Prozesse, die diese Operation gleichzeitig anfordern, werden auf dem niedrigsten Niveau durch einen Hardware-Arbiter serialisiert; die Betriebssystemsoftware verhindert dann die Unterbrechung einer einmal begonnenen kritischen Operation.

Die Serialisierung von Operationen läßt sich mit verschiedenen Mitteln erreichen. Dijkstra [29] schlug dazu Semaphoren vor, die die Verfügbarkeit einer System-Ressource signalisieren. Im einfachsten Fall genügt dazu ein Bit, das durch ununterbrechbare, nicht parallelisierbare Zugriffe getestet und belegt (test-and-set) oder freigegeben werden kann. Selbst in dieser primitiven Form werden Semaphoren in vielen verschiedenen Anwendungen eingesetzt [30]. Können System-Ressourcen gleichzeitig von mehreren Prozessen benutzt werden, so kann das Signal der Semaphore durch einen Zähler ersetzt werden. In Fällen, in denen sehr häufig gleichzeitig auf solche Semaphoren zugegriffen wird, kann das Zählen hardwaremäßig durch eine fetch-and-add-Operation unterstützt werden [31].

Semaphoren sind primitive Synchronisierungs-Operationen, die prinzipiell die Koordination beliebiger paralleler Prozesse erlauben. Sie können jedoch leicht falsch eingesetzt werden [28]; zudem erfordert die Koordination viel komplexere Operationen, z.B. bei der Warteschlangenverwaltung. Hoare [32] schlug deshalb Monitore vor, die ununterbrechbare Operationen auf einem wesentlich höheren Niveau ausführen. Solche Monitore können selbst komplexe Prozesse sein, die ein gewisses Aufgabenspektrum abdecken und auf eigenen, von außen nicht zugänglichen Daten operieren. Im vorigen Beispiel könnte ein Monitor Elemente in die Warteschlange einfügen oder solche herauslösen, ohne daß der anfordernde Prozeß den genauen Ablauf kennt und ohne daß er dierkt auf die monitorinterne Warteschlange zugreifen kann. Eine Serialisierung der Monitoroperation ist bereits dadurch gegeben, daß nur ein einziger entsprechender Monitor existiert. Der Zugriff auf den Monitor wird wieder durch eine Arbitrierung serialisiert.

3.1.2.2. Verklemmung (Deadlock)

Mangelnde Kooperation paralleler Prozesse kann dazu führen, daß einige oder alle Prozesse prinzipiell nicht mehr weiter bearbeitet werden können, weil sie sich gegenseitig blockieren. Diese Situation wird als Verklemmung (Deadlock) bezeichnet. Prozesse können nur dann nicht weiter bearbeitet werden, wenn sie auf das Eintreten einer Bedingung warten. Deshalb treten Deadlocks immer dann auf, wenn von mehreren Prozessen immer einer auf die Aktion eines anderen wartet, und zwar so, daß sich eine zyklisch geschlossene Kette von Wartebedingungen ergibt.

Eine typische Ursache für Deadlocks ist die in beliebiger Reihenfolge vorgenommene sequentielle Belegung von gleichzeitig benötigten System-Ressourcen [33], wie sie in Dijkstras Standard-Problem der speisenden Philosophen auftreten kann [29]: Benötigen zwei Prozesse jeweils beide die gleichen zwei Ressourcen zur Fortsetzung und ist je eine davon von einem der Prozesse belegt, so blockieren sie sich gegenseitig. Commoner [34] erweiterte das Konzept zur Beschreibung verschiedener Grade an "Lebendigkeit" von Prozessen. Er unterscheidet

1) Prozesse, die niemals ablaufen können, weil die Voraussetzungen dazu nie vorliegen können,

2) Prozesse, die prinzipiell ablaufen können, wobei aber die Voraussetzungen für eine Bearbeitung nie auftreten müssen,

3) Prozesse, die beliebig oft ablaufen können, wobei aber die Ausführungsvoraussetzungen nach endlicher Zeit mit Sicherheit nicht mehr erfüllt sein werden,

4) Prozesse, die prinzipiell unendlich oft ausgeführt werden können, wobei aber die Voraussetzungen für eine Ausführung wegfallen können,

5) Prozesse, die mit Sicherheit immer ausgeführt werden können.

Nur der fünfte Grad der Lebendigkeit wird in der Regel als verklemmungsfrei betrachtet; alle andere beziehen sich auf blockierte Prozesse, also auf Deadlocks.

Prinzipiell ist es möglich, Deadlocks zu verhindern oder sie zu erkennen und aufzulösen [35]. Sie können z.B. nicht auftreten, wenn ein Prozeß alle benötigten Ressourcen gleichzeitig anfordert und zugeteilt bekommt. Der Nachteil dieses Verfahrens ist, daß dabei in der Regel System-Ressourcen zu einem Zeitpunkt belegt werden, zu dem sie von dem anfordernden Prozeß noch gar nicht benötigt werden. Eine etwas effizientere Nutzung des Systems erlaubt eine sequentielle Belegung benötigter System-Ressourcen, wenn alle Prozesse eine bestimmte Reihenfolge der Belegung einhalten. Dies Festlegung verhindert wie oben, daß Prozesse nur die jeweils benötigten Ressourcen belegen.

Oft ist es effizienter oder nicht zu vermeiden, Deadlocks zuzulassen und nach ihrem Auftreten aufzulösen. Dies kann auf zwei Arten geschehen. Eine eindeutige Identifizierung eines Deadlocks erfordert, das System kontinuierlich auf das Vorliegen einer zyklisch geschlossenen Kette von Wartebedingungen hin zu überwachen. Da an einem Deadlock beliebig viele Prozesse beteiligt sein können, ist dieses Verfahren praktisch nicht anwendbar. Alternativ können alle Deadlocks daran erkannt werden, daß ein Prozeß eine untypisch lange Zeit auf die Zuteilung einer Ressource wartet. Wird er in solchen Fällen unterbrochen und gezwungen, belegte Ressourcen freizugeben und neu anzufordern, so ist der Deadlock aufgelöst. Allerdings werden durch dieses Vorgehen auch Prozesse abgebrochen, die aus anderen Gründen lange auf die Zuteilung von System-Ressourcen warten; dies kann aber anwendungsabhängig toleriert werden.

3.1.2.3. Aussperrung

Bei "echten" Deadlocks blockieren sich Prozesse immer gegenseitig und auf Dauer. Ein Prozeß des Lebendigkeitsgrades 4 wird jedoch unter Umständen deshalb nicht ausgeführt, weil eine benötigte System-Ressource auf Dauer nicht ihm, sondern immer nur anderen Prozessen zugeteilt wird. Dann ist der Prozeß ausgesperrt.

Dies ist offenbar ein Problem der Zuteilungspolitik. In der Praxis werden bei Parallelverarbeitungssystemen den einzelnen Prozessen oft Prioritäten zugewiesen, die im Konfliktfall, d.h. bei gleichzeitigem Zugriffsversuch mehrerer Prozesse auf die gleiche Ressource, eine Reihenfolge festlegen. Bei entsprechender Prioritätsverteilung kann es dann durchaus notwendig sein, daß ein Prozeß niedriger Priorität ausgesperrt wird. Bei einer Arbitrierung zwischen Prozessen gleicher Priorität ist aber die natürliche Zuweisungsstrategie, jedem gleiche Chancen einzuräumen. Dies wird als fair bezeichnet. Da nur eine endliche Anzahl von Prozessen vorliegen kann, bedeutet Fairness, daß jeder Prozeß nach endlich langer Wartezeit die benötigten Ressourcen zugeteilt bekommt; Aussperrung auf einer Prioritätsebene ist damit unmöglich.

3.1.2.4. Korrektheit

Wird ein Problem mittels kooperierender paralleler Prozesse gelöst, so ist von zentraler Bedeutung, wie die Korrektheit des Systems überprüft werden kann. In sehr viel einfacherer Form gilt dies auch für sequentielle Prozesse. Solange solche Prozesse überschaubar sind, ist es vertretbar, den korrekten Ablauf an hand von Tests zu verifizieren. Um dagegen alle möglichen Fälle abzudecken, ist ein formaler Korrektheitsbeweis notwendig. Für sequentielle Prozesse wurde dazu in den letzten Jahren eine entsprechende Beweistheorie entwickelt [36].

Für parallele Prozesse müßten zusätzlich alle möglichen Interaktionen zwischen den Prozessen berücksichtigt werden. Eine umfassende Theorie dazu existiert bisher nicht, obwohl für spezielle Systeme formale Beweise für die korrekte Behandlung von gegenseitigem Ausschluß und das Fehler von Deadlocks möglich sind [37]. Beispiele für Korrektheitsbeweise für einige einfache Systeme paralleler Prozesse gibt Ben-Ari [28]. In der Praxis sind heute Korrektheitsbeweise noch nicht anwendbar.

Aber selbst der Test solcher Systeme kann sehr schwierig sein: Gegenseitiger Ausschluß mit den möglichen Folgen von Deadlock oder Aussperrung ist nur bei Vorliegen einer Arbitrierung möglich, die gleichzeitige Ereignisse serialisiert. Bei realen Systemen kann Gleichzeitigkeit aber nur in Bezug auf die Auflösungszeit des Arbiters definiert werden; sie ist damit letztlich statistischen Schwankungen unterworfen. Dies bedeutet, daß der Ablauf eines genügend komplexen Systems paralleler Prozesse nicht reproduzierbar ist. Damit entfällt weitgehend die Möglichkeit, die Kooperation paralleler Prozesse zu testen.

Ein Ausweg aus dieser Situation ist die Vermeidung von Fehlern durch formale Spezifikation, wie sie mit Hilfe von Graphen möglich ist. Einen Überblick über die Graphentheorie und ihre Anwendung in der Rechnertechnik geben Stigall und Tasar [38]; sie diskutieren auch das Problem der Fehlerisolierung durch formale Analyse von Graphen.

3.1.3. Formulierung paralleler Prozesse mit Graphen

Beispiele für die Zerlegung einer komplexen Aufgabe in Teilaufgaben, die untereinander zeitlich verknüpft sind, sind die Organisation eines größeren Projekts oder die Organisation eines Betriebs. Zur Unterstützung dieser Art von Management wurden die Verfahren der Netzplantechnik entwickelt, die sich auch auf das Management von kooperierenden Programmen in einem Parallelrechner anwenden lassen.

In der Netzplantechnik werden parallele Prozesse mit Hilfe gerichteter Graphen dargestellt [39]. Die Graphen bestehen aus Knoten und gerichteten Kanten (Pfeilen), die die Knoten verbinden und eine zeitliche Reihenfolge festlegen. Dadurch beschrieben werden Ereignisse, d.h. Zeitpunkte, und Vorgänge, d.h. Zeitdauern. Ereignisse können den Kanten (Verbindungen), Vorgänge den Knoten des Graphen (Verbindungspunkte) zugeordnet werden; auch die umgekehrte Zuordnung ist möglich (dualer Graph). Ein typisches Beispiel für solche PERT-Diagramme [40] zeigt Bild 1.

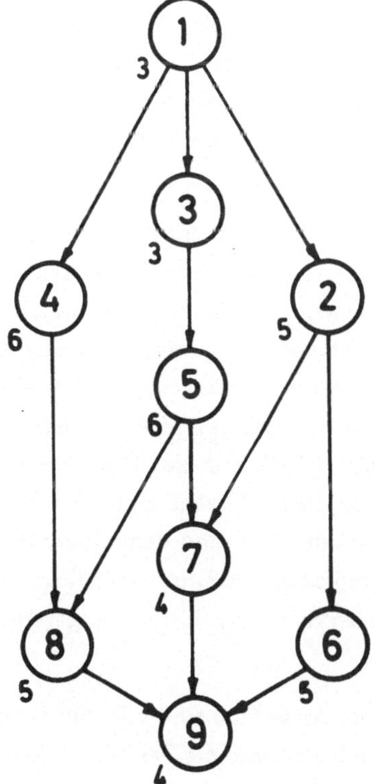

Bild 1: Darstellung paralleler Prozesse in der Netzplantechnik durch PERT-Diagramme mit Zeitangaben

Neben der Zerlegung des Problems in parallele und sequentielle Prozesse und der Definition ihrer Abhängigkeiten enthalten solche Graphen noch die Information, wieviel Zeit jeder Prozeß benötigt. Stellt man Parallelverarbeitungsprobleme aus der Computertechnik mittels solcher Graphen dar, so kann diese Zeitinformation oft nicht sinnvoll angegeben werden, weil Prozesse auf Grund von Datenabhängigkeiten extrem unterschiedlich lange Ausführungszeiten haben können. Dies ist z.B. der Fall, wenn ein Knoten den Prozeß der Ereignis-Filterung repräsentieren soll. Bei der Darstellung eines parallelen Programms wird deshalb fast immer auf die Angabe von Bearbeitungszeiten verzichtet.

In PERT-Diagrammen wird ein Knoten ausführbar, sobald alle seine Vorgängerknoten ausgeführt sind. Dies wird formal durch eine Markierung angezeigt. Diese Situation kann verallgemeinert werden durch die Einführung von Marken (Tokens), die quantitativen Charakter haben. Die Bedingung für die Ausführbarkeit eines Knotens umfaßt dann die Angabe einer notwendigen Anzahl von Tokens pro Eingangskante, d.h. von Schwellen. Umgekehrt belegt jeder Prozeß bei seiner Beendigung alle Ausgangskanten mit einer spezifizierten Anzahl von Tokens. Mit diesen Abänderungen geht ein PERT-Diagramm in einen Berechnunggraphen über, wie sie von Karp und Miller vorgeschlagen wurden [41]. Dieses Modell wurde speziell für die Beschreibung paralleler Rechnungen entwickelt. Sowohl mit PERT-Diagrammen, als auch mit Berechnungsgraphen können jedoch keine Situationen dargestellt werden, in denen von allen möglichen von einem Knoten ausgehenden Kanten einige selektiert werden müssen. Dies ist aber notwendig, um die Serialisierung paralleler Prozesse durch einen Arbiter darzustellen, und ebenfalls, um datenabhängige Verzweigungen zu modellieren.

Dies leisten zwei verallgemeinerte Darstellungen, nämlich UCLA-Graphen [42] und Petri-Netze [43]. Petri-Netze sind markierte Graphen mit zwei Arten von Knoten, nämlich Vorgängen (Orten) und Ereignissen (Übergänge). Die Markierung besteht in der dynamischen Zuweisung von Tokens an Vorgänge. Die Kanten der Graphen dienen dazu, Tokens zu Ereignissen zu transportieren und von dort zu anderen Vorgängen. Die Ausführung eines Petri-Netzes folgt der Regel, daß Übergänge "feuern", d.h. Ereignisse eintreten, wenn jeder Eingangs-Ort des Übergangs mindestens so viele Tokens aufweist, wie Kanten zwischen ihm und dem Übergang vorliegen. Tritt das Ereignis ein, so werden alle Eingangs-Tokens entfernt und zu allen Ausgangs-Orten soviele Tokens addiert, wie Kanten zwischen ihnen und dem Übergang existieren. Petri-Netze können somit parallele Prozesse mit komplexen Ausführungsbedingungen repräsentieren; insbesondere können auch die früher diskutierten Spezialprobleme wie gegenseitiger Ausschluß und Deadlocks modelliert werden:

Situationen mit gegenseitigem Ausschluß sind offenbar immer dann gegeben, wenn ein Ort mit mehreren Übergängen verbunden ist und die Zahl der Tokens nicht ausreicht, alle Übergänge gleichzeitig zu bedienen; dann muß eine Arbitrierung erfolgen (Bild 2). Deadlocks treten in Petri-Netzen offenbar genau dann auf, wenn ein Übergang nie mehr feuern kann, weil ein benötigter Token nie mehr produziert wird. Bild 3 stellt ein System dar, in dem diese Situation eintreten kann, wenn beide Prozesse synchron bearbeitet werden. Zur Zeit stehen keine analytischen Methoden zur Verfügung, beliebige Petri-Netze auf mögliche Deadlocks hin zu überprüfen [44]; es ist auch nicht bekannt, ob dies prinzipiell möglich ist.

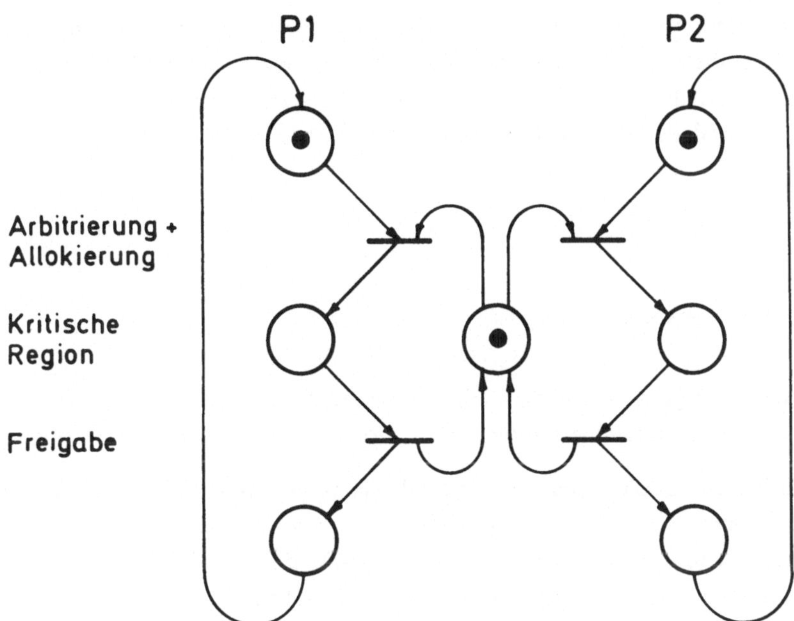

Bild 2: Darstellung einer Situation mit gegenseitigem Ausschluß durch ein Petri-Netz

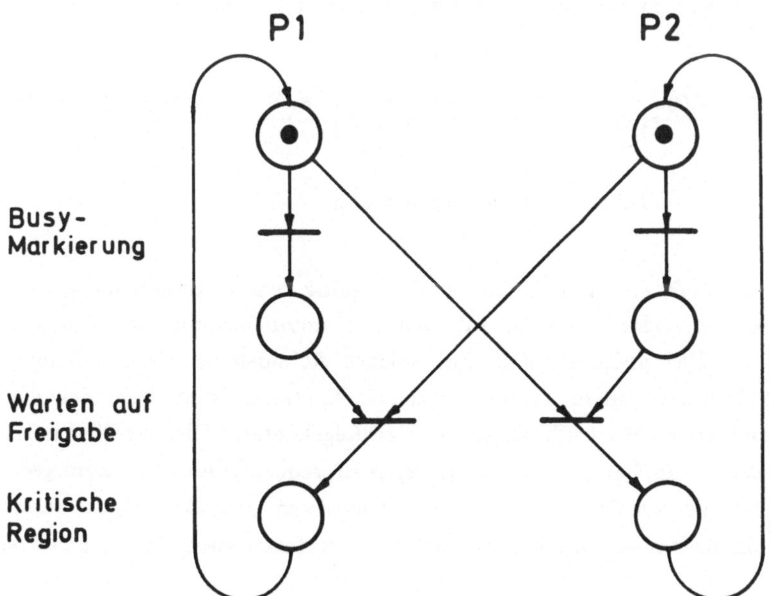

Bild 3: Darstellung einer Deadlock-Situation durch ein Petri-Netz

Vor wenigen Jahren sind Petri-Netze so erweitert worden, daß sie die Bearbeitungszeiten der Orte wieder enthalten. Zuberek benützte Petri-Netze, in denen den Knoten wie in PERT-Diagrammen feste Ausführungszeiten zugeordnet sind [45]. Besser geeignet zur Modellierung von Computersystemen sind Erweiterungen, in denen diese Ausführungszeiten nach einer vorgegebenen Verteilung statistisch variiert werden. Molloy [46] schlug stochastische Petri-Netze vor, in denen eine exponentielle Verteilung gewählt wurde. Derzeit werden Multiprozessor-Systeme mit Hilfe solcher Modelle untersucht.

3.1.4. Bearbeitung eines Graphen

Die Bearbeitung einer Aufgabe verlangt im allgemeinen, daß die einzelnen Operationen in bestimmter Ordnung an Daten ausgeführt werden. Dazu wird eine Ablaufsteuerung benötigt.

In besonders einfachen Situationen kann eine individuelle Steuerung entfallen: Können alle Knoten des Graphen jeweils nur eine einzige Funktion ausführen, benötigen alle Operationen etwa die gleiche Ausführungszeit und stellen die Resultate einer Operation jeweils die Argumente einer anderen dar, so genügt eine Synchronisierung aller Knoten des Graphen über einen gemeinsamen Takt. Eindimensionale Graphen dieser Organisationsform mit jeweils nur einem Argument und Resultat pro Knoten heißen Pipelines (Bild 4). Eindimensionale Graphen mit zentralem Takt mit jeweils mehr als einem Argument und Resultat oder mehrdimensionale Graphen dieser Organisationsform werden systolische Arrays genannt (Bild 5). In Graphen, die nach dem Pipeline-Prinzip oder dem eines systolischen Arrays organisiert sind, existiert kein Kontrollfluß.

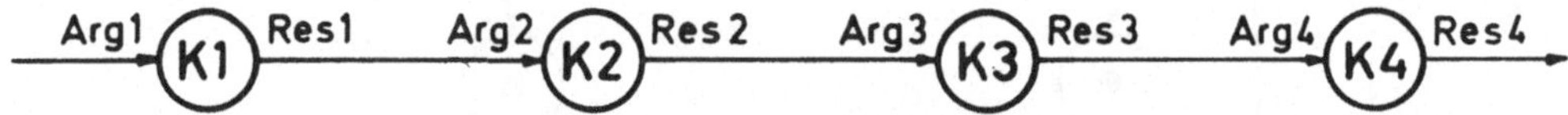

Bild 4: Pipeline-Organisation

Eine Steuerung und damit ein Kontrollfluß ist dann nötig, wenn Knoten mehr als eine Operation ausführen können oder wenn Operationen nur unter bestimmten Bedingungen ausgeführt werden sollen. Der einfachste Fall einer solchen Ablaufsteuerung ist offenbar ein eindimensionaler Graph, in dem zu jedem Zeitpunkt genau ein Knoten aktiv ist. Nach Beendigung seiner Operation übergibt er die Kontrolle an seinen Nachfolgeknoten. Dies ist die klassische von-Neumann-Organisationsform, bei der der Ablauf durch ein sequentielles Programm gegeben ist. Die kontinuierliche Folge von Operationen oder Instruktionen wird als Instruktionsstrom bezeichnet. Bei mehrdimensionalen Graphen können mehrere Instruktionsströme gleichzeitig auftreten.

In den letzten Jahren sind jedoch auch Konzepte vorgeschlagen und zum Teil realisiert worden, bei denen das System selbst entscheiden kann, ob ein Knoten ausgeführt werden kann (Datenfluß-Architektur) oder ausgeführt werden muß (Reduktions-Architektur). In einem Datenfluß-Rechner stellt eine dezentrale Systemlogik für jeden Knoten fest, ob alle für die Operation notwendigen Daten vorliegen und er deshalb ausführbar ist. Auf diese Weise wird die

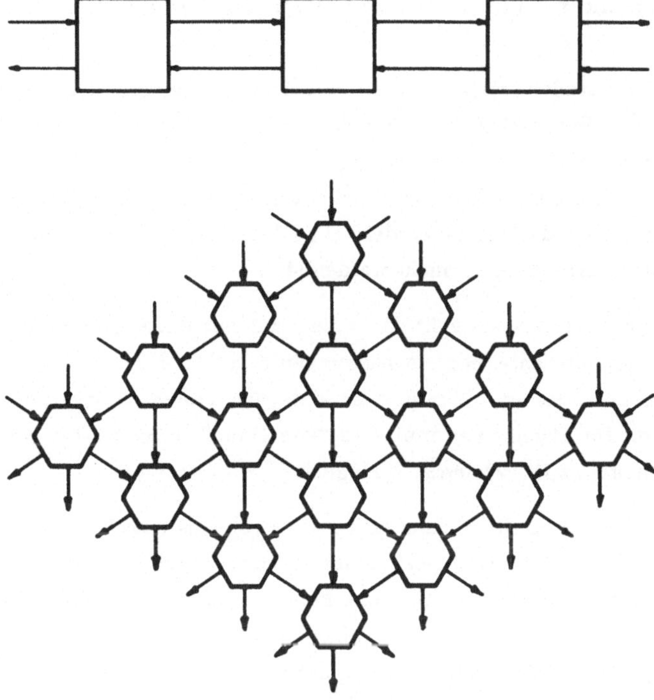

Bild 5: Systolische Arrays

maximal mögliche Parallelität detektiert. Ist die Zahl der Prozessorelemente kein limitierender Faktor, so wird damit die totale Ausführungszeit für ein Problem minimiert. Bei einem Reduktionsrechner wird von dem Ziel, dem gewünschten Ergebnis, ausgegangen. Sukzessive werden die Knoten des Graphen markiert, die auf einem Pfad vom Ergebnis zu den Eingangsdaten liegen und deshalb notwendige Zwischenergebnisse erzeugen. Im Gegensatz zu einem Datenfluß-Rechner werden hier nur die markierten Knoten ausführbar, sobald ihre jeweiligen Argumente vorliegen. Sowohl bei Datenfluß-, als auch bei Reduktionsrechnern, kann die Ausführungskontrolle einem Betriebssystem oder in unterschiedlichem Maße einer Unterstützungshardware übertragen werden.

3.2. Ereignisfilterung mit Hilfe von Parallelverarbeitung

Grundlage jeder Parallelverarbeitung ist die Formulierung eines Systems paralleler Prozesse mittels Graphen unter Berücksichtigung der Behandlung von gegenseitigem Ausschluß und der Vermeidung von Deadlocks und Aussperrung. Soll ein konkretes Problem mit Hilfe eines Parallelrechners gelöst werden, so kann sowohl die Aufgabe, als auch die Rechner-Hardware in der genannten Weise graphisch dargestellt werden. Die Lösung des Problems kann dann grundsätzlich mit zwei verschiedenen Ansätzen versucht werden [47].

Der problemorientierte Ansatz geht davon aus, daß nur die Ausnützung der einem Problem inhärenten Parallelität effiziente Implementierungen erlaubt. Der wichtigste Schritt ist daher, diese Parallelitäten aufzudecken. Nur in sehr einfachen Fällen ist dies automatisch, z.B. mit Compilern, möglich. Im allgemeinen muß dies "von Hand" durchgeführt werden. Dies ist mit Hilfe formaler Methoden, z.B. Petrinetzen, möglich.

Im nächsten Schritt muß die Formulierung des Problems einschließlich seiner Zerlegung in parallele Prozesse und ihrer Interaktionen in einer Weise durchgeführt werden, die die Bearbeitung auf einem Parallelrechner ermöglicht, d.h. das Problem muß programmiert werden. Der letzte Schritt ist es, eine Rechnerarchitektur zu wählen, die optimal an die durch die Formulierung gegebene parallele Struktur des Problems angepaßt ist.

Dieses systematische Vorgehen führt in den meisten Fällen zur Definition von Spezialprozessoren, die auf Grund ihrer funktionellen Spezialisierung oder ihrer dem Problem besonders angepaßten Topologie ein gutes Preis/Leistungs-Verhältnis bieten. In der Praxis scheitert die Realisierung allerdings nahezu immer daran, daß die benötigte Hardware nicht verfügbar und auch nicht mit vernünftigem Aufwand realisierbar ist.

Wird deshalb in der Praxis die Lösung eines Problems mittels Parallelverarbeitung geplant, so wird oft der umgekehrte Weg beschritten: Die Auswahl einer realisierbaren Rechnerarchitektur, einer dazu passenden und verfügbaren Programmiersprache und schließlich die Zerlegung des Problems mit Hilfe der gegebenen Mittel.

Eine bessere Optimierung bei der Implementation von Parallelverarbeitung läßt ein kombinierter Ansatz erwarten (Bild 6). Dabei werden die Parallelität des Problems und die realisierbaren Rechnerarchitekturen unabhängig voneinander untersucht. Die Auswahl einer speziellen Implementierung erfordert dann eine Beurteilung, wie leicht jeweils eine Zerlegung des Problems auf eine Architektur abgebildet werden kann.

Dieser Weg wird im folgenden an hand des Problems der Datenreduktion bei physikalischen Experimenten beschritten.

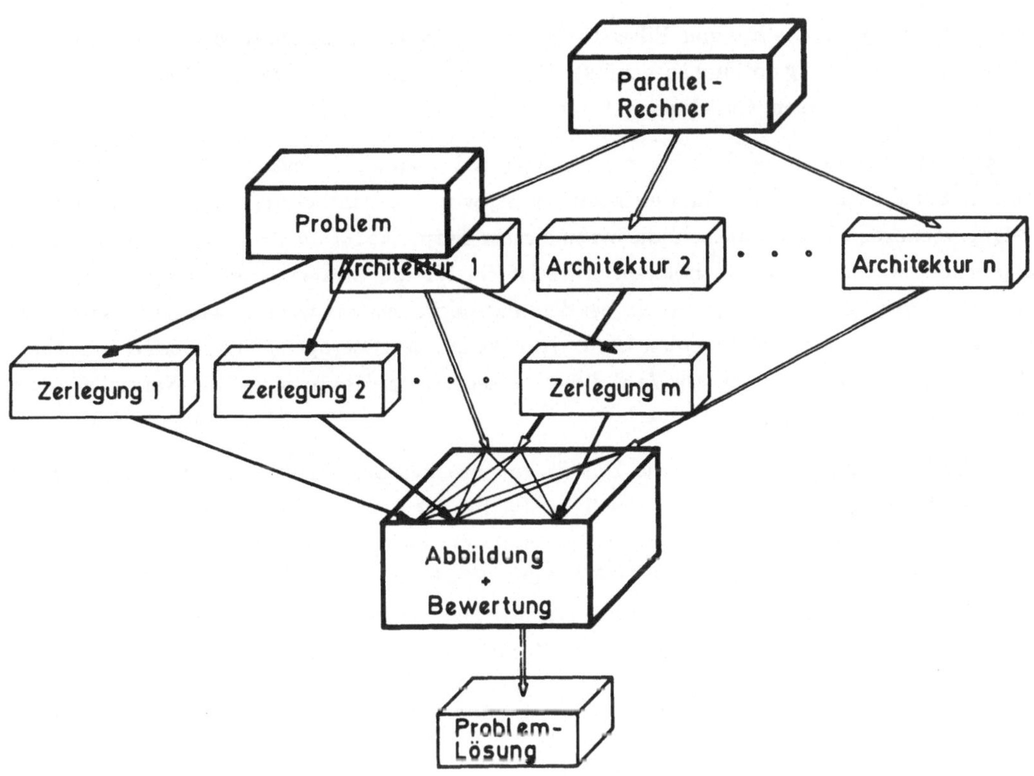

Bild 6: Lösungsweg für Probleme der Parallelverarbeitung

3.2.1. Analyse des Problems

Die Hauptaufgabe des Polyp-Systems am Kristallkugel-Spektrometer ist die Beseitigung des Engpasses bei der Online-Datenfilterung. Der vom Experiment kommende Datenstrom ist in Ereignisse aufgeteilt. Jedes Ereignis repräsentiert einen Datensatz, der zu einem physikalischen Vorgang gehört, der durch ein Projektil im Target ausgelöst wurde. In der Regel ist der zeitliche Abstand zweier solcher Ereignisse so groß, daß sie als unabhängig betrachtet werden können. Gewöhnlich werden die Ereignisse sequentiell in den Online-Rechner eingelesen, dort auf Relevanz für das laufende Experiment untersucht und dann akzeptiert oder verworfen.

Dieses Problem kann auf mehrere Arten in parallele Prozesse zerlegt werden. Eine Möglichkeit ist, die für die Bearbeitung eines Ereignisse notwendigen Operationen zu parallelisieren und die einzelnen Ereignisse weiterhin sequentiell abzuarbeiten. Die Alternative ist die sequentielle Abarbeitung des Einzelereignisses und die Zuweisung verschiedener Ereignisse an die zur Verfügung stehenden Prozessorelemente. Auch beliebige Mischformen sind denkbar. Bei einer geeigneten Zerlegung des Ereignis-Filter-Problems in parallele Prozesse wird die zur Verfügung stehende Rechenleistung optimal ausgenützt. Die beiden genannten extremen Alternativen sollen im folgenden unter diesem Gesichtspunkt untersucht werden.

Ein Ereignis soll an hand von n verschiedenen Kriterien auf Relevanz hin überprüft werden können. Sobald nur ein Kriterium nicht erfüllt ist, wird die Bearbeitung abgebrochen und das Ereignis verworfen. Die Rechenzeit, die bis zu diesem Zeitpunkt für die Prüfung anderer Kriterien aufgewendet wurde, ist damit verloren. Dies ist ein für die Effizienzbetrachtung wesentlicher Unterschied gegenüber dem Normalfall, bei dem nur berücksichtigt wird, in wie weit Parallelität bei der Verarbeitung erreicht werden kann. Nur wenn alle Filteroperationen positiv ausgehen, geht keine Rechenzeit verloren. Die Zahl dieser "guten" Ereignisse ist jedoch im Normalfall klein gegenüber der Gesamtzahl.

Jedes Kriterium K_i benötigt die Zeit T_i zur Bearbeitung. Die Wahrscheinlichkeit eines negativen Ausgangs der Überprüfung von K_i sei P_i. Bei der Bearbeitung gibt es zwei Extremfälle: sequentielle Abprüfung aller K_i auf einem Prozessor oder parallele Abprüfung auf n Prozessoren. Gesucht ist die Zeit, die im Mittel zur Prüfung von Kriterien aufgewendet wird, die nicht zu einem Abbruch der Rechnung führen. Da in allen realistischen Fällen nahezu alle Ereignisse verworfen werden, ist dies die sequentielle oder parallele Rechenzeit $V_{s,p}$, die verloren ist.

Sequentieller Fall:

Wird die Rechnung mit K_1 abgebrochen, so geht keine Rechenzeit verloren. Mit einer Wahrscheinlichkeit $(1 - P_1)$ wird jedoch K_2 überprüft, d.h. mit der gleichen Wahrscheinlichkeit wird K_1 überflüssigerweise gerechnet: $V_s = (1 - P_1)T_1$. Im Mittel gilt für die verlorene Rechenzeit

$$V_s = (1 - P_1)T_1 + (1 - P_1)(1 - P_2)T_2 + \ldots + (1 - P_1)(1 - P_2) \cdots (1 - P_n)T_n.$$

Paralleler Fall:

Im umgekehrten Fall wird das Einzelereignis parallel behandelt. Werden alle n Kriterien parallel überprüft und führt eines davon zum Abbruch, dann wurden $(n - 1)$ Prozessorelemente für die Zeit zur Überprüfung des entsprechenden Kriteriums unnötig belegt. Numeriert man ohne Beschränkung der Allgemeinheit die Kriterien aufsteigend nach zunehmenden Bearbeitungszeiten, so gilt im Mittel für die verlorene Rechenzeit

$$V_p = (n - 1)(P_1 T_1 + (1 - P_1)P_2 T_2 + \ldots + (1 - P_1)(1 - P_2) \cdots P_n T_n).$$

Bei der Ereignisfilterung sind die Filterstufen gewöhnlich nach steigender Rechenzeit geordnet. Wurde in einer Stufe der Datenstrom um einen gewissen Reduktionsfaktor vermindert, so steht in der darauffolgenden Stufe entsprechend mehr Zeit für die nächste Überprüfung zur Verfügung. Besonders interessant ist der Fall, in dem alle Stufen der Filter-Hierarchie aufeinander abgestimmt sind, d.h. in dem die Filterstufe $i + 1$ im Mittel um den Reduktionsfaktor der Stufe i mehr Rechenzeit benötigt: $T_{i+1} = T_i/(1 - P_i)$. In diesem Fall sind alle Filterstufen gleich ausgelastet; keine stellt einen Engpaß dar. Dann gilt

$$V_s = (1 - P_1)T_1 + (1 - P_2)T_1 + \ldots + (1 - P_n)T_1 = T_1\left(n - \sum_{i=1}^{n} P_i\right)$$

$$V_p = (n-1)(P_1 T_1 + P_2 T_1 + \ldots + P_n T_1) = T_1(n-1)\sum_{i=1}^{n} P_i$$

also

$$V_p - V_s = T_1 n \Big(\sum_{i=1}^{n} P_i - 1\Big).$$

Da für die Abschätzung vorausgesetzt wurde, daß praktisch alle Ereignisse verworfen werden, kann $\sum P_i$ nicht wesentlich kleiner als 1 sein. Im Fall $\sum P_i = 1$ würde jeweils nur ein Kriterium K_i zum Abbruch der Filterung führen. In dieser speziellen Situation arbeiten die sequentielle und die parallele Überprüfung von Ereignissen gleich effizient. Da aber in der Praxis meist mehrere Kriterien gleichzeitig zum Abbruch führen würden ($\sum P_i > 1$), nützt die parallele Bearbeitung des Einzelereignisses die verfügbare Rechenleistung nicht effizient aus.

Neben dieser prinzipiellen Beschränkung ist in den meisten praktischen Fällen die Zahl der möglichen unabhängigen Filteroperationen relativ klein, im allgemeinen < 10. Dies beschränkt die Parallelität bei der Abarbeitung des Einzelereignisses sehr stark. Im Gegensatz dazu gibt es für die parallele Bearbeitung verschiedener Ereignisse keine prinzipielle Grenze.

Die effizienteste Zerlegung des Filterproblems in parallele Prozesse ist deshalb, die unabhängigen Ereignisse parallel zu verarbeiten, wobei die Operationen, die zur Bearbeitung eines einzelnen Ereignisse notwendig sind, sequentiell durchgeführt werden.

Unter diesen Umständen ist es sehr einfach, auch das Einlesen der Ereignisse zu parallelisieren, indem mehrere Einleseprozesse vorgesehen werden, die je nach Bedarf mit einem beliebigen Bearbeitungsprozeß verbunden werden können. Alle Bearbeitungsprozesse können ihrerseits einen weiteren Prozeß anstoßen, der für den Transfer eines akzeptierten Ereignisses zum Host-Rechner verantwortlich ist. Ein Petri-Netz, das diese Verhältnisse modelliert, ist in Bild 7 gezeigt.

3.2.2. Analyse möglicher Rechnerstrukturen

Die abstrakten Konzepte der Parallelverarbeitung, die bisher skizziert wurden, haben sich in einer ungeheueren Vielfalt von Parallelrechner-Architekturen niedergeschlagen. Da auf jeder Ebene eines Systems unterschiedliche Möglichkeiten zur Strukturierung in Funktionsmodule und der Art ihrer Kontroll- und Datenverbindungen existieren, ist eine systematische Klassifizierung sehr schwierig. Schemata, wie sie etwa von Flynn [48] oder ACM [49] vorgeschlagen wurden, sind durch die explosionsartige Entwicklung unterschiedlicher Architekturen überholt. Vor kurzem wurde im Rahmen des ESPRIT-Programms ein systematisches hierarchisches Klassifikationsschema erarbeitet, das u.a. die meisten realisierten oder vorgeschlagenen Architekturen abdeckt [50] und eine Orientierungshilfe bietet.

Beim Entwurf eines neuen Systems muß aus diesem Spektrum eine für die vorliegende Anwendung geeignete Architektur ausgewählt werden. Dies soll an hand folgender Ordnungsparameter

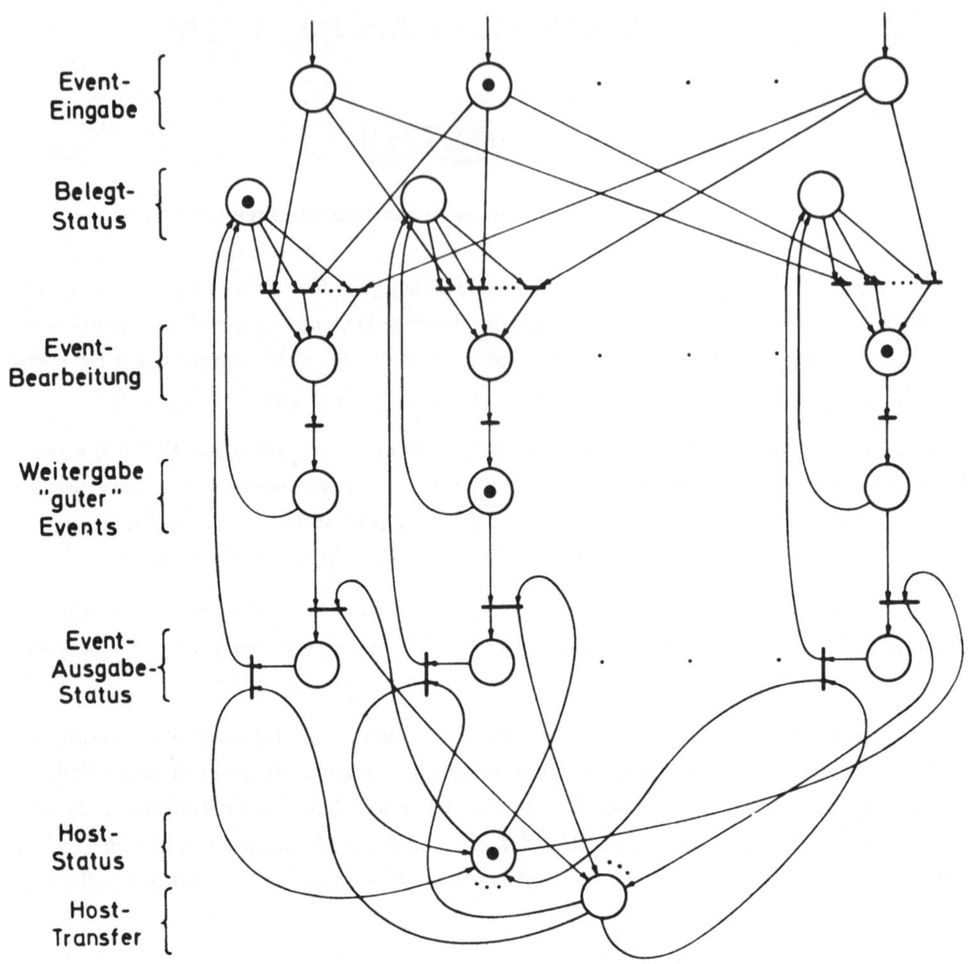

Bild 7: Petri-Netz des Ereignis-Filter-Problems

geschehen:

- funktionelle Strukturierung

- Topologie

- Ablaufsteuerung.

Dazu soll zunächst ein Überblick über die verschiedenen Konzepte gegeben werden. Daran anschließend werden die hier angeführten Architekturen unter dem Gesichtspunkt der geplanten Anwendung bewertet und die Wahl einer bestimmten Struktur für das Polyp-System begründet.

3.2.2.1. Parallelität in Computersystemen

Schon seit vielen Jahren ist es üblich, die Leistung von Rechnern zu steigern, indem Teilaufgaben parallel ausgeführt werden. Die Möglichkeiten dazu sind bei manchen Rechnern durch ihre Architektur festgelegt, bei anderen können sie per Programm definiert werden. Das Ziel ist dabei immer, durch eine problemorientierte Strukturierung eine möglichst gleichmäßige Auslastung des Gesamtsystems zu erzielen und damit möglichst hohe Effizienz. Die Art der Verwaltung autonomer Einheiten bestimmt letztlich, in wie weit der Benutzer von einem Gesamtsystem sprechen kann, oder ob für ihn die Individualität der einzelnen Einheiten so stark in den Vordergrund tritt, daß der Systemaspekt dagegen unbedeutend wird.

In früheren Rechnern wurden vorwiegend I/O-Prozesse parallel zu der eigentlichen Ausführung von Programmen abgearbeitet. Werden Anwenderprogramme in einer höheren Sprache geschrieben, so wird die Ansteuerung der Standardperipherie vollständig vom Betriebssystem des Rechners durchgeführt; die Parallelverarbeitung ist dann für den Benutzer unsichtbar. In Echtzeit-Systemen ist es jedoch unter Umständen sinnvoll, die Parallelität der Abläufe im Benutzerprogramm explizit auszunutzen. Heutige Multitasking-Betriebssysteme gestatten daher dem Benutzer, mit parallelen Prozessen zu arbeiten; die Verantwortung für ihre korrekte Synchronisierung liegt dann allerdings vollständig beim Benutzer.

Zur Unterstützung rechenintensiver Anwendungen mußten andere Wege beschritten werden. Zu einem Zeitpunkt, als der Kontrollteil einer CPU zum Lesen und Interpretieren des nächsten Programmschritts noch wesentlich aufwendiger war als die eigentliche arithmetische Einheit, wurden Rechnerarchitekturen entwickelt, bei denen eine solche Kontrolleinheit viele arithmetische Einheiten, sogenannte Prozessor-Elemente, parallel ansteuerte. Solche Rechner werden heute als Vektor- bzw. Array-Prozessoren bezeichnet, je nachdem ob ihre Prozessor-Elemente ein- oder zweidimensional angeordnet sind. Dem Benutzer steht es dabei frei, in wie weit er auf die spezielle Architektur dieser Rechner eingehen und damit ihre Fähigkeiten ausnützen will. Prinzipiell ist es möglich, jedes beliebige Programm mit einem vektorisierenden Compiler auf den entsprechenden Vektor- oder Array-Prozessor anzupassen; effizienter Code wird in der Regel jedoch nur dann erzeugt, wenn bereits bei der Programmierung Rücksicht auf die spezielle Struktur des Rechnersystems genommen wird.

Vektor- und Array-Prozessoren können nur dann effizient eingesetzt werden, wenn die gleiche Operation auf vielen Daten vorgenommen werden soll. Dies ist nur in speziellen Fällen notwendig. Um die Abarbeitung "gewöhnlicher" Programme zu beschleunigen, wurde eine andere funktionelle Strukturierung von Rechnern vorgenommen. Die CPU wurde etwa unterteilt in Einheiten, die Instruktionen aus dem Speicher auslesen und zur Abarbeitung bereithalten, die nächste Instruktion dekodieren, die benötigten Speicheradressen berechnen, die erforderlichen Operanden bereitstellen, die Operation ausführen und das Resultat wieder ablegen. Solche Einheiten können, durch Steuersignale untereinander synchronisiert, an aufeinanderfolgenden Instruktionen in hohem Maße gleichzeitig arbeiten. Dieses Pipelining wird heute in unterschiedlichem Maße in allen Rechnern angewandt. Gewöhnlich werden die einzelnen Stufen eines Pipeline-Rechners so per Hardware synchronisiert, daß der Benutzer darauf keine Rücksicht zu nehmen braucht.

In jüngster Zeit wurde der eindimensionale Fluß einer Pileline zu Gittern aus Pipeline-Stufen erweitert. Jeder Gitterpunkt eines solchen systolischen Arrays ist dabei als unabhängiges Prozessorelement zu verstehen, an dem sich mehrere Datenströme kreuzen. Die aktuellen Daten an jedem Gitterpunkt sind dabei die Resultate von Nachbar-Prozessor-Elementen, die jeweils im letzten Systemtakt gewonnen wurden.

Der nächste konsequente Schritt, die Parallelität eines Rechnersystems zu erhöhen, war, mehrere Zentraleinheiten kooperieren zu lassen. Damit wurde erstmals die Möglichkeit geschaffen, ganze Anwendungsprogramme parallel ausführen zu können. In den ersten Systemen dieser Art führten alle Prozessoren alle Zugriffe zum Lesen von Instruktionen und Operanden und zur Ablage von Resultaten ausschließlich auf einem gemeinsamen Speicher aus. Heute wird diese Betriebsart stark gekoppelter Betrieb genannt. Es zeigte sich jedoch sehr bald, daß solche Systeme auf Grund von Kapazitätsproblemen bei der Datenübertragung oder beim Speicherzugriff auf eine sehr kleine Zahl von Prozessoren beschränkt sind. Als Auswege boten sich an, entweder eine Kopie häufig verwendeter Instruktionen und Daten lokal bei den verschiedenen Prozessoren abzuspeichern, oder auch Teile der Programme bzw. Daten aus dem globalen Speicher auszulagern und exklusiv einzelnen Prozessoren zuzuordnen. In diesem zu dem stark gekoppelten Betrieb entgegengesetzten Extremfall ergibt sich ein System, bei dem mehrere Prozessoren mit lokalen Speichern vollständig unabhängig voneinander, also entkoppelt, Programme bearbeiten. In praktischen Fällen werden solche Rechnersysteme stark, mäßig oder schwach gekoppelt betrieben. Es gibt Versuche, auch diese Art der Parallelverarbeitung für den Benutzer transparent (unsichtbar) zu machen, d.h. dem Benutzer die Illusion eines schnellen Einprozessorsystems zu vermitteln. Dies gelingt zum Teil durch Compiler, die ein sequentielles Programm auf dem Teilaufgaben-Niveau in parallele Prozesse zerlegen. Dieses Problem ist wesentlich schwieriger zu lösen als die Parallelisierung eines Programms auf dem Instruktions-Niveau, die für Vektor- und Array-Prozessoren erforderlich ist. Die Ergebnisse einer solchen automatischen Aufspaltung einer Aufgabe in Tasks sind im allgemeinen unbefriedigend. In den meisten Fällen werden deshalb die Programme für parallele Prozessoren bereits durch den Benutzer entsprechend der Architektur des Rechnersystems strukturiert. Diesen Zweck erfüllen auch neuere Programmiersprachen wie Modula2 oder Ada.

Haben die Prozessoren eines solchen Rechnersystems außer lokalem Speicher auch noch Peripherie zur Verfügung, so geht es in einen Verband kooperierender Rechner über. Die Intensität der Kommunikation zwischen den einzelnen Rechnern, d.h. die Häufigkeit, mit der Daten oder Kontroll-Informationen ausgetauscht werden, bestimmt dabei ihren möglichen räumlichen Abstand. Bei hohen Ansprüchen an die Inter-Prozessor-Bandbreite sind die einzelnen Rechner gewöhnlich auf engem Raum über ein Bus-System verbunden, das die Informationen auf dem Signal-Niveau von Rechner zu Rechner überträgt. Bei geringeren Geschwindigkeitsanforderungen wird in der Regel das Bussystem durch ein Netzwerk ersetzt, das zur Optimierung des Preis/Leistungs-Verhältnisses vergleichbar zu einem Telephon-Netz organisiert ist und keine einzelnen Signale mehr weiterleitet, sondern Informations-Pakete (messages). Sind die einzelnen Rechner, d.h. die Knoten des Netzwerks, räumlich benachbart, z.B. im gleichen Raum, so lassen sich noch verhältnismäßig hohe Übertragungsraten erreichen.

Diese sinken mit steigender Entfernung der Knoten. Heutige lokale Netze aus Rechnern erlauben Knotenabstände im Bereich von Kilometern bei Übertragungsraten von etwa 10 MBit/s. Über noch größere Entfernungen existieren zwar noch Netze, jedoch keine Software, die die entsprechend gekoppelten Rechner als verteiltes System erscheinen lassen.

3.2.2.2. Zerlegung eines Systems in Funktionsmodule

Jedes nichttriviale Problem kann in Teilaufgaben zerlegt werden, die zum Teil sequentiell, zum Teil parallel ausführbar sind. Diese Zerlegung kann — abhängig vom Komplexitätsgrad des Problems — baumartig in mehreren Stufen erfolgen. Auf tieferen Ebenen nimmt entsprechend die Komplexität der Teilaufgaben ab.

Komplexität ist in diesem Zusammenhang kein streng definierter Begriff. Infolgedessen ist auch die Klassifikation in Komplexitätsebenen z.T. willkürlich. Hier soll das folgende Schema verwendet werden, das einerseits das Problem (Software) und andererseits den Parallelrechner (Hardware) in Ebenen strukturiert:

- Problem-/Systemebene:

  Auf der obersten Ebene wird das Problem als Ganzes bearbeitet. Genügend komplexe Probleme können in kooperierende Programme aufgeteilt werden. Analog ist das Parallelrechner-System, das das Gesamtproblem bearbeiten soll, aufgeteilt in Module. "Funktion" dieser Module ist die Bearbeitung von Programmen.

- Programm-/Modulebene:

  Programme können selbst wieder zerlegt werden in kooperierende Tasks. Tasks sind zwar relativ unabhängige Programmteile, die aber zum großen Teil auf gemeinsamen Daten operieren und deshalb häufige Kommunikation erfordern. Zu der Zerlegung von Programmen in Tasks korrespondiert eine Aufteilung von Modulen in Units. Tasks können von Prozessor-Units ausgeführt werden. Die intensive Kommunikation zwischen Prozessor-Units findet innerhalb eines Moduls statt und beeinflußt die Eigenschaften der Systemebene kaum.

- Task-/Unitebene:

  Die Bearbeitung von Tasks erfordert die Ausführung von Instruktionen. In vielen Fällen ist es möglich, scharf abgegrenzte Instruktionsarten zu unterscheiden. Üblich ist die Aufteilung in Integer- und logische Operationen bzw. in Gleitkomma-Operationen. Bei einer Klassifizierung nach Parallelitäts-Gesichtspunkten kann zwischen skalaren und vektoriellen Operationen unterschieden werden. Solche Instruktionsgruppen können auf verschiedene Teileinheiten (Subunits) verteilt werden. Die sehr intensive Kommunikation zwischen diesen Teileinheiten erfordert enge Nachbarschaft, z.B. die Unterbringung auf einer Platine.

- Instruktions-/Subunitebene:

Auch die Ausführung einer Instruktion läßt sich selbst weiter zerlegen, z.B. in eine Analyse, welche Operanden verwendet werden sollen, das Laden dieser Operanden, das Speichern des Resultats etc.. Solche Mikroinstruktionen werden in der Regel durch festverdrahtete Einheiten innerhalb von Subunits ausgeführt.

Ein Beispiel für die Strukturierung eines Problems und eines Parallelrechners ist in Bild 8 gezeigt. Der Zusammenhang zwischen den Funktionsmodulen auf den verschiedenen Ebenen und ihren Aufgaben, d.h. der Bearbeitung der verschiedenen Teilprobleme, ist in Tabelle 1 zusammengefaßt.

Tabelle 1: Prozeß- und Funktionsmodul-Ebenen

Prozeß	Funktionsmodul
Problem	Parallelrechner
Programm	Prozessor-Modul
Task	Prozessor-Unit
Instruktion	Subunit
Mikroinstruktion	Logik

In einem streng sequentiellen Rechner existiert pro Ebene nur ein Funktionsmodul; Parallelrechner besitzen auf einer oder mehreren Ebenen mehrere Funktionsmodule. Gebräuchlicher ist eine Betrachtungweise, die sich darauf bezieht, ob die Existenz mehrerer Funktionsmodule für die Programmierung relevant ist: Alle modernen Rechner sind auf dem Mikroinstruktions-Niveau in unterschiedlichem Maße parallel aufgebaut; auch die Aufteilung des Instruktionssatzes auf Haupt- und Koprozessoren ist Standard. Trotzdem werden solche Rechner üblicherweise nicht als Parallelrechner betrachtet.

Beispiele für Funktionsmodule

Die bei der Strukturierung eines Problems verwendeten Begriffe wie Programm, Task und Instruktion werden üblicherweise im Zusammenhang mit sequentiellen Abläufen auf gewöhnlichen Rechnern gebraucht; die Art ihrer Bearbeitung ist jedoch nicht darauf beschränkt. Um alternative Möglichkeiten zur Realisierung von Funktionsmodulen auf den verschiedenen Ebenen aufzuzeigen, werden im folgenden Beispiele gegeben.

Funktionsmodule der Programmebene bearbeiten relativ unabhängige Programme, sind also allgemein verwendbare, autonome Rechner. Trotz dieser Eigenschaft können solche Rechner für verschiedene Arten von Programmen unterschiedlich gut geeignet sein und lassen sich deshalb nach den qualitativen Unterschieden der verschiedenen Programmiersprachen selbst klassifizieren.

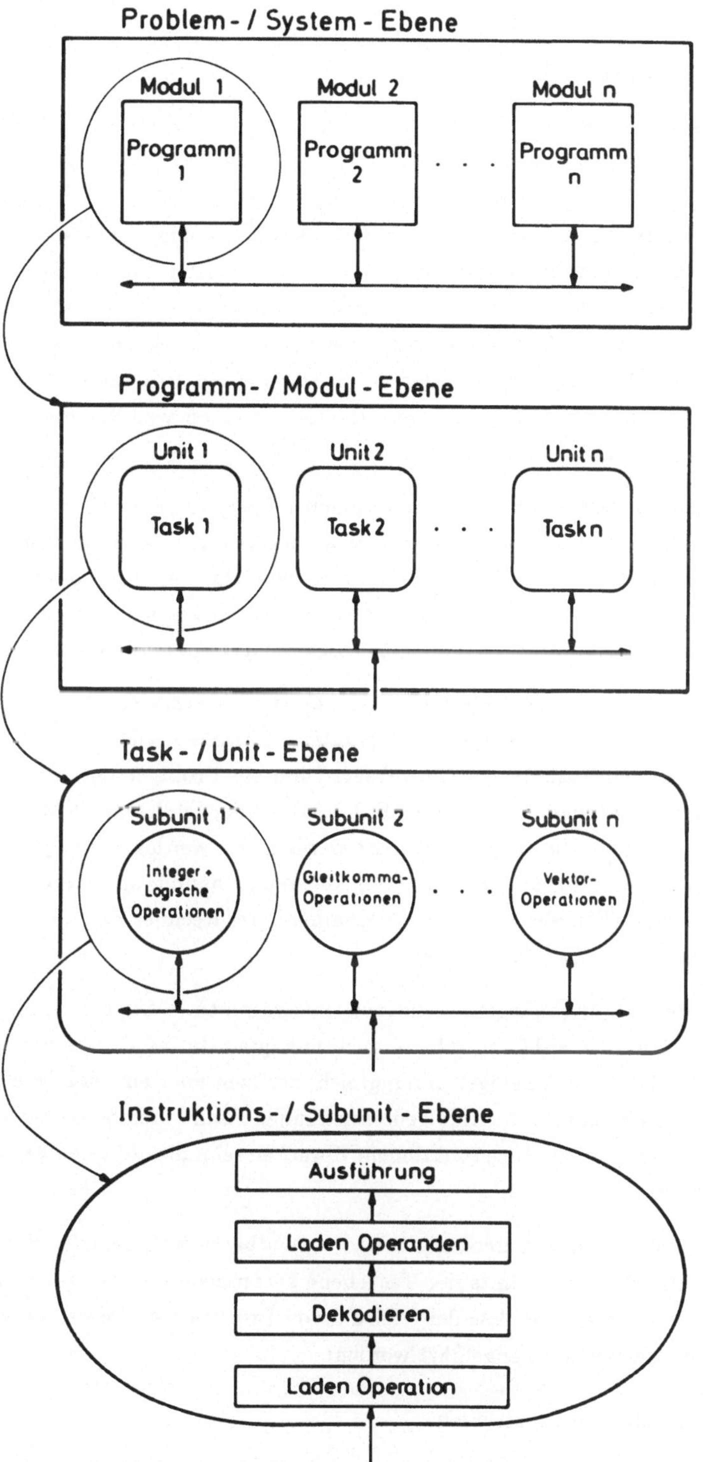

Bild 8: Struktur von Problem- und Hardware-Ebenen

Diese können eingeteilt werden in

- Imperative Sprachen

- Funktionelle Sprachen

- Mischformen.

Imperative Sprachen sind aus einzelnen Instruktionen aufgebaut, die zum größten Teil in einer definierten Reihenfolge ausgeführt werden müssen. Alle traditionellen Sprachen wie Fortran, Pascal oder Assembler gehören in diese Klasse. Sie eignen sich deshalb besonders gut für die Bearbeitung auf von-Neumann-Rechnern, bei denen ein Programm-Zähler anzeigt, welche Instruktion als nächste ausgeführt werden soll. Da nur ein Programm-Zähler existiert, gibt es auch nur eine einzige nächste Instruktion; deshalb arbeiten von-Neumann-Rechner auf dem Instruktionsniveau streng sequentiell.

Wird dagegen ein Programm in einer funktionellen Sprache geschrieben, so wird das Resultat einer Berechnung als Funktion seiner Argumente spezifiziert. Da diese Notation die Zeit als Parameter nicht enthält, können solche Programme nicht nur auf von-Neumann-Rechnern, sondern auch auf beliebigen anderen Systemen bearbeitet werden. Vegdahl [51] gibt einen Überblick über funktionelle Sprachen und dafür vorgeschlagene oder realisierte Rechnerstrukturen.

Zwischen den streng sequentiellen und den maximal parallelen Rechnerstrukturen liegen beliebige Übergangsformen. Moderne imperative Sprachen wie Ada [52] erlauben eine Parallelisierung auf dem Taskniveau. Umgekehrt kann ein Problem als Folge von funktionellen Ausdrücken formuliert werden. Entsprechende Spezialrechner sind etwa die Maschinen der fünften Generation, wie sie derzeit in Japan konzipiert werden. Sie werden vorwiegend mit Prolog [53] programmiert und dienen zur Ableitung von Ergebnissen an hand gespeicherter Relationen. Diese Inference-Maschinen stellen ebenfalls frei programmierbare Rechner dar, die als Module auf der Programmebene eingesetzt werden können.

Tasks sind relativ unabhängige Teile von Programmen. Da die Wahl einer günstigen Granularität vom Problem abhängt, gibt es auch nur quantitative Unterschiede zwischen Tasks und Programmen: Tasks sind weniger umfangreich, besitzen aber eine stärkere Kopplung, meist über gemeinsam verwendete Daten. Infolgedessen können Funktionsmodule der Taskebene sowohl Prozessoren für imperative, als auch funktionelle Sprachen sein, die auf einen gemeinsamen lokalen Speicher Zugriff haben.

Da sich die Gesamtfunktion eines allgemein verwendbaren Rechners der Programmebene aus den Fähigkeiten der Prozessor-Units der Taskebene zusammensetzt, ist es möglich, hier stärker spezialisierte Units einzusetzen. Aus der Vielzahl von Prozessoren, die bisher eingesetzt worden sind, sollen nur einige Beispiele angeführt werden:

- allgemein verwendbare Prozessoren

Sie übernehmen die Tasks, für die keine Spezialprozessoren zur Verfügung stehen. Hierzu zählen die Zentraleinheiten traditioneller kommerzieller Multiprozessoren wie etwa IBM 3081 oder Cray 2, ebenso wie alle Mikroprozessoren.

- Prozessoren für bestimmte Aufgabengebiete

  Solche Prozessoren sind auf bestimmte Arten von Tasks spezialisiert. Die bekanntesten Beispiele sind Gleitkomma-Prozessoren, Bildverarbeitungs-Prozessoren und Prozessoren zur Verwaltung von Datenbanken.

Die Ausführung von Tasks verlangt das Aufrufen einzelner Instruktionen. Sie werden von funktionellen Einheiten ausgeführt, die allgemein verwendbar oder spezialisiert sein können. Im Gegensatz zu Tasks operieren Instruktionen praktisch nur auf jeweils eigenen Daten. Beispiele für funktionelle Einheiten sind

- Funktionelle Einheiten für allgemeine Operationen

  Diese Funktionsmodule der Instruktionsebene werden meist mit arithmetisch-logischen Einheiten (ALUs) realisiert; sie stellen logische Verknüpfungen und Grundrechnungsarten bereit.

- Funktionelle Einheiten für spezielle Operationen

  Solche Funktionsmodule führen wesentlich komplexere Operationen aus, etwa die Berechnung arithmetischer Funktionen, die Verknüpfung von Datenstrukturen, z.B. von Matrizen, oder die Transformation mehrdimensionaler Datenfelder.

Homogenität

Ein Rechnersystem kann auf allen betrachteten Ebenen parallel arbeiten; dazu müssen die entsprechenden Funktionsmodule mehrfach vorhanden sein. Je nach Art der Teilaufgaben, die auf der jeweiligen Ebene vorliegen, kann es vernünftig sein, ausschließlich identische Funktionsmodule einzusetzen, Gruppen von allgemein verwendbaren und spezialisierten Funktionsmodulen — wobei die Mitglieder einer Gruppe identisch sind — oder lauter verschiedene Funktionsmodule. Sind die Teilaufgaben alle gleichartig, so ist es naheliegend, gleichartige Funktionsmodule zur Bearbeitung einzusetzen. Solche Systeme werden als homogen bezeichnet. In den meisten Fällen fallen jedoch auch unterschiedliche Teilaufgaben an. Dies eröffnet die Möglichkeit, Funktionsmodule für bestimmte Teilaufgaben oder Klassen davon zu spezialisieren. Kooperierende spezialisierte Funktionsmodule bilden ein inhomogenes System.

In homogenen Systemen muß jedes Funktionsmodul alle anfallenden Aufgaben ausführen können. Soll dies mit der gleichen Geschwindigkeit möglich sein, die sich mit spezialisierten Funktionsmodulen erreichen ließe, so multipliziert sich der Aufwand gegenüber einem entsprechenden inhomogenen System; wird vergleichbarer Aufwand getrieben, so sinkt die Leistung des Funktionsmoduls entsprechend. Spezialisierte Funktionsmodule besitzen also ein besseres Preis/Leistungs-Verhältnis, das mit der Einbuße an Flexibilität einhergeht. Allerdings ist die Gesamtleistung eines inhomogenen Systems durch die zwar relativ hohe, aber begrenzte Leistungsfähigkeit seiner

Funktionsmodule festgelegt. In homogenen Systemen läßt sich dagegen die maximale Leistung im Prinzip beliebig steigern; sie ist der Systemgröße proportional. Umgekehrt können homogene Systeme auch fehlertolerant sein, weil Aufgaben, die ein fehlerhaftes Funktionsmodul übernehmen müßte, auch von jedem anderen ausgeführt werden können.

Die Vorteile homogener und inhomogener Systeme vereinigt eine Poolstruktur. Ein Pool ist dabei eine homogene Menge von Funktionsmodulen gleicher Spezialisierung. Ein poolstrukturiertes System besteht deshalb aus mehreren spezialisierten Pools, die sich gemeinsam eine Gesamtaufgabe teilen. Da ein solches System aus spezialisierten Funktionsmodulen aufgebaut ist, besitzt es ein gutes Preis/Leistungs-Verhältnis. Da andererseits von allen Funktionsmodulen mehrere vorhanden sind, ist es potentiell fehlertolerant. Schließlich steigt die Systemleistung pro Funktion proportional zur Größe des entsprechenden Pools. Damit ist auch noch eine Anpassung des Leistungsspektrums an gegebene Anforderungen möglich.

3.2.2.3. Vernetzung der Funktionsmodule

Die Funktionsmodule eines Systems müssen Kontrollinformationen und Daten austauschen können. Dazu sind Verbindungen notwendig. Im Graphen-Bild sind die Kanten des Graphen solche Verbindungen. Von trivialen Fällen abgesehen existiert deshalb immer ein Netz von Verbindungen. Ein solches Verbindungsnetzwerk kann aus einzelnen Verbindungen aufgebaut sein, die je zwei Funktionsmodule statisch miteinander verbinden. Dann stellen die Funktionsmodule die Knoten des Graphen dar.

Es ist jedoch auch möglich, einen Teil der Knoten eines Graphen nur als Schaltstellen zu betrachten, die jeweils zwei ihrer Kanten verbinden können. Dann ist es möglich, Wege durch den Graphen zu schalten und die restlichen Knoten, die Funktionsmodule, miteinander zu verbinden.

Verbindungsnetzwerke werden überall dort benötigt, wo Informationen zwischen mehreren Stellen ausgetauscht werden müssen. Sie wurden deshalb zunächst für den Telekommunikationsbereich entwickelt und später auf Parallelrechner angewandt. Eine Sammlung von relevanten Arbeiten geben Wu und Feng [54].

Statische Verbindungsnetzwerke

In statischen Verbindungsnetzwerken existieren exklusiv genutzte Verbindungen zwischen bestimmten Modulen. Bild 9 zeigt einige der Standard-Topologien statischer Netzwerke. Obwohl hier direkte Verbindungen nur zwischen nächsten Nachbarn bestehen, ist eine Kommunikation zwischen beliebigen Funktionsmodulen im allgemeinen über Zwischenstationen möglich. Dies sind Funktionsmodule, die die Aufgabe wahrnehmen, Pakete von Informationen zu empfangen und aktiv weiterzusenden (store-and-forward, packet switching). Das Verfahren, Informationspakete schrittweise durch das Verbindungsnetzwerk zu transportieren, hat zwei wichtige Konsequenzen.

Da eine direkte Übertragung immer nur zwischen nächsten Nachbarn stattfindet, muß nur eine einzige Ressource des Netzwerks zur Übertragung angefordert werden, nämlich die jeweilige Verbindungsstrecke. Deshalb sind so konstruierte statische Netzwerke Deadlock-frei. In anderen Verbindungsnetzwerken lassen sich Deadlocks in der Praxis meist nur durch die ungewöhnliche Dauer einer Übertragung feststellen deshalb erst nach relativ langer Zeit auflösen; bis dahin ist ein Teil des Netzwerks blockiert. Für zeitkritische Anwendungen sind deshalb statische Netzwerke im allgemeinen besser geeignet.

Auf der anderen Seite sind die Übertragungszeiten hier stark von der Position der kommunizierenden Module in der Topologie des Netzes abhängig. Findet eine Übertragung nicht zwischen nächsten Nachbarn statt, so addieren sich die Bearbeitungszeiten entlang des Verbindungswegs; damit sinkt auch die totale Bandbreite des Verbindungsnetzwerks.

Für statische Netzwerke ist es deshalb besonders wichtig, daß die Topologie den Anwendungen des Parallelverarbeitungssystems möglichst gut angepaßt ist. Dies ist umso besser möglich, je eingeschränkter das Anwendungsspektrum ist; statische Netzwerke sind deshalb besonders für spezialisierte Parallelrechner geeignet.

Es ist nicht möglich, alle Variationen von Verbindungstopologien unter Anwendungsgesichtspunkten systematisch zu klassifizieren. Da aber statische Netzwerke aus Modulen und individuellen Verbindungen zwischen ihnen bestehen, lassen sie sich als Graphen darstellen und mit Methoden aus der Graphentheorie behandeln. Übliche Klassifikationsparameter sind hier

- Dimension

- Grad

- Durchmesser

- Fehlertoleranz.

Die Dimension eines Graphen ist nicht einheitlich definiert. Sie ist mehr ein anschaulicher Begriff, der sich bestimmten Graphen leicht zuordnen läßt und dann für die Eignung des Netzwerks für bestimmte Anwendungen maßgebend sein kann. Beispiele sind Gitter beliebiger Dimension, in denen sich die Gitterachsen z.B. kartesischen Koordinaten zuordnen lassen. Bei anderen Strukturen, etwa Bäumen, ist eine natürliche Abbildung auf Linien, Flächen, Volumina etc. nicht möglich und der anschauliche Dimensionsbegriff nicht angebracht.

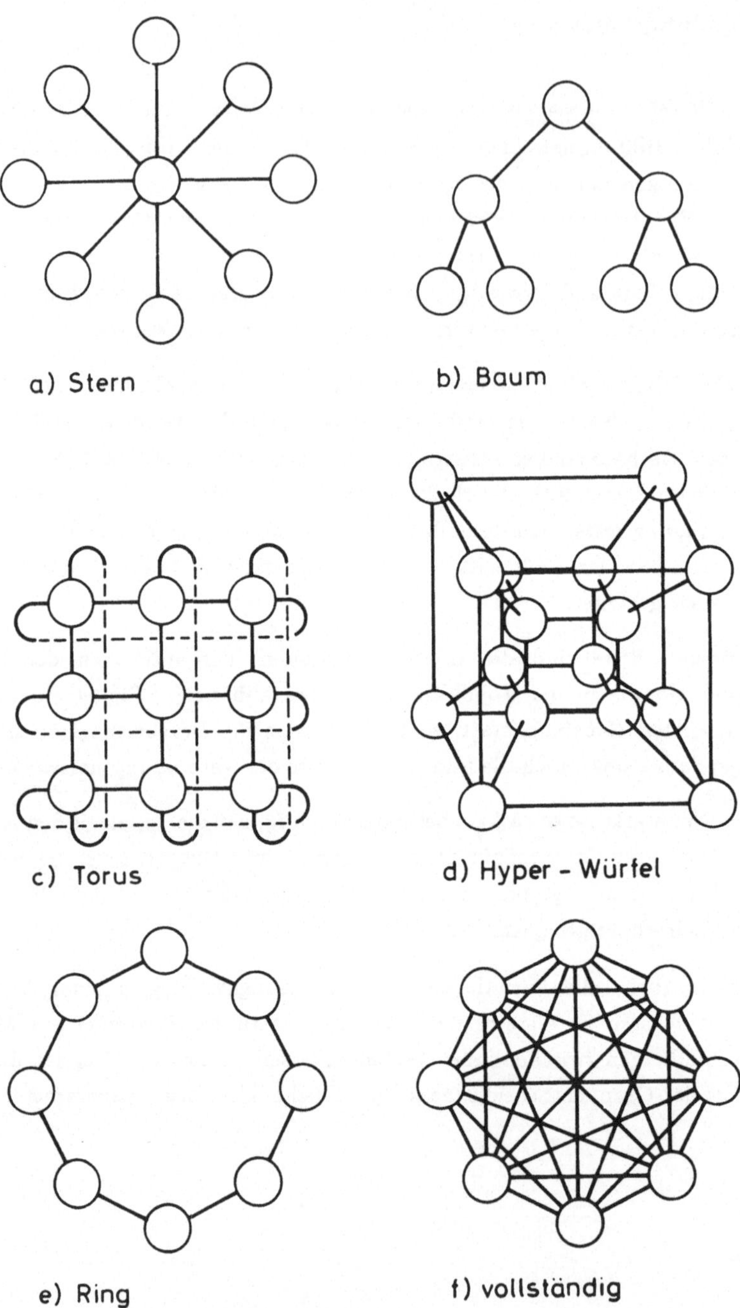

Bild 9: Standard-Topologien statischer Verbindungsnetzwerke

Im Gegensatz dazu ist der Grad d eines Graphen streng definiert. Er ist identisch mit der maximalen Anzahl von Verbindungen, die von einem Knoten ausgehen. Zweites wichtiges Charakteristikum ist der Durchmesser k eines Graphen, der angibt, wieviele Kanten des Graphen maximal belegt werden müssen, um zwei beliebige Knoten miteinander verbinden zu können. Benutzt man Grad und Durchmesser zur Klassifizierung von Graphen, so spricht man von (d, k)-Graphen.

Beide Größen sind für die praktische Implementierung eines Verbindungsnetzwerks wichtig: Der Hardware-Aufwand für das Netzwerk steigt mit dem Grad des Graphen etwa linear; die Übertragungsgeschwindigkeit zwischen beliebigen Modulen sinkt mit dem Durchmesser. Neben dem (maximalen) Durchmesser kann auch der mittlere Durchmesser betrachtet werden. Offensichtlich hängt es von der Anwendung ab, ob eine gleichmäßige Kommunikation zwischen allen Modulen notwendig ist, für die ein kleiner Durchmesser anzustreben ist, oder ob das Problem so auf die Topologie des Netzes abgebildet werden kann, daß vorwiegend benachbarte Module kommunizieren; in diesem Fall ist der mittlere Durchmesser eine wichtigere Größe.

Die Fehlertoleranz eines Verbindungsnetzwerks schließlich ist abhängig davon, wieviele unabhängige Verbindungswege zwischen zwei Modulen hergestellt werden können.

Eine der einfachsten Verbindungstopologien ist eine lineare Aneinanderreihung von Modulen. Auf eine solche Anordnung lassen sich offenbar Probleme besonders einfach abbilden, die einen eindimensionalen, gerichteten Datenfluß beinhalten. Solche Organisationsformen sind als Pipeline bekannt. Der minimale Grad des Graphen läßt niedrige Implementierungkosten erwarten. Bei einer Anzahl n von Modulen ist der Durchmesser n, d.h. maximal, und der mittlere Durchmesser $n/3$, d.h. ebenfalls sehr hoch. Während dies für allgemeine Anwendungen von erheblichem Nachteil sein kann, spielt es bei einer Pipeline-Organisation keine Rolle, da hier nur nächste Nachbarn kommunizieren. Der Mangel an redundanten Verbindungen begrenzt allerdings die Größe des Netzes. Einen Überblick über Pipeline-organisierte Parallelrechner geben Ramamoorthy und Li [55].

Schließt man einen linearen Graphen zyklisch, so erhält man eine Ringstruktur. Während der Grad des Graphen dabei unverändert bleibt, hängt sein Durchmesser davon ab, ob die Verbindungen gerichtet oder bidirektional sind. Im gerichteten Fall bleibt der Durchmesser n, d.h. maximal, während der mittlere Durchmesser sogar auf $n/2$ steigt. Dies ist auf die zusätzlichen Kommunikationsmöglichkeiten bei Fehlen der Endknoten zurückzuführen. Aus den vorher angeführten Gründen eignet sich diese Struktur ebenfalls für eine Art Pipelining, bei dem die Daten allerdings so lange zirkulieren können, bis ihre Bearbeitung abgeschlossen ist. Beispiele solcher Organisationen sind ZMOB [56, 57], ein Multimikroprozessor-System, und ein moderner VLSI-Multiprozessor [58]. Läßt der Ring bidirektionalen Betrieb zu, so halbieren sich maximaler und mittlerer Durchmesser des Graphen. Da dann zwischen je zwei Knoten zwei mögliche Verbindungswege existieren, ist eine minimale Fehlertoleranz gegeben. Solche Ringe können jedoch bereits als zweidimensionale Netzwerke angesehen werden, wie alle, die durch nichtlineare, plättbare Graphen repräsentiert werden können.

Bestes Beispiel für zweidimensionale Topologien sind Graphen, die eine Fläche so abdecken, daß die Nachbarschaftseigenschaften aller Knoten identisch sind. Dies ist etwa bei rechteckigen oder hexagonalen Gittern der Fall. Der Grad der zugehörigen Graphen beträgt dabei 4 bzw. 6, was auf einen hohen Implementierungsaufwand hindeutet. Der flächenartige Charakter kommt auch im Durchmesser zum Ausdruck; er steigt mit $\sqrt{n}$. Der höhere Grad dieser Graphen und die flächenartige Topologie lassen eine Vielzahl von möglichen Verbindungen zwischen je zwei Modulen zu und erlauben damit die Realisierung fehlertoleranter Verbindungsnetzwerke. Arrayartig verknüpfte Module eignen sich besonders gut zur Bearbeitung flächenartiger Daten, etwa von Bildern. Ein klassisches Beispiel für ein solches System ist ILLIAC IV [21], ein Array aus 8×8 Processing-Elementen zur Bildverarbeitung und Simulation zweidimensionaler Strömungen, ein moderneres Beispiel gleicher Philosophie das MPP-System [59], bestehend aus 128×128 bit-sequentiellen Prozessoren zur Satellitenbildverarbeitung, oder der Transputer [60], ein allgemein verwendbares Mikroprozessor-Array. Eine gitterartige Topologie kann auch ausgenützt werden, um entlang der Gitterachsen synchron Datenströme durch die Knotenpunkte des Gitters wandern zu lassen. Mead und Convay beschreiben ein hexagonales Array [61], das sich zur Berechnung von Matrix-Multiplikationen eignet.

Snyder [62] zeigte, daß sich auch andere plättbare Graphen, z.B. binäre Bäume, flächendeckend anordnen lassen. Binäre Bäume haben den Grad 3 und können deshalb noch mit verhältnismäßig geringem Aufwand implementiert werden. Ihr maximaler und mittlerer Durchmesser wächst jedoch langsamer als in den bisher betrachteten Topologien, nämlich logarithmisch mit der Zahl der Knoten. Diese Eigenschaft macht Bäume besonders interessant für den Fall, daß sehr viele Module eines Parallelrechners verbunden werden müssen. Da seit vielen Jahren die Dichte von VLSI-Schaltungen exponentiell mit der Zeit ansteigt, ist zu erwarten, daß die Zahl der realisierbaren Module so anwächst, daß nur noch baumartige Topologien oder andere mit logarithmischer Abhängigkeit mit vertretbarem Aufwand hergestellt werden können. In Bäumen existiert zwischen je zwei Knoten nur genau eine Verbindung; sie sind deshalb nicht fehlertolerant. Ihre besonderen Nachbarschaftseigenschaften machen sie jedoch für andere Aufgaben geeignet, etwa Suchen [63], Sortieren [64] oder Ausdrucksberechnung [65].

Mead und Convay [61] betrachten baumartige Strukturen als Verbindungsnetzwerke allgemein verwendbarer Parallelrechner. Sie gehen davon aus, daß nahezu jedes Problem rekursiv in Teilprobleme zerlegt werden kann. Dieses Zerlegungsschema erzeugt aber Bäume, die sich dann leicht auf entsprechende Strukturen abbilden lassen. Insbesondere diskutieren Mead und Convay die Bearbeitung von NP-vollständigen Problemen auf VLSI-Rechnern mit dieser Topologie. Unter der Annahme, daß die Zahl der Module in einem solchen Baum keine Beschränkung darstellt, zeigen sie die besondere Eignung von Bäumen zur Bearbeitung dieser Probleme.

Goodman und Sequin [66] schlugen eine Erweiterung binärer Bäume vor, in denen die Elemente des Baums, die auf der gleichen Ebene liegen, zusätzlich zu Ringen verbunden werden. Solche Hyperbäume können noch als zweidimensional angesehen werden, haben jedoch auch topologische Ähnlichkeit mit einem n-dimensionalen Würfel, einem Hyperkubus. Die zusätzlichen Verbindungen reduzieren den Durchmesser des Baumes nicht. Werden jedoch Probleme bearbeitet, bei denen eine Kommunikation aller Nachbarn auf einer oder mehreren Ebenen notwendig ist, so können Umwege über höherliegende Ebenen, deren Länge logarithmisch mit der Baumgröße wächst, kurzgeschlossen werden. Neben kürzeren Verbindungen, d.h. einem kleineren mittleren Durchmesser, stellt diese Topologie mehrfache Wege zwischen je zwei Modulen zur Verfügung; sie ist damit fehlertolerant.

Viele Untersuchungen befassen sich mit der Erweiterung von Ringen. Eine natürliche Erweiterung ist die Einführung zusätzlicher Verbindungen von einem Knoten zu einem oder mehreren anderen, die nicht nächste Nachbarn sind. Diese Verbindungen stellen Kreissehnen dar, die entsprechende Netzwerk-Klasse heißt "chordal rings". Arden und Lee [67] schlugen diese Topologie vor und zeigten, daß eine Anordnung der zusätzlichen Verbindungen gefunden werden kann, so daß der Durchmesser des Graphen nur mit $\sqrt{n}$ wächst. In dieser Beziehung sind chordal rings äquivalent zu flächenhaften Array-Strukturen; sie besitzen jedoch einen niedrigeren Grad (3 gegenüber 4 bzw. 6) und sind damit weniger aufwendig, obgleich noch fehlertolerant. Eine Weiterentwicklung von chordal rings durch Doty [68] erlaubt einen noch kompakteren Aufbau, d.h. mehr Knoten bei gegebenem Grad und Durchmesser.

Die Erweiterung zweidimensionaler Gitter auf drei Dimensionen ist trivial. Ihr Grad ist $\geq$ 6, ihr Durchmesser steigt mit $\sqrt[3]{n}$. Da dreidimensionale VLSI-Strukturen erst ansatzweise realisiert wurden und die räumlichen Probleme bei der Packung makroskopischer Strukturen zu dreidimensionalen Gittern enorm sind, wurden solche Verbindungsnetzwerke bisher nicht realisiert. Parallelrechner-Architekturen mit solchen Topologien würden sich für die Verarbeitung volumenartiger Probleme eignen, z.B. zur Simulation dreidimensionaler Strömungen oder für meteorologische Rechnungen. Auch andere zweidimensionale Topologien lassen sich erweitern. Preparata und Vuillemin [69] schlugen vor, einen Würfel aus sechs Ringen zusammenzusetzen, und zeigen die Eignung dieser Struktur für die parallele Berechnung von Fourier-Transformationen und von Sortier- und Permutationsproblemen. Händler et al. entwickelten das Rechnersystem EGPA [70] mit einer pyramidenartigen Struktur, das etwa zur hierarchischen Bearbeitung flächenartiger Daten eingesetzt werden kann.

Verbindungsnetzwerke noch höherer Dimension sind ohne praktische Bedeutung, außer dem des Hyperkubus. Dies ist ein Verbindungsnetzwerk, in dem 2^k Module einen k-dimensionalen Würfel formen. Verbindungen existieren jeweils entlang der Kanten des Würfels. Bild 9d zeigt einen Hyperkubus der Dimension $k = 4$. Der Grad eines solchen Graphen ist gleich der Dimension des Hyperkubus. Er wächst logarithmisch mit der Systemgröße, so daß Hyperkuben ähnlich wie Bäume besonders für große Systeme geeignet erscheinen. Der Durchmesser eines Hyperkubus ist ebenfalls gleich seiner Dimension, so daß auch in großen Systemen schnelle Kommunikation zwischen allen Modulen möglich ist. Schließlich existieren für die interessanten Fälle $k > 1$ immer mehrere Verbindungswege zwischen je zwei Modulen, so daß Fehlertoleranz gegeben ist. Obwohl Parallelverarbeitung auf Hyperkuben bereits 1977 vorgeschlagen wurde [71], wurde ein in der Praxis einsetzbares System erst vor kurzer Zeit von Seitz [72] vorgestellt. Immerhin scheint diese Topologie auch kommerziell erfolgversprechend zu sein — heute existieren drei industrielle Hyperkubus-Systeme mit bis zu 1024 Modulen [73].

Dynamische Verbindungsnetzwerke

In statischen Netzwerken liegen feste Verbindungen vor. Informationsübertragung zwischen Modulen, zwischen denen solche Verbindungen nicht existieren, erfordern das schrittweise Weiterreichen der Information durch Module, die als Knoten im Graphen des Netzes enthalten sind.

Dynamische Netzwerke sind dagegen Einrichtungen, an die Module extern angeschlossen sind, und die die Verbindungen zwischen diesen Modulen programmiert herstellen können (Bild 10). Eine Verbindung besteht dann aus Übertragungsleitungen und einer Anzahl von Schaltern; dieses Verfahren der Verbindungsherstellung wird als circuit switching bezeichnet. Dynamische Netzwerke können an hand einiger für die praktische Anwendung relevanter Parameter klassifiziert werden. Dies sind

- Anzahl der Schaltstufen (stages)

- Blockierungseigenschaften

- Fehlertoleranz.

Einen Überblick über dynamische Verbindungsnetzwerke geben Masson, Gingher und Nakamura [74].

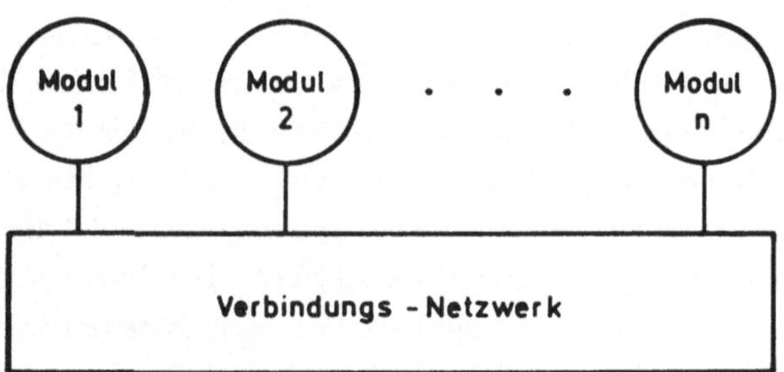

Bild 10: Allgemeine Struktur eines
dynamischen Verbindungsnetzwerks

Der triviale Fall eines dynamischen Netzes ist ein Einzelbus, wie er in allen größeren sequentiellen Rechnern, aber auch in kleineren Parallelrechnern verwendet wird (Bild 11a). Er verbindet alle Module des Systems und kann von aktiven Modulen für eine Übertragung genutzt werden. Zur Verhinderung von Konflikten, d.h. gleichzeitiger Benutzung durch mehr als ein Modul, muß der Bus vor Benutzung angefordert und von einem Arbiter zugeteilt werden. Nach einer Zuteilung und vor der erneuten Freigabe ist der Bus für weitere Anforderungen blockiert; permanente Fehler führen zu einem Systemzusammenbruch. Einzelbusse besitzen eine feste Bandbreite und sind deshalb für größere Parallelrechner ungeeignet.

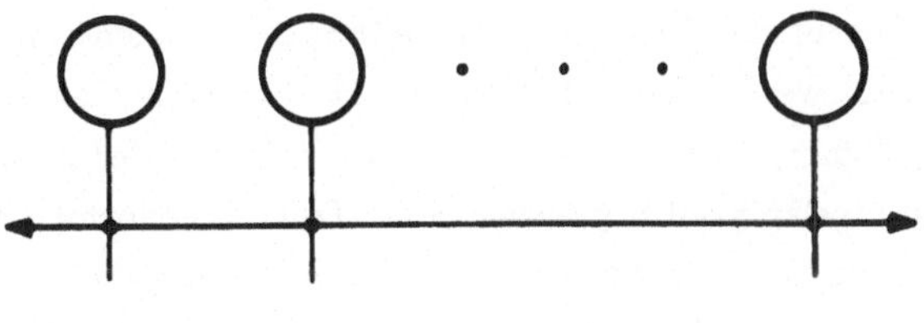

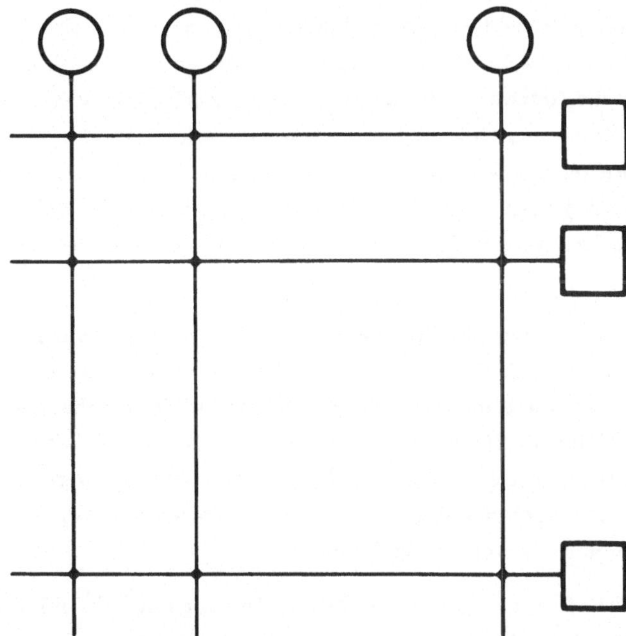

Bild 11: Dynamische Verbindungsnetzwerke I

Eine historische Alternative ohne diese Bandbreitenbegrenzung ist der Crossbar-Switch. In diesem Netzwerk ist ein Satz von n Eingängen einer Seite einer Matrix zugeordnet, ein Satz von n Ausgängen der zweiten Seite (Bild 11). Das Netzwerk besteht damit aus n^2 Schaltern, die es erlauben, jeden Eingang mit jedem Ausgang zu verbinden. Eines der ersten realisierten größeren Multiprozessor-Systeme, C.mmp [75], besaß einen 16×16 Crossbar-Switch zur Verbindung der Prozessoren mit einem segmentierten globalen Speicher. Da ein Crossbar-Switch gleichzeitig alle Eingänge mit allen Ausgängen verbinden kann, ist er nie blockiert und stellt deshalb auch in großen Systemen keinen Engpaß dar. Allerdings erfordert diese Eigenschaft einen Implementierungsaufwand, der quadratisch mit der Systemgröße wächst. Berücksichtigt man, daß heute die Kosten einer Steckverbindung vergleichbar sind zu denen eines 32-Bit Prozessors, so wird der Zwang zu einer Aufwands-Minimierung bei gegebenen Spezifikationen deutlich. Sie ist möglich, weil der parallele Zugriff aller Prozessoren auf alle Speicher einen sehr unwahrscheinlichen Fall darstellt. Ob er realisiert werden kann, hat auf die Leistungsfähigkeit eines Systems keinen Einfluß. Erfahrungen mit C.mmp haben gezeigt [76], daß vielmehr der gleichzeitige Zugriff auf das gleiche Modul die Leistungsfähigkeit begrenzen kann. Trotz des enormen Aufwands existieren in Crossbar-Switches keine mehrfachen Verbindungsmöglichkeiten zwischen je einem Ein- und Ausgang — sie sind deshalb nicht fehlertolerant.

Zwischen den beiden Extremen Einzelbus und Crossbar-Switch liegen andere dynamische Verbindungsnetzwerke, deren Aufgabe es ist, einen Satz von Eingängen ökonomisch auf einen Satz von Ausgängen abzubilden. Ein systematischer Lösungsansatz dazu wurde im Zusammenhang mit Array-Prozessoren entwickelt. Lawrie [77] und Feng [78] haben gezeigt, daß die Effizienz von Array-Prozessoren entscheidend davon abhängt, daß Speicherinhalte den Prozessoren nicht konsekutiv, sondern auf einfache Weise permutiert angeboten werden können. Stone [79] schlug dazu das perfect-shuffle-Netzwerk vor, das es erlaubt, zwei Sätze von Eingängen vollständig zu durchmischen. Stone zeigt die Eignung dieser einfachen Abbildung für die Berechnung von Fourier-Transformationen, Polynomen, Sortierproblemen und Matrix-Operationen. Perfect-shuffle Netzwerke sind jedoch nicht programmierbar; eine flexible Abbildung verlangt, daß eine Information das Netzwerk mehrfach durchläuft, bevor es auf einen erwünschten Ausgang abgebildet ist.

Ein gegenüber dem perfect-shuffle verallgemeinertes Netzwerk wurde in dem assoziativen Parallelrechner STARAN [23] implementiert. Dieses Flip-Netzwerk weist im Gegensatz zum perfect-shuffle mehrere Stufen auf, in denen jeweils Vertauschungen verschiedener Art programmiert werden können. Batcher [80] zeigte, daß das Flip-Netzwerk auch fähig ist, irreguläre Verbindungen herzustellen, wie sie in einem MIMD-Rechner benötigt werden. Perfect-shuffle und Flip-Netzwerk sind jedoch nicht dafür geeignet, einen beliebigen Satz von Sendern mit beliebigen Empfängern auf ökonomische Weise zu verbinden.

Dieses Problem wurde seit langer Zeit im Zusammenhang mit Telekommunikation untersucht [81, 82, 83, 84, 85, 86, 87]. Da z.B. beim Telephonnetz das Schwergewicht auf einer Verbindung beliebiger Sender mit beliebigen Empfängern liegt und gleichzeitig auf möglichst niedriger Blockierungswahrscheinlichkeit des Netzes, stützen sich solche Vorschläge vorwiegend auf Verallgemeinerungen von Crossbar-Switches. Clos [82] zeigte, daß ein einzelner Crossbar-Switch genügender Größe ersetzt werden kann durch mehrere Stufen kleinerer Crossbar-Switches. Unter Beibehaltung der nicht-blockierenden Eigenschaft gelingt es durch den Einsatz von drei bzw. fünf Stufen, die totale Anzahl von benötigten Schaltern erheblich zu reduzieren. Im Bereich von 100 bis 10000 zu verbindenden Modulen kann diese Anzahl um einen Faktor 2 bis 30 verringert werden. Dies geht einher mit erhöhter Fehlersicherheit durch das Vorhandensein mehrerer Wege pro Modulpaar.

Shannon [87] zeigte, daß eine untere Grenze für die Zahl der erforderlichen Schalter gleich $O(N \log N)$ ist mit N = Anzahl von Ein- und Ausgängen. Opfermann und Tsao-Wu [88] schlugen vor, Multistage-Crossbar-Switches ausschließlich aus 2×2-Netzwerken aufzubauen. Es wurde gezeigt, daß diese Strukturen dem theoretischen Minimum in der Anzahl der Verbindungspunkte entsprechen. Diese Minimierung geht allerdings einher mit einer erhöhten Anzahl von Schaltern pro Verbindung, die mit $O(\log N)$ wächst und damit die Bandbreite des Verbindungsnetzwerks erniedrigt. Ein ähnliches Netzwerk wurde von Cantor [83] beschrieben; dort sind die 2×2-Netzwerke so arrangiert, daß sie die Operation des perfect-shuffle ausführen. Goke und Lipowski [89] beschreiben eine übergeordnete Klasse von Netzwerken, Banyan-Netze, deren totale Anzahl von Verbindungspunkten ebenfalls nur mit $O(N \log N)$ wächst, während die durch die Schalter entlang einer Verbindung hervorgerufenen Verzögerungen mit $O(\log N)$ ansteigen. Sowohl für Banyan-Netze, als auch für Cantor-Netze können Algorithmen gefunden werden, mit denen Verbindungswege in einer Zeit $O(\log N)$ aufgebaut werden können. Beispiele für diese Netzwerke zeigt Bild 12.

3.2.2.4. Ablaufsteuerung

Ein System von parallelen Prozessen mit gegenseitigen Abhängigkeiten benötigt eine Steuerung, die definiert, wann jeder Prozeß ausgeführt werden soll. Das gleiche gilt auch für die Module auf jeder Ebene eines Parallelrechners. Grundsätzlich kann unterschieden werden, ob diese Ablaufsteuerung zentral oder dezentral organisiert ist.

In jedem Fall werden Prozesse bzw. die sie ausführenden Module durch Signale zur Ausführung veranlaßt. Deshalb können Systeme danach unterschieden werden, ob Senden und Empfang solcher Signale zu beliebigen Zeitpunkten möglich ist oder nur in diskreten Zeitintervallen; dies ist eine Frage der Synchronizität der Anordnung. Beide Aspekte werden im folgenden diskutiert.

Systemkontrolle

Ein Rechnersystem, das auf einer oder mehreren Ebenen parallel aufgebaut ist, besteht dort aus Modulen, die jeweils eine oder mehrere Funktionen an Daten ausführen können. Ein zielgerichteter Ablauf ist nur möglich, wenn den Modulen zu den richtigen Zeitpunkten Funktionen und Daten zugeordnet werden. Dies ist Aufgabe einer Systemkontrolle. Sie kann zentral oder dezentral organisiert sein.

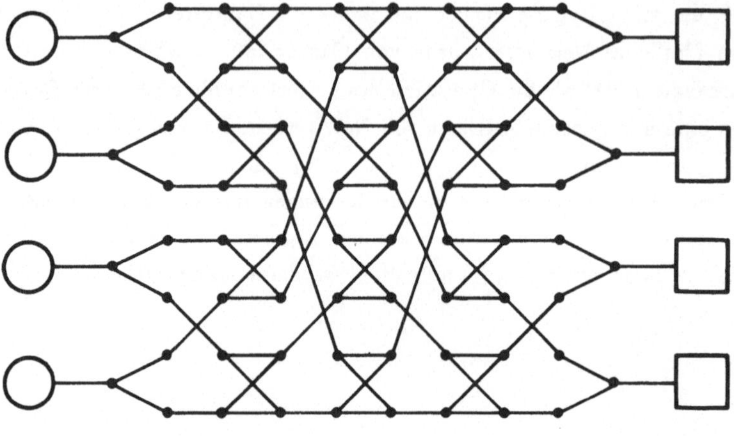

c) 4＊4 Cantor - Netz

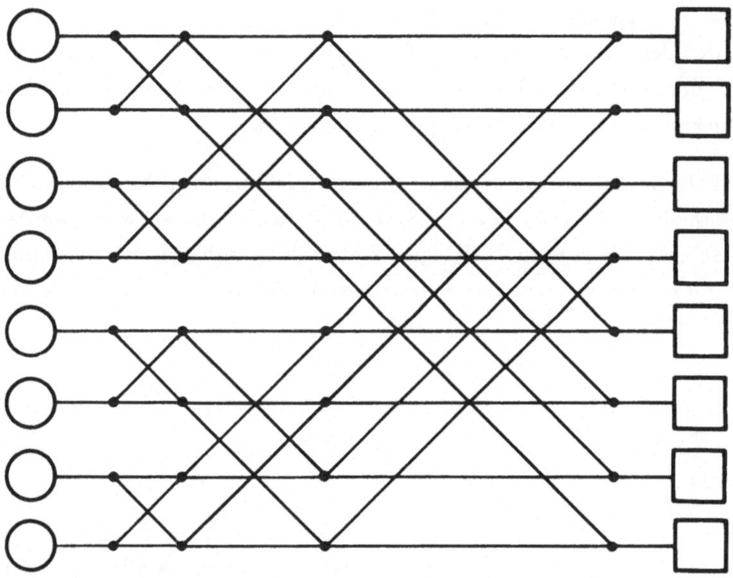

d) 8＊8 Banyan - Netz

Bild 12: Dynamische Verbindungsnetzwerke II

Zentrale Kontrolle

In Systemen mit zentraler Kontrolle ist ein einziges Element dafür verantwortlich, die Funktionen aller Module aufzurufen. Dies ist besonders einfach, wenn die Module jeweils nur eine einzige Funktion ausführen können und der Fluß der Daten durch die Topologie des Systems eindeutig gegeben ist. Ein Beispiel einer solchen Konfiguration ist eine lineare Anordnung von spezialisierten Modulen, die sequentielle Operationen auf einem Strom von Daten ausführen, d.h. eine Pipeline. Die zentrale Kontrolle beschränkt sich in diesem Fall auf ein synchrones Weiterleiten der Daten und paralleles Aufrufen der Funktionen. Offensichtlich könnte eine Pipeline auch dezentral kontrolliert werden, indem jeweils ein Modul sein Nachfolgemodul anstößt, sobald die Datenweitergabe abgeschlossen ist. Die zentrale Kontrolle ist jedoch einfacher und immer dann angebracht, wenn eine Dezentralisierung keine Vorteile mit sich bringt. Dies ist im Beispiel dann der Fall, wenn die Bearbeitungszeit pro Modul gleich und datenunabhängig ist.

Eine analoge Situation ist gegeben, wenn identische Module jeweils die gleiche Funktion auf verschiedenen Daten ausführen, wie dies in Vektor- und Arrayprozessoren der Fall ist. Hier werden die Daten aus unabhängigen Speichern, eventuell über ein Verbindungsnetzwerk, gleichzeitig zur Bearbeitung angeboten. Die Ausführungszeit einfacher Funktionen wie etwa einer Addition sind datenunabhängig, die komplexerer wie Multiplikationen im allgemeinen nur schwach. Dann genügt eine zentrale Kontrolleinheit, die alle Module gleichzeitig ansteuert.

Auf der Systemebene kann dieses Kontrollschema einer Situation entsprechen, in der ein Prozessor-Modul die Verwaltung anderer Prozessoren übernimmt, d.h. sie mit Daten versorgt und ihnen Prozesse zuteilt. Auf der Unitebene könnte analog eine Kontrolleinheit viele arithmetisch-logische Einheiten ansteuern.

Dezentrale Kontrolle

Alternativ können Module auch dezentral gesteuert werden. In diesem Fall ist nicht ein bestimmtes Element des Systems dafür verantwortlich, Funktionen von Modulen ausführen zu lassen; der Anstoß dazu kann von einem beliebigen Modul ausgehen.

Bei einer dezentralen Systemkontrolle kann weiter unterschieden werden, ob die Module selbst als passiv oder aktiv zu betrachten sind. Passiven Modulen wird, falls nötig, eine Funktion übergeben und diese ausgelöst, sobald alle dazu erforderlichen Bedingungen gegeben sind, z.B. alle Eingangsdaten vorliegen. Aktive Module prüfen das Vorliegen solcher Bedingungen selbst. Da im ersten Fall die Kontrolle zwischen den Modulen weitergegeben wird, spricht man hier von Kontrollflußsteuerung; im zweiten Fall entscheidet das Vorliegen der benötigten Daten über das Ausführen einer Funktion, das System ist datenflußgesteuert.

Ein Beispiel einer solchen Organisationsform ist eine Pipeline ohne zentralen Takt. Entlang einer linearen Kette von Modulen stößt die Beendigung einer Funktion die Ausführung der nächsten an. Dies bedingt noch keinen Vorteil bei der Bearbeitung der Gesamtaufgabe: das langsamste Glied der Kette bestimmt die Geschwindigkeit des Datenflusses. Allerdings erlaubt die Dezentralisierung der Steuerung, zwischen den einzelnen Modulen Pufferspeicher anzulegen, die die starre Kopplung auflockern. Dies ist der Fall, wenn die Tiefe solcher FIFO-Speicher ausreicht, um über die Variation der Bearbeitungsdauern zu mitteln. Dann hängt die Datendurchflußrate nicht mehr von der größten Bearbeitungsdauer aller Module, sondern von der mittleren ab. Dezentrale Organisation kann also die Effizienz eines Systems bis zu dem Grad erhöhen, in dem sich die typischen und längsten Verarbeitungsdauern voneinander unterscheiden.

Genau so wichtig wie die Geschwindigkeitsvorteile ist allerdings die Lokalität einer dezentralen Kontrolle: Im zentralen Fall müssen die Informationen über die Zustände aller Module und die Bedingungen, unter denen sie gestartet werden können, an einer Stelle gesammelt und koordiniert werden; es ist ein Überblick über das Gesamtsystem notwendig. Im dezentralen Fall kann das System so strukturiert werden, daß der Gesamtzustand des Systems keine Rolle spielt, sondern ausschließlich der jedes einzelnen Moduls und seiner Umgebung. Dies kann den Test von Teilen des Gesamtsystems erheblich vereinfachen.

Liegt eine dezentrale Kontrolle vor, so können Änderungen an dem System sehr einfach vorgenommen werden: Wird etwa in eine Pipeline eine zusätzliche Stufe eingefügt, so sind weitere organisatorische Maßnahmen nicht erforderlich, weil die Synchronisierung automatisch erfolgt. Im zentralen Fall müßte die Änderung explizit berücksichtigt werden.

Ein System aus dezentral kontrollierten Modulen ist besonders flexibel organisiert, wenn Daten nicht an bestimmte Module abgegeben werden, sondern wenn sich umgekehrt alle Module selbst um Daten solcher Art bemühen, die sie bearbeiten können. Kommen mehrere Module in Frage, so liegt ein Pool von Modulen gleicher Funktion vor. Die Rate, mit der die Funktion ausgeführt werden kann, ist dann idealerweise proportional der Größe des Pools, d.h. der Zahl entsprechender Module. Diese Art der Organisation bietet den Vorteil, die Leistung eines Systems durch Hinzufügen oder Entfernen von Modulen ohne weitere organisatorische Maßnahmen variieren zu können. Insbesondere erlaubt sie, defekte Module aus dem System zu entfernen, ohne daß dessen Leistungsfähigkeit entscheidend abnimmt.

Synchronizität

Die funktionellen Einheiten eines Parallelrechners tauschen Informationen aus, müssen also auf eine Übertragung reagieren. Dazu gibt es grundsätzlich zwei Möglichkeiten: Der Empfang einer Information kann die Reaktion unmittelbar veranlassen oder der Empfang wird nur in einem festen Zeitraster akzeptiert. Einheiten der ersten Art arbeiten asynchron, die der zweiten Art synchron zu einem Takt.

Asynchrone Einheiten

Der Zustand einer digitalen Einheit ist durch eine endliche Menge bistabiler Elemente gegeben. Es treten deshalb nur endlich viele Zustände auf, zwischen denen Übergänge stattfinden können. Zu jedem Zustand existiert ein Nachfolgezustand, in den die Einheit bei Änderung der äußeren Bedingungen, z.B. durch den Empfang eines Signals, übergeht. Asynchrone Einheiten reagieren unmittelbar auf solche Änderungen; diese können zu beliebigen Zeiten stattfinden. Infolgedessen ist es auf den ersten Blick möglich, asynchrone Einheiten mit der minimal erforderlichen Reaktionszeit zu entwerfen; sie scheinen damit synchronen Einheiten, die

Zustandsübergänge nur zu definierten Zeitpunkten ausführen können, prinzipiell überlegen zu sein.

Zustandsänderungen in realen Systemen erfordern jedoch Zeit. Eine erste Voraussetzung für die korrekte Operation asynchroner Einheiten ist deshalb, daß eine äußere Bedingung, die eine Zustandsänderung hervorrufen soll, mindestens so lange stabil vorhanden ist, bis der neue Zustand eingenommen wurde. Diese fundamentale Sicherheitsanforderung wird von McCluskey [90] und Huffman [91] diskutiert. Sie läßt sich erfüllen, indem entweder für die Zustandsänderung eine minimale Dauer festgelegt oder ihre Ausführung rückgemeldet wird.

Die erste Lösung, die ebenfalls als synchron bezeichnet wird, ist einfach realisierbar, erfordert aber, daß sich alle möglichen Sender und Empfänger von Signalen an diese Vereinbarung halten, mit der Konsequenz, daß das System-Timing an die langsamste Einheit angepaßt werden muß und spätere Geschwindigkeitssteigerungen ausgeschlossen sind. Die zweite, asynchrone Lösung erfordert die Abwicklung eines Protokolls und damit Implementierungsaufwand. Andererseits läuft eine Sequenz von Zustandsänderungen hier mit der maximalen Geschwindigkeit ab, sofern der zeitliche Aufwand für die Protokollbearbeitung vernachlässigbar ist. Diese Bedingung kann jedoch bei ausgedehnten Systemen manchmal allein auf Grund der Signallaufzeiten nicht erfüllt sein.

Das Verhalten einer asynchronen Einheit ist nicht definiert, wenn sich während einer Zustandsänderung die äußeren Bedingungen in einer nichttrivialen Weise ändern. Da es in der Praxis nicht möglich ist, exakt gleichzeitige Signale zu erzeugen, darf eine Zustandsänderung deshalb nur von der Änderung jeweils einer einzigen äußeren Bedingung hervorgerufen werden [92]. Da diese Anforderung in realen Systemen oft nicht erfüllt werden kann, wurden für bestimmte Situationen andere Lösungen vorgeschlagen: Kann die Zeit für die Zustandsänderung der Einheit beschränkt werden, so kann die "gleichzeitige" Änderung mehrerer Eingangsbedingungen erlaubt werden [93, 94].

Zustandsmaschinen

Das Gegenstück zu asynchronen Einheiten sind Zustandsmaschinen, die nur zu diskreten Zeitpunkten auf äußere Bedingungen reagieren. Zustandsmaschinen werden von einem Takt von ihrem momentanen Zustand in den Nachfolgezustand geschaltet. Der nächste Zustand wird unter Berücksichtigung der äußeren Bedingungen zum Zeitpunkt des Taktes ausgewählt. Deshalb müssen die äußeren Bedingungen jeweils nur zu diesen Zeitpunkten definiert sein.

Diese Restriktion beseitigt die beiden bei den asynchronen Einheiten diskutierten Anforderungen, daß sich Signale nur einzeln ändern dürfen und genügend lange stabil bleiben müssen. Alle Protokolle und Zeitbedingungen entfallen, solange die Änderung äußerer Bedingungen mit dem Takt synchron abläuft und die Taktperiode für alle Zustandsänderungen der Maschine ausreicht. Dieses Modell führt zu besonders übersichtlichen Implementierungen [95] und wird deshalb bei nahezu allen komplexen VLSI-Bausteinen wie Mikroprozessoren und deren Peripherie eingesetzt.

Synchronisierung asynchroner Bedingungen

Systeme, die vollständig asynchron aufgebaut sind, werfen keine prinzipiellen Probleme auf, wenn geeignete Protokolle vereinbart sind und eingehalten werden. Solche Probleme existieren dagegen bei der asynchronen Kooperation synchroner Einheiten.

Arbeitet ein System nicht mit einem einzigen zentralen Takt, so sind die einzelnen Einheiten untereinander nicht synchronisiert. Die Bedingung, daß sich die Eingangssignale einer synchronen Einheit nicht zum Zeitpunkt ihres Takts ändern dürfen, muß deshalb dadurch sichergestellt werden, daß alle Eingangssignale mit dem Takt synchronisiert werden. Dies geschieht jeweils mit Hilfe eines Synchronisierers, der den Zustand des Eingangssignals abtastet und gegenüber der Taktzeit zeitlich versetzt auf seinen Ausgang überträgt. Synchronisierer sind also bistabile Elemente, die zu bestimmten Zeiten zum "Umkippen" veranlaßt werden können.

Bereits vor 20 Jahren wurde jedoch erkannt, daß Synchronisierer wie alle bistabilen Elemente in metastabile Zustände versetzt werden können, wenn ihnen Signale ungeeigneter Amplitude oder Zeitlage angeboten werden. Yoeli und Rinon [96] schlugen vor, metastabile und andere, nicht eindeutig definierte Zustände mit ternärer Logik zu beschreiben. Andere Autoren untersuchten Einrichtungen, um zur Vermeidung metastabiler Zustände Signale in ihrer Amplitude oder Dauer zu normieren [97]. Noch vor zehn Jahren erschien eine Reihe Arbeiten, die das Problem der Synchronisierung asynchroner Eingänge [98, 99, 100] oder das der Arbitrierung zwischen asynchronen Signalen [101, 102] untersuchten. Erst 1983 bewiesen Barros und Johnson, daß alle untersuchten Systeme äquivalent sind [103]. Es wird vermutet, daß das Problem prinzipiell nicht lösbar ist [104], obwohl ein Beweis dafür noch aussteht. Inzwischen liegen auch viele Messungen vor, die die Metastabilität in der Praxis belegen.

Chaney und Rosenberger [105] zeigten, daß die Wahrscheinlichkeit, ein Synchronisierungselement nach einer Zeit t noch in einem metastabilen Zustand zu finden, exponentiell mit t abnimmt. Chaney [106] gibt auch errechnete Fehlerraten an für den Fall typischer Entscheidungszeiten von 20 – 40 ns, die bei herkömmlichen Bauelementen in dem Bereich von Sekunden bis zu 10^{32} Sekunden liegen. Asynchrone Systeme müssen deshalb so aufgebaut werden, daß die Fehlerrate auf Grund von Metastabilitäten vernachlässigbar klein ist. Dies bedingt genügend lange Entscheidungszeiten, die bei Hochleistungssystemen oft nicht eingehalten werden. Über Probleme mit modernen Systemen wurde berichtet [107].

3.2.2.5. Beispiele von Parallelrechner-Architekturen

Ausgehend von verschiedenen Anwendungsfällen wurden in den letzten 20 Jahren die unterschiedlichsten Architekturen für Parallelrechner vorgeschlagen oder realisiert. Einen Überblick über Parallelrechner, ihre Programmierung und Anwendung geben Kuhn und Padua [108]. Hier sollen nur einige typische Beispiele angeführt werden, die die verschiedenen Möglichkeiten in Bezug auf die Parameter funktionelle Zerlegung und Verbindungstopologie auf den unterschiedlichen Ebenen illustrieren. Für eine Reihe solcher Systeme sind in Tabelle 2 Eigenschaften zusammengestellt, die unter architektonischen Gesichtspunkten wichtig sind. Neben dem Typ des verwendeten Verbindungsnetzwerks ist die Parallelität des Systems auf den unterschiedlichen Ebenen aufgeführt. Angaben ohne Klammer bedeuten die Zahl identischer, solche in Klammern die verschiedener Funktionsmodule.

Tabelle 2: Beispiele für Parallelrechner-Architekturen

System	μ-Instr.	Instr.	Task	Programm	Netz	Ref.
NYU	(3)	1	1	4096	Omega	[109]
iPSC	(3)	1	1	128	Hyperkubus	[110]
ZMOB	1	1	1	128	Ring	[56]
SMS201	1	1	1	128	Bus	[111]
Cm*	(3)	1	14	100	Bus/Bus	[112]
HEP	(3)	1	1	16	Bus	[113]
Balance 8000	(3)	1	1	12	Bus	[114]
EGPA	(3)	1	1	5	Baum	[70]
C.mmp	(3)	1	16	1	Crossbar	[22]
S-1	(3)	1	16	1	Crossbar	[115]
Intel 432	(4)	1	12	1	Crossbar	[116]
Transputer	(4)	1	?	1	Array	[60]
Cray X-MP	(14)	(12) 8	2	1	-	[117]
ILLIAC IV	1	64	1	1	Array	[21]
BSP	(2)	(17) 16	1	1	-	[118]
CDC 6600	(4)	(12) 2	1	1	-	[119]
CDC Star 100	(4)	(2)	1	1	-	[120]
MPP	16384	1	1	1	Array	[59]

Aus Tabelle 2 geht hervor, daß nahezu alle Parallelrechner Parallelität auf dem Mikroinstruktions-Niveau aufweisen. In den meisten Fällen handelt es sich hier um die Kooperation spezialisierter Einheiten, die zusammen die Ausführung eines Maschinenbefehls durchführen. Dies geschieht in der Regel durch eine Pipeline mit Stufen zum Einlesen, Dekodieren und Ausführen von Instruktionen. Nur entweder sehr einfache oder veraltete Prozessoren verzichten auf diese Möglichkeit zur Geschwindigkeitssteigerung. In den meisten Fällen ist die Zahl der Pipeline-Stufen ziemlich gering, d.h. zwischen 2 und 4. Dies stellt einen Kompromiß dar zwischen der hohen Geschwindigkeit, die mit einer gefüllten Pipeline erreicht werden kann, und den Geschwindigkeitsverlusten beim Füllen oder Entleeren der Pipeline im Falle von nicht konsekutiven Instruktionsströmen, wie sie sich immer bei Sprüngen im Programm ergeben. Da Instruktions-Pipelining heute als Standard gilt, wird es im folgenden nicht weiter diskutiert.

Auf der Mikroinstruktionsebene fällt in Tabelle 2 ein System mit extrem hoher Parallelität ins Auge: Der MPP-Rechner weist auf allen anderen Ebenen eine von-Neumann-Struktur auf, bearbeitet also sequentielle Programme. Auf der untersten Ebene existiert eine Kontrolleinheit, die die Maschineninstruktionen in bitsequentielle Operationen zerlegt und synchron an ein Array von 128×128 Prozessor-Elementen weiterleitet. Da das System zur Bearbeitung von Satellitenbildern dient, wurde ein zweidimensionales Gitter als Verbindungstopologie gewählt: Jedes Prozessorelement kann mit seinen vier nächsten Nachbarn kommunizieren. Ein Vorläufer von MMP mit ähnlicher Architektur ist der erste realisierte große Arrayprozessor, ILLIAC IV. Dieses System verwendete Prozessorelemente, die komplexere Operationen ausführen konnten, d.h. ganze Maschinenbefehle. Die Prozessor-Elemente waren ebenfalls gitterartig in einem Array der Größe 8×8 angeordnet. Ein moderner Repräsentant der Array-Struktur ist das Transputer-System von INMOS. Die Prozessor-Elemente sind hier 32-Bit-Mikroprozessoren, die mit ihren vier nächsten Nachbarn sequentiell kommunizieren können. Entsprechend der Komplexität der Prozessorelemente ist hier die Parallelität auf die oberste Ebene des Systems verlagert.

Zwei weitere der angeführten Maschinen weisen Parallelität auf dem Instruktionsniveau auf: BSP ist ein Vektor-Prozessor, der unter anderem 16 parallele Einheiten enthält, die die gleiche Instruktion auf unterschiedlichen Daten ausführen. Während die bisher betrachteten Systeme homogene Struktur hatten, also aus identischen Modulen zusammengesetzt waren, ist das System CDC 6600 auf dem Instruktionsniveau inhomogen: Es besteht aus zwölf unterschiedlichen Einheiten, die jeweils auf eine Klasse von Instruktionen spezialisiert sind, so daß gleichzeitig etwa logische, arithmetische und Programm-Kontroll-Operationen ablaufen können.

Die übrigen in Tabelle 2 aufgeführten Systeme sind auf einer höheren Ebene parallel aufgebaut; die meisten entweder auf der Taskebene oder auf der Programmebene. Auf beiden Ebenen werden parallele Instruktionsströme bearbeitet; Parallelrechner dieser Art sind also MIMD-Maschinen. Beide Arten unterscheiden sich in der Kopplungsstärke: Historisch wurden zunächst Systeme realisiert, bei denen mehrere Prozessoren auf einem gemeinsamen Speicher operieren, also stark gekoppelt arbeiten.

Ein solches System war C.mmp. Das System bestand aus 16 Minirechnern vom Typ PDP 11/40, die so modifiziert waren, daß sie über einen Crossbar-Switch auf einen gemeinsamen Speicher zugreifen konnten. Die einzelnen Prozessoren besaßen selbst keine adressierbaren lokalen Speicher. Ein Nachfolger von C.mmp war das System Intel 432, das die Systemstruktur von C.mmp fast vollständig übernahm, allerdings auf moderne Weise implementierte. Ähnliche Struktur besitzt S-1, das allerdings nicht Mikroprozessoren als Prozessor-Elemente besitzt, sondern Einheiten, die selbst als Einzelprozessoren extrem leistungsfähig sind. Auch S-1 verwendet einen Crossbar-Switch, um 16 dieser Prozessoren an einen gemeinsamen Speicher anzuschließen.

In vielen Anwendungen stellt allerdings der gemeinsame Speicher einen Engpaß dar, der die Leistungsfähigkeit stark gekoppelter Systeme begrenzt. Die meisten neueren Parallelrechner-Systeme sind deshalb für lose gekoppelten Betrieb ausgelegt, in dem die einzelnen Prozessoren selbst mit lokalem Speicher ausgestattet sind. Die lokalen Speicher enthalten dann alle Informationen, die nur für den jeweiligen Prozessor von Bedeutung sind. Dies sind etwa die Programme, die dem Prozessor zugewiesen werden, und temporäre Daten, die während der Programmbearbeitung anfallen und bei üblichen Prozessoren auf einem Stack abgelegt werden. Solche Systeme benötigen keinen globalen Speicher; der Austausch von Daten kann direkt zwischen den lokalen Speichern erfolgen. Typische Vertreter dieser Architekturen sind die Systeme iPSC, EGPA und ZMOB. Da hier keine Notwendigkeit besteht, Einzeldaten in kurzer Zeit von einer zentralen Stelle zu einem beliebigen Prozessor zu transportieren, sind Systeme ohne globalen Speicher prädestiniert für statische Verbindungsnetzwerke mit einer dem zu verarbeitenden Problem angepaßten Topologie. Entsprechend verwendet das System iPSC ein Hyperkubus-Netzwerk, EGPA ist in Form einer Pyramide, d.h. eines zweidimensional angeordneten Baums, organisiert und ZMOB benützt einen Ring als Kommunikationsmedium.

Allgemeiner in ihren Anwendungen sind jedoch Systeme, die zusätzlich zu lokalen Speichern auch globale Speicher verwenden können. Ein typisches Beispiel dieser Architekturen ist der NYU-Ultracomputer. Er ist aus einer Vielzahl von Mikroprozessoren mit lokalem Speicher aufgebaut, die alle über ein dynamisches Verbindungsnetzwerk an einen globalen Speicher angeschlossen sind. Der globale Speicher kann mit allen Arten gemeinsam benützter Informationen belegt werden, etwa Programmen, die nach Bedarf in die lokalen Speicher kopiert werden können, oder Daten, an denen gemeinsam gearbeitet wird. Zusätzlich kann der globale Speicher der Kommunikation dienen, wenn Informationen nicht direkt zwischen zwei Prozessor-Modulen ausgetauscht werden, sondern jeweils im globalen Speicher deponiert und daraus abgeholt werden. Ähnlich wie FIFO-Speicher in einer Pipeline kann ein globaler Speicher kommunizierende Module entkoppeln und damit die totale Systemleistung erhöhen.

Von Instruktions-Pipelining abgesehen weisen alle diese Systeme nur eine Ebene der Parallelität auf. Nur eines der in Tabelle 2 aufgeführten Systeme ermöglicht Parallelität sowohl auf der Programm-, als auch auf der Task-Ebene. Das System Cm* besteht aus kooperierenden Clustern, die durch ein Mehrfach-Bussystem verbunden sind. Die Cluster sind dabei als Module der Programmebene zu betrachten; das Bussystem ist auf eine feste Anzahl von Bussen hin ausgelegt. Jeder Cluster besteht selbst wieder aus kooperierenden Prozessoren, denen Tasks eines Programms zugewiesen werden. Diese Prozessoren sind durch einen Einzelbus verbunden. Jones und Gehringer [121] beschreiben Anwendungen dieses Systems zum parallelen Sortieren, zum Lösen partieller Differentialgleichungen, von Simulationen etc.. Sie kommen zu dem Schluß, daß das zentrale Problem eines effizienten Einsatzes von Cm* die adäquate Zerlegung der Gesamtaufgabe in Teilprozesse und die Verteilung der Prozesse und der zugehörigen Daten auf die Module des Systems darstellt. Dieses Problem ist noch nicht einmal für eine einzige Parallelisierungs-Ebene allgemein zufriedenstellend gelöst. Probleme bei Systemen mit mehreren frei verwendbaren Parallelisierungs-Ebenen sind daher nicht verwunderlich.

3.2.3. Abbildung Problem $\Rightarrow$ Rechnerstruktur

Die Ausführung eines abstrakt formulierten Systems paralleler Prozesse auf einem Parallelrechner erfordert die Abbildung beider aufeinander. Wie effizient die Parallelverarbeitung durchgeführt werden kann, hängt davon ab, wie einfach diese Abbildung möglich ist.

Es wurde gezeigt, wie sich ein System paralleler Prozesse mit Hilfe von Petri-Netzen formulieren läßt. Die wesentlichen Elemente solcher Netze sind die Prozesse selbst (Orte), ihre gegenseitigen Relationen (Übergänge) und ihre Ablaufsteuerung (Markierung). Ein Parallelrechner besteht andererseits aus Funktionsmodulen, die durch ein Verbindungsnetzwerk verbunden sind und deren zeitliches Verhalten ebenfalls über eine Steuerung gegeben ist. Die Abbildung Problem $\leftrightarrow$ Hardware erfordert deshalb

- die Zuweisung von Prozessen an Funktionsmodule unter Berücksichtigung ihrer Fähigkeiten und ihrer Stellung in der Topologie des Verbindungsnetzwerks (Scheduling)

- die Realisierung der Ablaufsteuerung durch eine geeignete Rechnerorganisation.

Zur Zeit ist keine systematische Methode bekannt, die beliebige Graphen optimal auf eine beliebige Rechnerstruktur abbilden würde. Für den besonders einfachen Fall homogener Graphen und homogener Rechnerarchitektur, z.B. systolischen Arrays, entwickelten Ramakrishnan, Fussell und Silberschatz ein Abbildungsverfahren [122], das nicht optimale, sondern nur korrekte Resultate liefert, aber zusätzlich erlaubt, die algorithmische Formulierung des Problems an die Rechnerstruktur anzupassen.

Bei der Zuweisung von Prozessen an Funktionsmodule gibt es einen besonders wichtigen Trivialfall: Sind alle Funktionsmodule identisch einschließlich ihrer Kommunikationsmöglichkeiten, so ist die Zuordnung von Prozessen zu Modulen beliebig und damit problemlos. Dies ist in homogenen Parallelrechnern der Fall. Im allgemeinen Fall ist zu beachten, ob ein Modul einen bestimmten Prozeß ausführen kann. Dabei ist zu berücksichtigen, wie gut die zur Bearbeitung des Prozesses erforderlichen Funktionen ausgeführt und wie gut die benötigten Kommunikationsstrukturen auf Grund der Stellung des Moduls in der Topologie des Verbindungsnetzwerks realisiert werden können. Je mehr solcher Randbedingungen vorliegen, desto schwieriger wird es, effizientes Scheduling zu realisieren.

Das Problem, in nichttrivialen Fällen ein optimales Scheduling zu finden, ist NP-vollständig und deshalb praktisch nicht zu lösen [123]. Ein Weg, das Scheduling-Problem zu vereinfachen, ist, die Rechnerhardware so weit wie möglich an die Problemstellung anzupassen. Solche adaptierbaren Architekturen werden im folgenden diskutiert. Liegt eine — statisch gegebene oder adaptierte — Konfiguration vor, so muß eine effiziente Zuordnung von Prozessen zu Modulen stattfinden. Die Möglichkeiten dazu werden anschließend skizziert. Sind Problem, Konfiguration und Scheduling gegeben, so folgt daraus eine gewisse Effizienz des Gesamtsystems. Dazu werden Beispiele angegeben.

3.2.3.1. Adaption der Rechnerhardware

Nach Kartashev et al. [124] lassen sich Parallelrechner-Architekturen einteilen in statisch bzw. adaptierbar, und adaptierbare weiter in mikroprogrammierbare, rekonfigurierbare und dynamische (Bild 13).

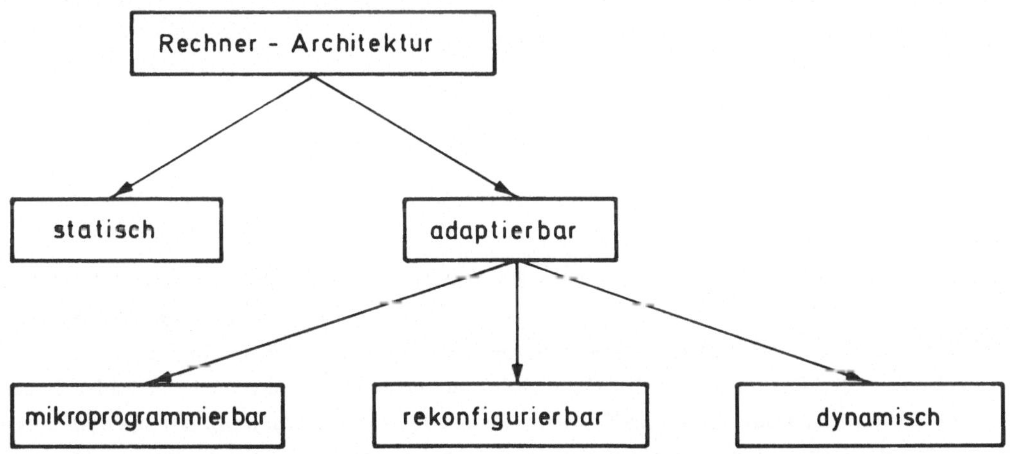

Bild 13: Adaptierbarkeit von Rechner-Architekturen

Von Mikroprogrammierbarkeit eines von-Neumann-Rechners spricht man dann, wenn die Interpretation von Instruktionen nicht fest vorgegeben ist, sondern per Software — das Mikroprogramm — definiert werden kann. Seit ihrer Einführung 1951 [125] hat sich die Mikroprogrammierung für nahezu alle modernen Rechner durchgesetzt. In den meisten Fällen ist allerdings das Mikroprogramm dem Benutzer nicht zugänglich. Ist dies aber der Fall, so kann ein solcher Rechner durch Wahl eines entsprechenden Mikroprogramms auf bestimmte Funktionen hin spezialisiert werden. Bezogen auf Parallelrechner erlaubt die Mikroprogrammierung offenbar die Adaption von Funktionsmodulen auf dem Instruktionsniveau.

Auf der darüberliegenden Taskebene ist eine Adaption ebenfalls möglich. Kartashev et al. [124] diskutieren eine Situation, in der sich die Zahl der Funktionsmodule wie z.B. Prozessoren, Speicher etc. aus der benötigten Wortbreite ergibt, so daß Operationen kleiner Wortbreite mit entsprechend höherer Parallelität ausgeführt werden können. Love [126] betrachtet eine Situation, in der einer Kontrolleinheit eine unterschiedliche Anzahl von Funktionsmodulen zugeordnet wird. Ein solches System stellt einen in seiner Größe variablen Array-Prozessor dar.

Geht man noch eine Ebene höher, so kann man den Fall untersuchen, daß sich die gegebenen Ressourcen eines Parallelrechners per Programm aufteilen lassen in Rechner unterschiedlicher Art und Größe. Kartashev et al. [127] diskutieren die Situation, in der ein Computersystem dynamisch konfiguriert wird in Array-, Pipeline- und Multiprozessoren und in Multicomputersysteme.

Obwohl zu solchen Architekturen inzwischen weitgehende theoretische Untersuchungen vorliegen, sind bisher nur wenige dieser Systeme konkret vorgeschlagen [128] und nur ein einziges realisiert worden: Siegel et al. [129] entwickelten das PASM-System, das sich dynamisch in MIMD-Anteile und SIMD-Anteile konfigurieren läßt. Hauptproblem dieser heterogenen Architekturen ist der hohe und nicht optimierbare Verwaltungsaufwand, der bei der Zuweisung von Prozessen an Module notwendig wird. Diese Schwierigkeit vermeiden zum großen Teil Systeme, in denen alle Module identisch sind, zwischen denen sich aber algorithmisch spezialisierte Verbindungs-Topologien programmieren lassen. Bekanntestes Beispiel dieser Art ist der CHIP-Computer Snyders [62].

3.2.3.2. Prozeß-Scheduling

Ist eine bestimmte Hardware-Konfiguration gegeben, entweder statisch oder als Ergebnis eines Adaptionsprozesses, so müssen die Prozesse des Systems entsprechend ihrer Relationen zur Ausführung an Funktionsmodule zugewiesen werden. Dieses Prozeß-Scheduling kann statisch zum Zeitpunkt der Initialisierung des Parallelrechners erfolgen. In den meisten Fällen ändern sich jedoch die Anforderungen an das System während seines Betriebs; dann ist eine dynamische Zuweisung erforderlich. Ein Optimierungsparameter bei dynamischem Scheduling ist, ob einmal begonnene Prozesse so lange wie möglich bearbeitet werden (non-preemptive Scheduling) oder durch momentan wichtigere verdrängt werden können (preemptive Scheduling); dies ist in Bild 14 gezeigt. Selbstverständlich können beliebige Mischformen auftreten. Die Auswahl einer Scheduling-Strategie hat in der Regel erheblichen Einfluß auf die Effizienz des Gesamtsystems.

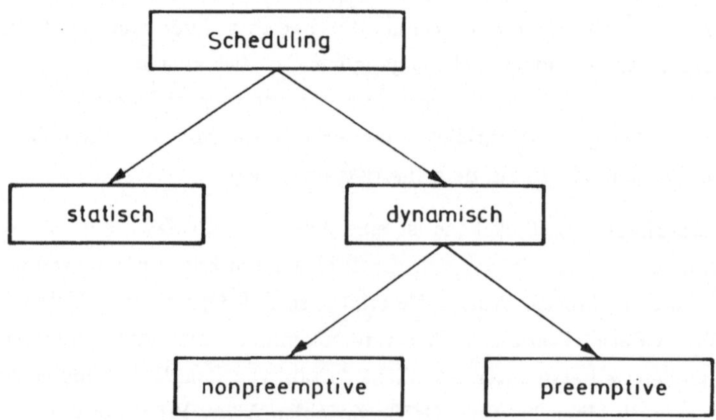

Bild 14: Scheduling-Verfahren

Statisches Scheduling

Werden Prozesse auf Dauer an bestimmte Funktionsmodule zugewiesen, so spricht man von statischem Scheduling. Nach einer anfänglichen Zuweisung sind hier während des Betriebs keine Verwaltungsmaßnahmen mehr nötig; es ist deshalb besonders effizient. Statisches Scheduling ist jedoch nur dann konsequent anwendbar, wenn die Anzahl der Prozesse gleich oder unwesentlich kleiner ist als die Anzahl der vorhandenen Funktionsmodule und sich beide zeitlich nicht ändern.

Auf dem Instruktionsniveau ist dies z.B. der Fall, wenn sich alle Operationen in zwei Klassen einteilen lassen, etwa Integer- und logische Operationen bzw. Gleitkomma-Operationen. Dann lassen sich beide Arten fest auf einen Mikroprozessor mit Gleitkomma-Koprozessor verteilen [130]. Eine analoge Situation liegt auf dem Taskniveau vor, wenn ein digitales Bild mit Hilfe verschiedener Filteroperationen analysiert werden soll und diese Operationen fest an bestimmte Prozessoren zugewiesen sind [131].

In asynchronen Systemen führt statisches Scheduling praktisch immer zu Wartezeiten einzelner Funktionsmodule und damit zu nicht-optimaler Gesamtleistung. Von trivialen Fällen abgesehen wird es deshalb, wenn überhaupt, meist zusammen mit anderen Scheduling-Verfahren eingesetzt.

Dynamisches Scheduling

Bei dynamischem Scheduling wird während der Bearbeitung eines Problems die Zuordnung von Prozessen zu Funktionsmodulen neu festgesetzt, sobald dies notwendig ist. Es gibt zwei Möglichkeiten festzulegen, wann eine Neuverteilung durchgeführt werden kann; entweder bei Beendigung oder Unterbrechung eines laufenden Prozesses (non-preemptive) oder zu beliebigen Zeitpunkten (preemptive). Verschiedene Scheduling-Strategien diskutieren Kain et al. [132].

Unter non-preemptive Scheduling faßt man alle Scheduling-Verfahren zusammen, bei denen Prozesse, die einmal an Funktionsmodule zugewiesen wurden, dort so weit wie möglich bearbeitet werden. Nur Situationen, die eine weitere Bearbeitung nicht erlauben, können zu einem Umverteilungsprozeß führen. Da also einmal begonnene Prozesse nicht zugunsten anderer, wichtigerer abgebrochen werden können, ist dieses Verfahren nur sinnvoll, wenn die Prozesse keine Prioritäten besitzen.

Da der Scheduling-Vorgang zu definierten Zeitpunkten durchgeführt wird, ist eine Implementierung relativ einfach; der Verwaltungsaufwand bleibt klein. Die Effizienz der Bearbeitung hängt allerdings empfindlich davon ab, zu welchem Zeitpunkt die einzelnen Prozesse zur Ausführung kommen. Dieses Problem wird seit vielen Jahren untersucht [133]. Es ist bekannt, daß es bei einer beliebigen Anzahl von Prozessoren, beliebigen Prozeß-Ausführungszeiten und beliebigen Relationen zwischen den Prozessen zu den NP-vollständigen Problemen gehört, die nicht in praktikabler Zeit allgemein gelöst werden können. Lenstra und Kan [134] zeigten, daß selbst bei erheblichen Einschränkungen der Allgemeinheit des Problems die NP-Vollständigkeit erhalten bleibt. Dies gilt etwa für den Fall, daß alle Prozesse gleiche Dauer haben, aber die Zahl der Prozessoren und die Relationen zwischen den Prozessen beliebig sind. Nur zwei Spezialfälle wurden bisher gefunden, in denen die NP-Vollständigkeit nicht gegeben ist: Hu [135] untersuchte die Situation, daß die Dauer aller n Prozesse gleich ist und eine baumartige Abhängigkeit vorliegt, und entwickelte einen Scheduling-Algorithmus mit der Dauer $O(n)$. Coffman und Graham [136] untersuchten n Prozesse gleicher Dauer, aber mit beliebiger Abhängigkeitsstruktur auf einem 2-Prozessor-System und entwickelten einen Scheduling-Algorithmus der Dauer $O(n^2)$.

In allen anderen Fällen, d.h. in der Praxis fast immer, müssen Heuristiken verwendet werden, um ein annähernd optimales Scheduling zu erreichen. Eines der gebräuchlichsten Verfahren ordnet die Prozesse entsprechend dem kritischen Pfad im Graphen des Problems [133]. Es wurde jüngst von Kasahara und Narita [137] optimiert und erlaubt effizientes Scheduling von Hunderten von Prozessen ohne wesentliche Einschränkungen.

Die Zuordnung von Prozessen zu Funktionsmodulen braucht jedoch nicht auf Zeitpunkte beschränkt zu sein, bei denen ein Prozeß abgeschlossen wird oder auf Grund von Synchronisations-bedingungen zeitweilig nicht mehr bearbeitet werden kann. Ein Scheduling-Vorgang kann auch immer dann stattfinden, wenn sich die Voraussetzungen für die etablierte Verteilung geändert haben könnten. In diesem Fall wird in der Regel ein in Bearbeitung befindlicher Prozeß unterbrochen und dem entsprechenden Funktionsmodul ein neuer, wichtigerer Prozeß zugewiesen. Dieses Verfahren des preemptive scheduling ist immer dann angebracht, wenn die Prozesse eine statische oder dynamische Priorität besitzen oder wenn zeitliche Vorgaben existieren, etwa späteste Ausführungszeiten (deadlines). Diese Situation liegt in allen Echtzeit-Anwendungen von Parallelrechnern vor, etwa beim Einsatz in Prozeßsteuerungen.

Auch das Problem des preemptive scheduling beliebiger Prozesse auf Multiprozessoren ist NP-vollständig und besitzt daher keine praktikable allgemeine Lösung. Theoretische Untersuchungen beschränken sich deshalb auch hier auf bestimmte Spezialfälle. Garey und Johnson untersuchten das Scheduling von Prozessen mit Deadlines und gegenseitigen Abhängigkeiten auf einem Zwei-Prozessor-System [138], Johnson und Madison [139] diskutierten Deadline-Scheduling auf Multiprozessoren. Eine der wesentlichsten Voraussetzungen für diese und ähnliche Analysen ist die Homogenität der Rechnerhardware. Muntz und Coffman [140] untersuchten preemptive Scheduling für einen bestimmten Typ inhomogener Parallelrechner, für Multiprozessoren mit baumartiger Topologie. Die meisten Untersuchungen beschränken sich allerdings auf eine prinzipielle Analyse der Situation, die sich in praktischen Fällen jedoch nicht in Echtzeit durchführen läßt. Ramamritham und Stankovich [141] analysierten das Problem für verteilte Systeme und entwickelten gleichzeitig einen Algorithmus, der ein entsprechendes Scheduling in der Praxis durchführen kann.

3.2.3.3. Realisierung der Ablaufsteuerung

Der letzte Schritt bei der Abbildung des Problems auf die Rechnerhardware ist die Realisierung der Ablaufsteuerung, wie sie etwa über die Markierung des zugehörigen Petri-Netzes gegeben ist. Allgemein legt die Ablaufsteuerung fest, welche Prozesse ausführbar sind; im Petri-Netz kann ein Prozeß bearbeitet werden, wenn die zugeordnete Stelle einen Token enthält. Mit dem abstrakten Begriff des Tokens können jedoch bei einer Implementierung unterschiedliche Dinge assoziiert werden.

Enthält das Petri-Netz jeweils nur einen einzigen Token, der also sequentiell durch das Netz wandert, so kann er als Programm-Zähler eines von-Neumann-Rechners interpretiert werden. Die Beendigung eines Prozesses stößt dann jeweils den Beginn eines Nachfolgeprozesses an. Ist das Petri-Netz konservativ, d.h. ändert sich die Zahl der Tokens während der Ausführung nicht, so genügt offenbar eine gewöhnliche, sequentielle Architektur zur Bearbeitung.

Allgemeine Petri-Netze sind jedoch nicht konservativ: ein Übergang mit einem Ein- und zwei Ausgängen vernichtet beim Feuern einen Token und erzeugt zwei neue. Interpretiert man Tokens auch weiterhin als Programm-Zähler sequentieller Maschinen, so kann ein entsprechendes Petri-Netz durch kooperierende von-Neumann-Maschinen ausgeführt werden. Das Erzeugen von Tokens entspricht dann einer Fork-Operation, das Vernichten einer Join-Operation, wie sie von Dennis und van Horn vorgeschlagen wurden [142]. Das Vorliegen eines oder mehrere Programm-Zähler kann mit der Vorstellung verbunden werden, daß das Parallelrechner-System aus passiven Modulen besteht, zwischen denen die momentane Ausführungskontrolle systematisch weitergegeben wird — dies ist das Bild der kontrollgetriebenen Ausführung.

Eine andere Interpretation assoziiert mit Tokens Datensätze, die zur Bearbeitung eines Prozesses benötigt werden. Prozesse sind dann ausführbar, sobald alle benötigten Daten vorliegen — dies ist das Bild einer Datenfluß-Organisation. Die Module einer entsprechenden Rechnerhardware sind als unabhängige, aktive Einheiten zu betrachten, die das Vorliegen aller Daten selbst prüfen und zum frühestmöglichen Zeitpunkt die Bearbeitung durchführen. Dieses Bild entspricht weitestgehend der dezentralen Logik der Petri-Netze, bei denen alle Übergänge unabhängig voneinander oder von einer zentralen Kontrolle feststellen, ob die Bedingungen zum Feuern vorliegen.

Die Implementierung einer Kontroll- oder Daten-gesteuerten Ausführung kann selbstverständlich auf den einzelnen Ebenen unterschiedlich gelöst werden. Requa und McGraw [143] schlugen einen Parallelrechner vor, bei dem "basic blocks", d.h. Gruppen von Instruktionen, nach dem Datenflußprinzip bearbeitet werden, während auf dem Instruktionsniveau eine von-Neumann-Organisation vorliegt. Ähnliche Vorstellungen standen hinter dem Entwurf des CEDAR Multiprozessors [144] und entsprechender Software-Implementationen [145] auf einem HEP-Prozessor [113].

3.2.3.4. Effizienz der Abbildung

Die Abbildung eines konkreten Problems auf eine bestimmte Parallelrechner-Architektur kann unterschiedlich gut gelingen. Im Idealfall existiert zu jedem Teilprozeß des Problems ein entsprechendes Prozessor-Modul des Rechners und zu jeder Verbindung zwischen Prozessen im Graphen ein Übertragungskanal zwischen den entsprechenden Modulen des Rechners. Unter diesen Umständen wird das Problem mit maximaler Effizienz bearbeitet.

In der Regel sind jedoch weder die Fähigkeiten der Module auf die Anforderungen exakt abgestimmt, noch stimmen Anzahl der Module und Topologie des Systems vollständig mit der Struktur des Problems überein. Dies führt dazu, daß einerseits die Aufgabe nicht in minimaler Zeit bearbeitet werden kann und andererseits die Rechner-Hardware nicht optimal ausgelastet wird.

Um die Effizienz der Abbildung zu beurteilen, kann man den extremen Fall betrachten, daß die Parallelität des Problems beliebig viel größer ist als die der zur Verfügung stehenden Hardware. Für manche Anwendungen, etwa in der Bildverarbeitung oder auch bei der Ereignis-Filterung, ist dies keine unvernünftige Annahme. Die Zahl der Prozesse, die unter diesen Umständen gleichzeitig bearbeitet werden können, entspricht dann der Zahl der Module des Parallelrechners. Wieviele dieser Prozesse lauffähig sind, hängt nicht von den Synchronisationsbedingungen ab, wenn die Zeit, wartende Prozesse durch lauffähige zu ersetzen, vernachlässigbar ist und die Prozesse schnell genug mit Daten versorgt werden können. Unter diesen Umständen ist die Bearbeitungsgeschwindigkeit der Zahl der Module proportional.

In realen Systemen ist allerdings die Verwaltungszeit nicht vernachlässigbar: Um einem Modul einen anderen Prozeß zuzuordnen, muß der Zustand des alten Prozesses gespeichert werden und das Modul in einen von dem neuen Prozeß benötigten Zustand versetzt werden. Diese Verwaltungszeit geht für die Bearbeitung des Problems verloren; für den Benutzer arbeitet das System nicht mit höchster Effizienz. Die Abhängigkeit der Systemeffizienz von der Zahl der Module bei beliebiger Parallelität des Problems wurde von verschiedenen Autoren theoretisch und praktisch untersucht. Minsky [146] leitete eine $\log(N)$-Abhängigkeit ab (N = Zahl der Module), Amdahl [147] eine der Form $N/\log(N)$. Kuck [25] gelangte bei der Untersuchung gewöhnlicher Fortran-Programme zu einer durchschnittlichen Steigerung der Rechenleistung von $0.3{\cdot}N$. Messungen an existierenden Systemen wurden bisher nur für relativ kleine N durchgeführt. Es zeigte sich, daß bei einer ungünstigen Architektur Sättigungseffekte auftreten. Mit den Multiprozessor-Systemen C.mmp und Cm* wurde schon bei wenigen Prozessoren die Systemleistung nahezu unabhängig von der Systemgröße [76, 121]. Ein ähnliches Verhalten wird auf Grund von Simulationen für das sich in Entwicklung befindliche Multiprozessor-System S-1 erwartet [115]. Diese Ergebnisse sind in Bild 15 dargestellt.

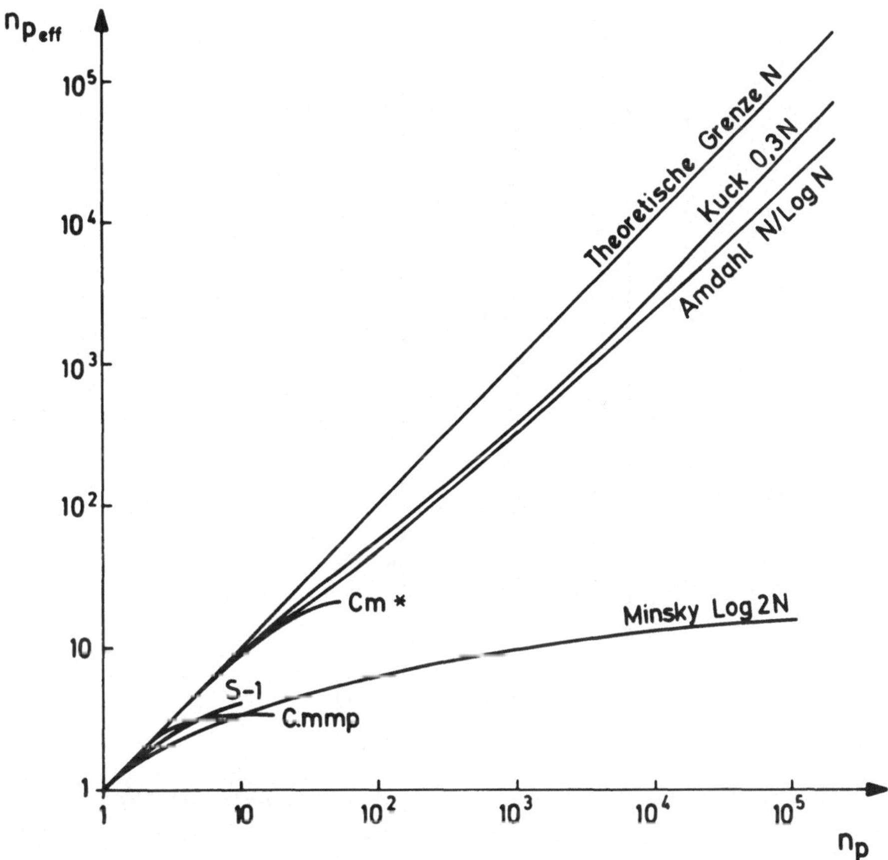

Bild 15: Effizienz eines Multiprozessors als Funktion der Systemgröße

Bei sehr vielen Problemen ist jedoch die Voraussetzung, daß die Parallelität des Problems höher ist als die der Recher-Hardware, nicht erfüllt. Selbst wenn man die oben diskutierten Verwaltungszeiten außer acht läßt, ist in diesem Fall eine vollständige Auslastung des Parallelrechners unmöglich: Ist der Graph des Problems so strukturiert, daß sich der Parallelitätsgrad zeitlich ändert und wird dabei die Zahl der parallelen Prozesse kleiner als die Zahl der verfügbaren Module, so werden Teile des Parallelrechners nicht genutzt. Dies ist insbesondere der Fall, wenn das Problem Abschnitte enthält, die nur sequentiell bearbeitet werden können. Man kann deshalb umgekehrt die Effizienz eines Systems in Abhängigkeit von der Parallelisierbarkeit des Problems betrachten. Die maximale Parallelität läßt sich im allgemeinen nicht direkt aus dem Graphen des Problems ablesen. Dies ist jedoch möglich, wenn sich die Graphen um die Information ergänzen lassen, wie lange ein Knoten zur Ausführung seiner Operation benötigt; die Flußrichtung des gerichteten Graphen wird dann zur Zeitachse (Bild 16). In dieser Darstellung kann direkt abgelesen werden, wieviel Zeit minimal zur Bearbeitung eines Problems aufgewendet werden muß, d.h. falls die Parallelität nicht durch die System-Hardware beschränkt wird.

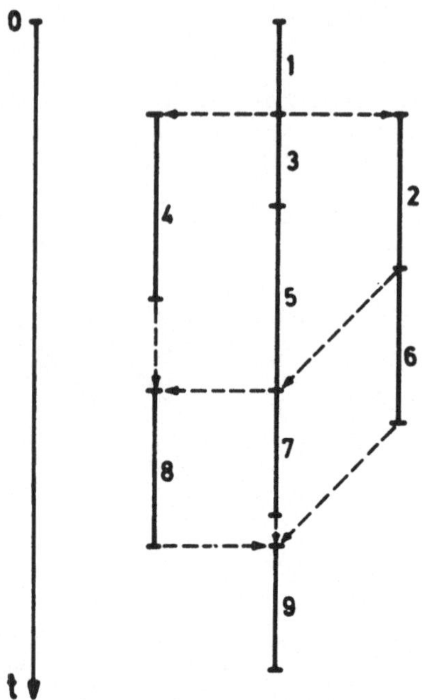

Bild 16: Zeitzuordnung
zu gerichteten Graphen

Für den Fall, daß nur entweder sequentieller oder N-fach paralleler Betrieb vorkommt, gibt Amdahl [147] die Effizienz von Parallelrechnern mit $E = 1/(NF + 1 - F)$ an, wenn N die Zahl der parallelen Module und F der Anteil sequentiellen Codes ist. Im allgemeinen Fall können i-fach parallele Operationen ($i = 1, 2, 3, \ldots$) mit beliebigen Anteilen F_i vorkommen. Parallel ausgeführt werden können davon allerdings höchstens N. Das allgemeine Ergebnis für die Effizienz E des Systems lautet dann:

$$E = \frac{1}{N} \frac{1}{\displaystyle\sum_{i=1}^{N} \frac{F_i}{i} + \sum_{i=N+1}^{\infty} \frac{F_i}{N}}$$

E hängt entscheidend von der Verteilung F_i ab. Für F_i gilt $\sum F_i = 1$ und $F_\infty = 0$. Zwei Extremfälle für die Verteilung von F_i sind von besonderem Interesse:

Einer der einfachsten Fälle der Parallelverarbeitung ist eine Situation, in der ein gewöhnliches sequentielles Programm abläuft, das an einzelnen Stellen mehrere identische Prozesse anstößt und auf deren Beendigung wartet, um dann sequentiell weiter zu verfahren. Hier treten nur zwei Anteile F_i auf, nämlich sequentieller Code ($i = 1$) und n-fach paralleler Code ($i = n$). Dies ist die von Amdahl betrachtete Situation. Bild 17 zeigt die Systemeffizienz für den Fall $F_1 = 20\%$ und $F_{10} = 80\%$. Hier ist bereits mit einem 2-Prozessor-System nur eine Systemauslastung von 85% zu erreichen; mit 6 Prozessoren sinkt die Systemeffizienz auf 50%. Bild 18 zeigt die Systemeffizienz bei Vorliegen einer Parallelitäts-Verteilung, bei der Anfangswert und Lage und Amplitude des Maximums dem vorher diskutierten Fall entsprechen. Die Effizienz nimmt in dieser Situation zunächst wesentlich langsamer mit der Systemgröße ab und bleibt schließlich etwa einen Faktor 2 über dem vorherigen Wert. Hier läßt sich mit zwei Prozessoren noch eine Auslastung von nahezu 100% erzielen; die Effizienz eines 6-Prozessor-Systems liegt immer noch bei 80%.

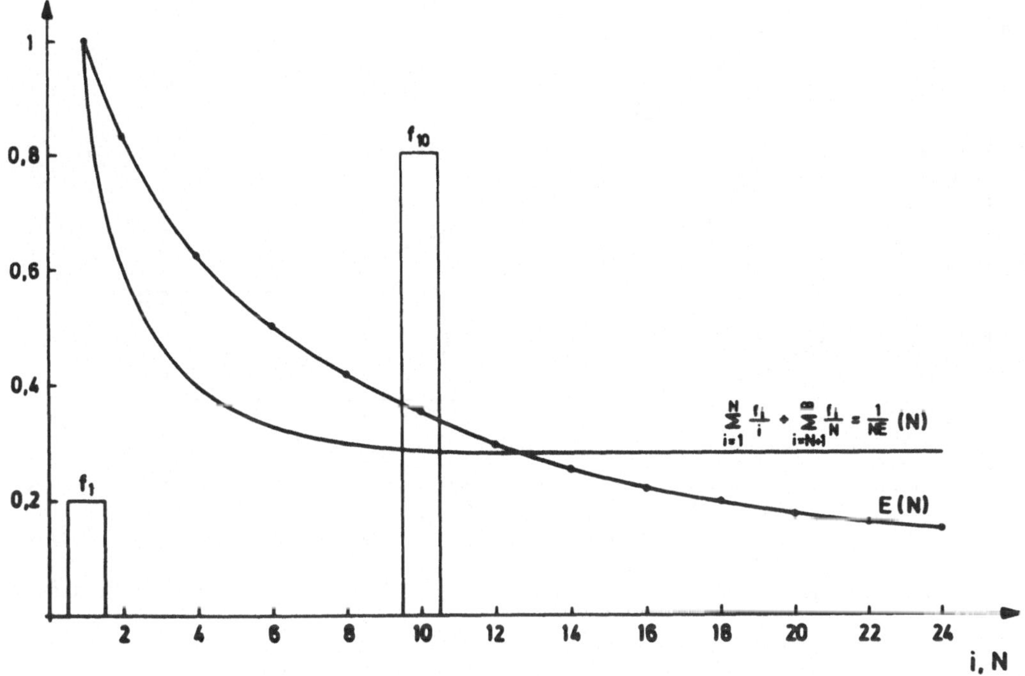

Bild 17: Systemeffizienz für ein sequentiell/10-fach
paralleles Problem als Funktion der Systemgröße

In Bild 19 ist dieser Zusammenhang in einer anderen Weise aufgetragen: Als Maß für die Effizienz des Systems wird hier die effektiv für die Bearbeitung der Benutzerprogramme zur Verfügung stehende Anzahl von Prozessoren gegenüber ihrer tatsächlichen Anzahl aufgetragen. Parameter der Kurvenschar ist der Anteil sequentiellen Codes am Gesamtprogramm. Es zeigt sich, daß selbst kleine sequentielle Anteile in der Prozent-Gegend die Effizienz eines 100-Prozessor-Systems auf unter 50% drücken. Dies ist einer der Gründe, warum Multiprozessoren für beliebige Anwendungen in der Regel nur aus einigen wenigen Prozessoren bestehen (siehe Tabelle 2); solche Systeme können problemlos effizient genutzt werden.

Eine Optimierung der Effizienz der Abbildung erfordert gewöhnlich einen Iterationsprozeß, in dem die Problemzerlegung schrittweise an die Rechner-Hardware und — in geringerem Maße — umgekehrt durchgeführt wird. Eine Strategie dazu wurde von Vrsalovic et al. [148] vorgeschlagen und von Segall et al. in dem PIE-Programmsystem implementiert [149].

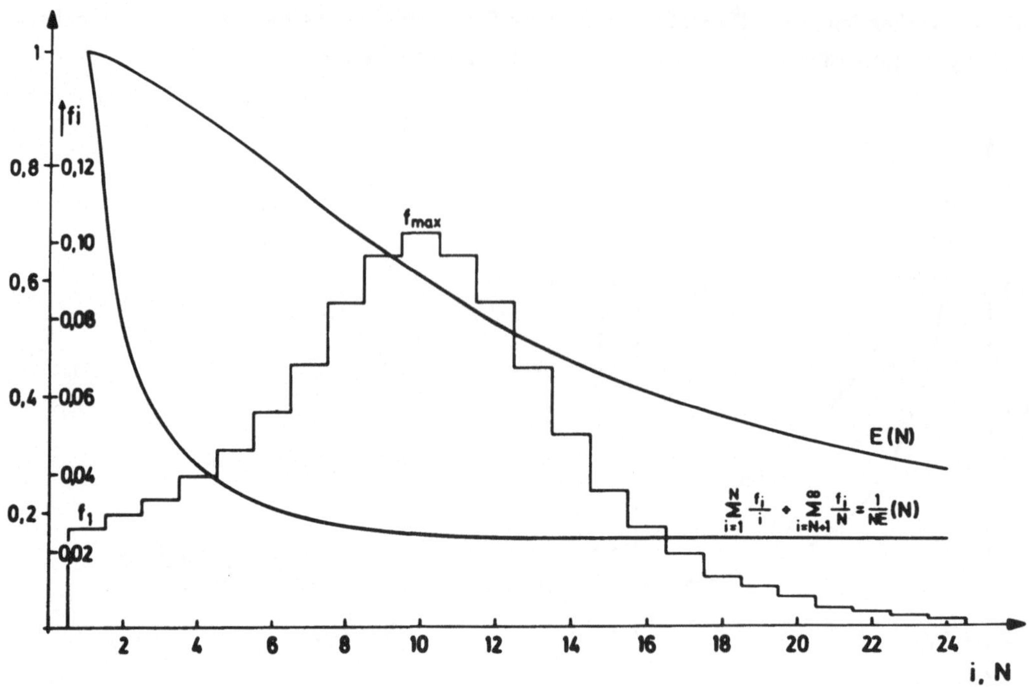

Bild 18: Systemeffizienz für ein Problem mit verteilter Parallelität als Funktion der Systemgröße

3.2.3.5. Fehlertoleranz

In einem sequentiellen Rechner, aber auch einem vollständig inhomogenen Parallelrechner kann jede benötigte Funktion nur von einem einzigen Modul ausgeführt werden. In teilweise oder vollständig homogenen Parallelrechnern gibt es dagegen funktionell und topologisch äquivalente Module; bei der Zuweisung eines Prozesses ist die Auswahl zwischen ihnen beliebig. Analoges gilt für die Verbindungswege zwischen Modulen.

Besitzt ein Parallelrechner äquivalente Module oder Verbindungswege, so ist es möglich, defekte Komponenten zu umgehen. Dazu muß ein Defekt festgestellt werden können. Zusätzlich muß die Abbildung des Problems auf die Rechner-Hardware so flexibel organisiert sein, daß defekte Module bzw. Verbindungswege ausgespart und deren Aufgaben den restlichen Komponenten gleicher Art zugewiesen werden können.

Rechner, die sowohl Modul-, als auch Übertragungsfehler korrigieren können, werden als fehlertolerant bezeichnet. Rennels [150] gibt einen Überblick über die im Lauf der letzten 30 Jahre erarbeiteten Methoden, Fehlertoleranz in gewöhnlichen Rechnern zu realisieren, und diskutiert ihre Anwendungen bei modernen Systemen. Die speziellen Aspekte von fehlertoleranten

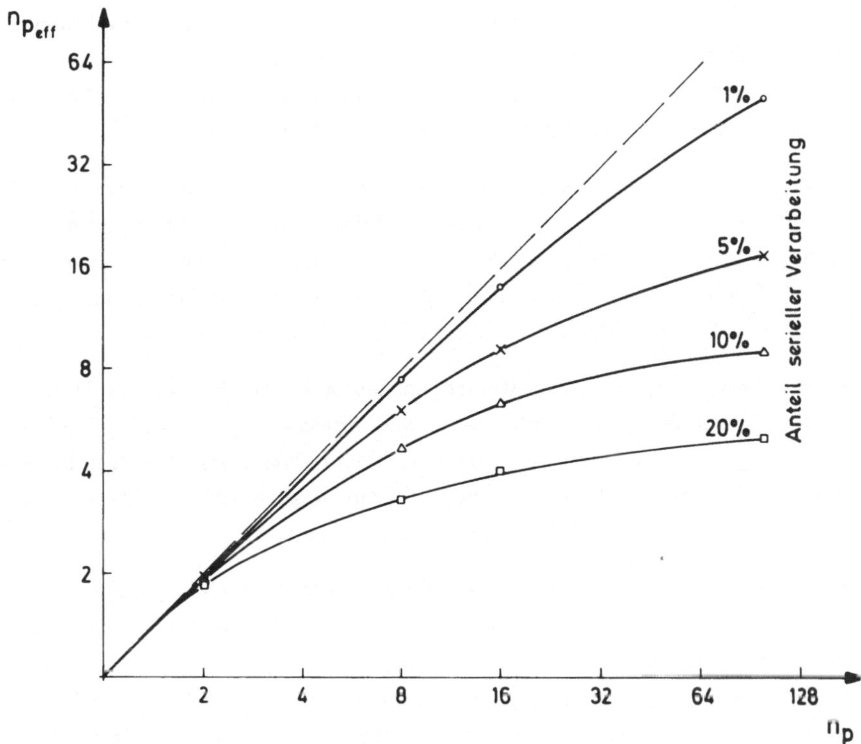

Bild 19: Systemeffizienz als Funktion des Anteils sequentiellen Codes

Multiprozessor-Systemen mit statischen oder dynamischen Verbindungsnetzwerken diskutieren Kuhl und Reddy [151].

Funktionsmodule jeder beliebigen Ebene, z.B. Prozessoren, Speicherbausteine, Gatter etc. können grundsätzlich auf zwei verschiedene Arten auf korrekte Funktion hin überwacht werden. Selbstprüfende Module sind so ausgelegt, daß der interne Ablauf von Operationen und interne Informationsübertragungen permanent durch Prüfschaltungen überwacht werden. Der zusätzliche Aufwand für die Prüfung liegt dabei zwischen 10% bei regulären Strukturen wie etwa Speichern und 100% bei irregulärer Logik [152]. Die Prüfschaltungen können dabei so ausgelegt werden, daß eine Fehlererkennung für das Gesamtmodul einschließlich der Prüfschaltung selbst möglich ist. Vorschläge dazu existieren auf dem Gatterniveau [153], für programmierbare Logik [154], für arithmetische Einheiten [155] und für programmierbare Kontroll-Einheiten [156]. Solche selbstprüfenden Module haben sich bisher in der Praxis noch nicht durchgesetzt.

In heutigen fehlersicheren Systemen werden nicht-selbstprüfende Module verwendet. Diese Module besitzen keine innere Fehlerprüfung. Zur Feststellung eines Fehlers müssen mehrere Module gleicher Art parallel betrieben und die Ergebnisse ihrer Operationen kontinuierlich verglichen werden. Im Fehlerfall treten ungleiche Resultate auf. Dieses Verfahren wurde z.B. bereits bei dem ersten kommerziellen Computer, der UNIVAC I, angewendet, um die aus Röhren aufgebauten arithmetischen Einheiten zu überwachen. Ein modernes Beispiel ist das Intel 432 Multiprozessor-System, bei dem der parallele Betrieb je zweier Prozessor-Chips vorgesehen ist [116]. Beide führen sämtliche Operationen synchron aus. Nur einer davon gibt jedoch seine

Resultate aus, die von dem anderen gelesen und intern mit den eigenen Resultaten verglichen werden. Andere fehlersichere Multiprozessor-Systeme duplizieren Funktionsmodule auf dem Platinen-Niveau, z.B. Perkeo [157], in dem sämtliche Module der Systemebene, d.h. Prozessoren, Speicher und Übertragungskanäle mehrfach vorhanden sind.

Um festzustellen, welches Resultat bei Abweichungen als richtig anzusehen ist, wird mindestens ein drittes Modul benötigt. Stimmen zwei der Ergebnisse überein, so wird das dritte als fehlerhaft angesehen. Dieses "Voting"-Verfahren wurde von Siewiorek et al. theoretisch und anhand des Systems C.vmp untersucht [158, 159] und wird in ähnlicher Weise überall dort eingesetzt, wo ein Höchstmaß an Betriebssicherheit erforderlich ist, z.B. in der Raumfahrt [160].

Neben der Überprüfung von Operationen an Daten ist ein Schutz der Daten, d.h. der Information selbst, gegen fehlerhafte Übertragung oder Speicherung notwendig. Fehlererkennung ist hierbei nur möglich, wenn zwischen "erlaubter" und "nicht erlaubter", d.h. fehlerhafter Information unterschieden werden kann. Dies ist grundsätzlich auf zwei Arten möglich, und zwar über die Semantik der Information oder über Redundanz.

Eine semantische Überprüfung basiert darauf, daß von allen darstellbaren Informationen nur ein Teil im jeweiligen Kontext sinnvoll ist. Hat etwa ein Funktionsmodul einen gewissen Satz von ausführbaren Operationen und erfolgt eine Anforderung einer darin nicht enthaltenen Operation, so kann eine fehlerhafte Übertragung oder Speicherung vorliegen. Semantische Überprüfungen dieser Art werden auf allen Ebenen eines Rechnersystems, z.B. der Logik-, Mikroprogramm- und Programmebene durchgeführt.

Unabhängig von der jeweiligen Bedeutung einer Information erlaubt eine redundante Repräsentation die Definition erlaubter und nicht erlaubter Informationsblöcke. Die Wahl einer bestimmten Repräsentation geschieht über Codierung [161]. Die Codes lassen sich danach klassifizieren, mit wieviel Bits n ein Informationsblock vom m Bits dargestellt wird ((n, m)-Code). Bei diesen Codes ist das Verhältnis der Anzahl nicht erlaubter zur Anzahl erlaubter Informationsblöcke $2^{n-m} - 1$. Je höher diese Zahl ist, desto größer ist die Wahrscheinlichkeit, eine zufällige Modifikation der codierten Information erkennen zu können. Gemessen wird die Fehlersicherheit eines Codes mittels der Distanz; dies ist die kleinste Anzahl von Bitmodifikationen, die zwei erlaubte Informationen ineinander überführen.

Kleine Computersysteme wurden lange Zeit ohne die Verwendung von Fehlererkennungscodes aufgebaut; dies ist auch bei vielen heutigen Mikroprozessorsystemen noch üblich. Bei höheren Anforderungen an die Zuverlässigkeit werden auch heute noch meist $(n + 1, n)$-Codes verwendet, d.h. Parität. Hier beträgt die Distanz des Codes 2, d.h. alle Einzelbitfehler können erkannt werden. Parität wird in der Regel bei den relativ zuverlässigen statischen Speichern eingesetzt, aber auch bei der Übertragung von Information über Standard-Busse wie MultibusII [162] und Futurebus [163].

In einfachen Fällen steht nach dem Erkennen eines Bit-Fehlers noch genügend Information zur Verfügung, um den Fehler zu korrigieren; dies ist der Fall, wenn Fehlerkorrektur-Codes verwendet werden. Dies sind Codes mit einer Distanz > 2, die hauptsächlich in Zusammenhang mit dynamischen Speichern eingesetzt werden. Am bekanntesten ist der Hamming-Code [164] mit der Distanz 3. Diese größere Distanz gestattet es bei Einzelbitfehlern, die "nächstliegende" erlaubte Information zu bestimmen und somit Einzelbitfehler zu korrigieren. In modernen Computersystemen wird die Korrektur von Speicherfehlern mittels eines $(39, 32)$-Hamming-Codes standardmäßig verwendet [165].

Fehlerkorrektur-Codes lassen sich auch so auslegen, daß einer nicht-uniformen Wahrscheinlichkeitsverteilung für Bitfehler Rechnung getragen wird. Asymmetrien zwischen $0 \rightarrow 1$ und $1 \rightarrow 0$ Bitfehlern kommen etwa durch die Technologie zustande: Bei TTL-Signalen liegen die jeweiligen Störpegel bei 0.8 V bzw. 2 V. Bitfehler durch die Entladung dynamischer Speicherzellen durch ionisierende Strahlung führen je nach Aufbau der VLSI-Schaltung zu einem definierten Endzustand. Solche unidirektionalen Fehler können durch spezielle Codes geschützt werden [166].

Tritt der Fall ein, daß eine fehlerhafte Übertragung vom Empfänger nicht korrigiert werden kann, so muß der Sender dazu veranlaßt werden, die Übertragung des Informationsblocks zu wiederholen. Dies ist natürlich nur dann sinnvoll, wenn eine Chance besteht, im Wiederholungsfall eine korrekte Übertragung durchführen zu können. Das ist der Fall, wenn es sich um temporäre Fehler, z.B. elektrische Störungen, handelt oder wenn beim Vorliegen permanenter Fehler mehrfache Übertragungswege zur Verfügung stehen.

3.3. Wahl einer geeigneten Architektur

Im vorangegangenen Kapitel wurden die wichtigsten Systemparameter angeführt, die beim Entwurf eines Parallelrechner-Systems festzulegen sind. Eine Festlegung setzt voraus, daß die mit diesen Parametern verbundenen Systemeigenschaften an hand bestimmter, für die geplante Anwendung wesentlicher Kriterien beurteilt werden. Im folgenden sollen deshalb zunächst diese Entwurfskriterien diskutiert werden. Daran anschließend wird gezeigt, welche Architektur sich aus den dargestellten Möglichkeiten ableiten läßt.

3.3.1. Auswahlkriterien

Parallelrechner werden dann eingesetzt, wenn die Rechenleistung eines konventionellen Systems nicht mehr ausreicht. Einer der wichtigsten Gesichtspunkte ist deshalb, ob die mit einer bestimmten Architektur realisierbare totale Rechenleitung den jeweiligen Anforderungen entspricht. Dies ist in vielen Fällen schwer zu beantworten, weil entweder die Anforderungen nicht exakt spezifiziert werden können, oder weil sich die Anforderungen kurzfristig in nicht voraussehbarer Weise ändern können.

In solchen Fällen ist es wichtig, das Parallelrechner-System flexibel an neue Situationen anpassen zu können. Rechenleistung und Flexibilität bestimmen, ob eine Architektur prinzipiell für eine bestimmte Anwendung geeignet ist. Ob ein geeignetes System jedoch verwendet werden kann, hängt wesentlich davon ab, ob es genügend lange störungsfrei arbeitet. Die Zahl der Komponenten kann bei Parallelrechnern um Größenordnungen höher sein als in Einzelrechnern; mit dieser Zahl steigt die Fehlerwahrscheinlichkeit stark an. Das Verhalten eines Systems bei Fehlern ist deshalb bei großen Systemen besonders wichtig. Auf diese Gesichtspunkte soll im folgenden detailliert eingegangen werden. Die aus dieser Diskussion folgenden Entwicklungsziele sind in Tabelle 3 zusammengefaßt.

Tabelle 3: Entwicklungsziele beim Polyp-System

Maximale Leistung	- Rechenleistung: 100 MIPS bzw. 100 MFLOPS - globale Speichergröße: 4 GBytes - Transfer-Bandbreite: 100 MBytes/s
Flexibilität	- Rechenleistung und Transfer-Bandbreite adaptierbar im Bereich 1 : 10 - programmierbar in höherer Sprache - transparentes Multiprocessing
Zuverlässigkeit	- Korrektur aller Einzelbit-Speicherfehler - Korrektur aller Einzel- und Doppelbit-Transferfehler - Umgehung nichtkorrigierbarer Fehler (graceful degradation)

3.3.1.1. Systemleistung

Die Leistung eines Parallelrechners hängt stark von drei Parametern ab: der Rechenleistung der einzelnen Module, der Bandbreite für Datenübertragungen zwischen den Modulen und dem zur Verfügung stehenden Speicher.

Bei der Diskussion der Problemstellung wurde abgeschätzt, welche Datenströme bei einer speziellen Anwendung, der Ereignis-Filterung am Kristallkugel-Spektrometer, anfallen. Die maximalen Werte liegen bei 10^5 Ereignissen/s. Das Parallelrechner-System muß eine entsprechende I/O-Bandbreite aufweisen. Im Falle des Kristallkugel-Spektrometers besteht jedes digitalisierte Ereignis im Mittel aus ca. einhundert 16-Bit-Parametern. Dies entspricht einem totalen Datenstrom von etwa 20 MBytes/s. Die Anforderungen an die totale Übertragungsbandbreite des Systems liegen nur wenig höher, da — wie später gezeigt — keine intensive Interprozessor-Kommunikation notwendig ist. Die Bandbreite, die zur Übertragung der gefilterten

Daten an den Host-Rechner notwendig ist, ist um den Reduktionsfaktor der Filterung kleiner als die Eingangsdatenrate. Experimentabhängig liegen solche Faktoren zwischen 10 und 100, so daß dieser Beitrag vernachlässigt werden kann.

Einen Beitrag zur benötigten Systembandbreite können allerdings die Zugriffe auf einen gemeinsamen Speicherbereich liefern. Die Zugriffshäufigkeit kann je nach Anwenderprogramm extrem unterschiedlich sein. Für eine größenordnungsmäßige Abschätzung dieser Rate im Falle der Ereignisfilterung kann man von einem Zugriff auf den globalen Speicher pro Parameter ausgehen. Unter diesen Voraussetzungen scheint es vernünftig, auf der Systemebene eine Übertragungsbandbreite von 100 MBytes/s anzustreben.

Die benötigte Rechenleistung ist der Eingangs-Ereignisrate und der Zahl der pro Ereignis im Mittel durchgeführten Operationen proportional. Diese Zahl hängt sehr stark von dem konkreten Experiment ab. Im Falle des Kristallkugel-Spektrometers gibt es jedoch ein typisches Beispiel, die Unterdrückung von Compton-Ereignissen. Eine Analyse einer entsprechenden Routine zeigt (Anhang 1), daß hier pro Ereignis ca. 300 Operationen durchgeführt werden müssen. Bei einer maximalen Ereignisrate von 100 kHz benötigt man deshalb eine Rechenleistung von ca. 30 MIPS.

In anderen Fällen werden auch Gleitkomma-Operationen mit ähnlicher Rate (30 MFLOPS) benötigt. Komplexere Rechnungen kommen in der Regel entsprechend seltener vor, da sie erst in späteren Stufen der Filter-Hierarchie auftreten. Das Polyp-Systyem muß deshalb so ausgelegt werden, daß damit Rechenleistungen in der Gegend von 100 MIPS und 100 MFLOPS realisierbar erscheinen.

Es ist bekannt, daß die meisten Algorithmen entweder in Bezug auf ihre Bearbeitungszeit oder auf ihren Speicherbedarf optimiert werden können. Dies gilt insbesondere immer bei der Transformation eines Satzes von Eingangsgrößen in einen Satz von Ausgangsgrößen, etwa bei der Berechnung einer Funktion. Hier kann im Extremfall eine Berechnung ganz umgangen werden, wenn die Ergebnisse für alle möglichen Argument-Kombinationen tabellarisch abgespeichert sind und nur aufgerufen zu werden brauchen (Table-Lookup).

Diese Situation ist bei der Ereignis-Filterung sehr häufig gegeben. Ist etwa die Güte eines Ereignisses von der Korrelation zweier Parameter abhängig, so genügt es, alle möglichen Kombinationen dieser Parameter bereits vor der Ausführung zu klassifizieren und während der eigentlichen Filterung das Ergebnis mit der aktuellen Kombination als Adresse direkt aufzurufen.

Die hierfür benötigten Tabellen können allerdings sehr groß werden: Die direkte Kombination zweier 12-Bit-Parameter benötigt eine Tabelle von 16 MBytes Größe. Selbst wenn es möglich ist, mit einer verringerten Auflösung von etwa 8 Bit/Parameter zu arbeiten, erfordert eine Korrelation von drei Parametern wieder den gleichen Speicherbereich. Schnelle Halbleiterspeicher dieser Größe sind heute leicht realisierbar. Da in den letzten Jahren die Kosten pro Bit etwa so schnell gefallen sind, wie die Integrationsdichte stieg, scheinen in den nächsten Jahren noch wesentlich größere Speicher einsetzbar zu werden. Für das Polyp-System muß deshalb von einem Adreßraum von 32 Bits ausgegangen werden, der 4 GBytes entspricht.

3.3.1.2. Flexibilität

Die typische Lebensdauer eines großen Computersystems beträgt über fünf Jahre. Es ist unmöglich, für diesen Zeitraum von annähernd konstanten Anforderungen auszugehen. Während in der Hochenergiephysik Experimente in der Regel 1/2 bis 2 Jahre dauern und die Anforderungen an ein Online-Computersystem sich während dieser Zeit nur langsam ändern, ist dies bei kernphysikalischen Experimenten innerhalb von Tagen möglich. Dabei können die Anforderungen bezüglich Rechenleistung, Speichergröße und Datenübertragungsrate stark schwanken. Es ist deshalb wichtig, die Architektur des Polyp-Systems so flexibel auszulegen, daß es sich leicht an neue Gegebenheiten adaptieren läßt.

Die erforderliche Architektur muß es ermöglichen, die Parameter, die die Systemleistung wesentlich beeinflussen, in weiten Grenzen variieren zu können. Die betrifft die Rechenleistung, die Übertragungsbandbreite und die Speichergröße.

Im Idealfall kann man sich Systeme vorstellen, deren Leistung ihrer Größe direkt proportional ist, und zwar ohne daß eine von der Architektur her gegebene prinzipielle Maximalgröße vorhanden wäre. Diese Eigenschaft nennt man Skalierbarkeit. Skalierbarkeit ist natürlich in der Praxis nicht realisierbar, da reale Systeme immer bestimmten Größenbeschränkungen unterliegen. Trotzdem können Rechnerarchitekturen unter diesem Gesichtspunkt betrachtet werden, um mögliche Systemengpässe zu lokalisieren.

Flexibilität bedeutet aber auch, daß die Systemarchitektur es gestattet, neue technologische Entwicklungen in das System zu integrieren. Dies ist besonders wichtig, weil gerade in der jüngsten Zeit damit begonnen wurde, neuartige Rechnerstrukturen wie Datenflußmaschinen, Arrayprozessoren oder systolische Arrays als VLSI-Bausteine auf den Markt zu bringen [58, 167, 168]. Die Architektur des Polyp-Systems sollte die Implementierung solcher neuartiger Komponenten unterstützen.

Manche Teilaufgaben bei der Ereignis-Filterung sind sehr genau definiert: Ein großer Teil der Daten, die bei kern- und Hochenergie-physikalischen Experimenten aufgenommen werden, stellt zwei- oder dreidimensionale Bilder der Spuren von Reaktionsprodukten dar. In sehr vielen Fällen ist zur Filterung solcher Daten ein Mustererkennungsprozeß notwendig, für den die freie Programmierbarkeit nicht notwendig ist, sondern der mit Hilfe von Spezialprozessoren effizient durchgeführt werden kann. Beispiel sind etwa Prozessoren zur Spurerkennung [169] oder zur Fourier-Transformation [170]. Die Integration von Spezialprozessoren muß deshalb möglich sein.

Am weitestgehenden ist die Forderung, auch bei der Anwendung selbst flexibel zu sein, d.h. unterschiedliche Probleme mit einer Architektur abdecken zu können. In vielen Anwendungsfällen kann diese Forderung dazu führen, speziell auf ein Problem zugeschnittene Lösungen nicht einsetzen zu können und damit einen Verlust im Preis/Leistungsverhältnis hinnehmen zu müssen. Es muß deshalb geklärt werden, ob diese Forderung ohne zu große Konzessionen erfüllt werden kann.

Flexibilität bezieht sich allerdings nicht nur auf die Rechner-Hardware: Anwendungsflexibel ist ein solches System nur dann, wenn der Benutzer seine speziellen Erfordernisse leicht formulieren, d.h. programmieren kann. Da Parallelrechner in der Praxis erst sehr selten eingesetzt werden und auch noch keine benutzergerechte Programmierunterstützung vorliegt, soll ein solches System im Idealfall wie ein konventioneller Rechner programmiert werden können. Dies ist möglich, wenn die Architektur des Parallelrechners eine Programmierung erlaubt, die unabhängig ist von der Anzahl der parallelen Funktionsmodule, d.h. transparent gegenüber der Parallelverarbeitung.

3.3.1.3. Zuverlässigkeit

Ein letzter wichtiger Gesichtspunkt bei der Auslegung des Polyp-Systems ist die erreichbare Zuverlässigkeit. Viele Arten von kernphysikalischen Messungen erfordern es, Daten innerhalb weniger Tage oder selbst Stunden aufzunehmen. Ein Ausfall des Computer-Systems während dieser Zeit kann Verzögerungen von Monaten zur Folge haben. Bei den üblichen Online-Rechnern ist ein tagelanger fehlerfreier Betrieb Standard. Dies gilt nicht von vorneherein für Parallelrechner.

In modernen Rechnern treten die meisten Fehler in dynamischen Speichern auf; ähnliche Fehlerraten sind bei Steckverbindungen zu erwarten, ebenso bei elektrisch stark belasteten Interface-Bausteinen. In Parallelrechnern werden aber gerade diese Bauteile in hoher Zahl eingesetzt. Die totale Fehlerwahrscheinlichkeit steigt damit sehr stark an: Ist etwa für ein Modul eine Verfügbarkeit von 97% gegeben, so arbeitet ein aus 100 Modulen bestehendes System nur noch zu 5% seiner Zeit einwandfrei. Bei solchen Systemen gehören deshalb Fehler zu den normalen Betriebszuständen, die nicht zu einem Abbruch der Bearbeitung oder zu fehlerhaften Resultaten führen dürfen.

Große Parallelrechner müssen deshalb fehlertolerant aufgebaut werden. Dabei ist es nicht vernünftig, Immunität gegen alle Arten von Fehlern zu fordern, da verschiedenartige Fehler in Computersystemen mit sehr unterschiedlicher Häufigkeit auftreten. Ein ausgewogenes System toleriert die am häufigsten auftretenden Fehler und steigert damit die Zuverlässigkeit des Systems in einem Maße, daß es den Standard von Einzelrechnern erreicht.

3.3.2. Beurteilung der Möglichkeiten

Ausgehend von den gegebenen Spezifikationen bezüglich der Rechenleistung, der Flexibilität und der Zuverlässigkeit soll eine Architektur eines Parallelrechners abgeleitet werden. Wie früher diskutiert, erfordert dies die Festlegung verschiedener Systemparameter auf den unterschiedlichen Ebenen des Rechnersystems. Diese Parameter sind

- die funktionelle Strukturierung, d.h. die Aufteilung der Gesamtfunktion einer Ebene auf Module mit Teilfunktionen

- die Vernetzung dieser Module entsprechend der benötigten Kommunikationsstruktur

- die Ablaufsteuerung, d.h. eine geeignete Zuweisung von Prozessen an Module und die Synchronisation der Module untereinander.

3.3.2.1. Systemebene

Global gesehen hat das Polyp-System eine Reihe möglicher Anwendungen abzudecken. Die wichtigste davon ist die Filterung von Ereignissen bei kern- oder hochenergiephysikalischen Experimenten. Da das System aber zugleich leistungsfähig und flexibel sein soll, ist der Einsatz bei anderen Anwendungen wahrscheinlich. Als möglich Anwendungen kommen alle in Frage, die eine ähnliche Problemstruktur wie die Ereignis-Filterung aufweisen. Dies sind solche, bei denen große Datenmengen in unabhängige Datensätze zerlegt werden können, und bei denen die Operationen, die auf diesen Datensätzen ausgeführt werden müssen, genügend komplex sind. Ein typisches Beispiel solcher Anwendungen sind Mustererkennungsprozesse auf zwei- und dreidimensionalen Feldern, wie sie etwa bei der automatischen Beurteilung von Gewebeschnitten in der Histopathologie notwendig sind [171] oder bei der automatischen Klassifizierung von Chromosomen [172].

Ein gemeinsames Charakteristikum dieser Anwendungen ist die Funktion einer intelligenten Datenkompression oder -Filterung: Ein hoher Datenstrom wird über geeignete Eingangskanäle in das Parallelrechnersystem eingelesen und dabei in unabhängige Teile zerlegt. Alle Teile werden mit identischen Algorithmen untersucht und Ergebnisse abgeleitet. Diese Algorithmen müssen frei programmierbar sein. Der Datenstrom der Resultate, der an einen Host-Computer weitergegeben wird, ist gegenüber dem Eingangsdatenstrom vernachlässigbar. Die Funktion als reines Datenfilter kommt auch darin zum Ausdruck, daß alle anderen Aufgaben dem Host-Computer übertragen werden. Dies umfaßt die Programmentwicklung, die Systeminitialisierung und die Unterstützung der Standard-Ein/Ausgabe-Vorgänge.

Der Anwendungsbereich des Polyp-Systems ist also begrenzt auf einzelne Probleme ähnlicher Struktur. Es kann deshalb immer davon ausgegangen werden, daß das System jeweils nur eine einzige Anwendung unterstützt. Insbesondere ist ausgeschlossen, daß es als Mehrbenutzer-System eingesetzt wird.

Diese Beschränkung im Anwendungsspektrum hat Einfluß auf die Wahl einer geeigneten funktionellen Verteilung, der Speicherorganisation, der Systemtopologie und einer fehlertoleranten Auslegung. Diese Punkte werden im folgenden diskutiert.

Funktionelle Verteilung: MIMD

Wie bei der Analyse des Problems gezeigt wurde, ist eine Zerlegung des Filterproblems in parallele Prozesse dann besonders effizient, wenn unabhängige Ereignisse parallel verarbeitet, aber die Operationen, die zur Bearbeitung eines einzelnen Ereignisse notwendig sind, sequentiell durchgeführt werden.

Bei dieser Zerlegung sind die Grundfunktionen auf der Systemebene leicht abgrenzbar: Einlesen des in Ereignisse aufgeteilten Datenstroms vom Detektor, die parallele Filterung der Ereignisse und die Ausgabe der selektierten Ereignisse an den Online-Rechner. Dieser Ablauf der Operationen auf der Systemebene kann mit einem Petri-Netz modelliert werden. In Bild 7 sind die drei auf Ereignisse anwendbaren Operationen als Orte des Netzes dargestellt: Das Einlesen von Ereignissen kann parallel über mehrere Kanäle durchgeführt werden. Ein Einleseprozeß, der ein Ereignis bereitgestellt hat, ist markiert. Jedes bereitgestellte Ereignis kann zur Bearbeitung einem Filterprozeß zugewiesen werden. Es existieren mehrere parallele Prozesse, deren Anzahl unabhängig ist von der Zahl der Einleseprozesse.

Da alle Filterprozesse die gleiche Operation auf unterschiedlichen Datensätzen ausführen, treten sie für die Einleseprozesse nur in zwei Zuständen in Erscheinung. Warten sie auf die Übertragung eines neuen Ereignisses, so ist ihr Busy-Zustand markiert. Sobald ein Filterprozeß die Bearbeitung eines neuen Ereignisses beginnt, entfernt er diese Marke und die des Einleseprozesses, der die Daten bereitgestellt hat. Dabei wird er selbst markiert und ist für alle Einleseprozesse nicht mehr verfügbar. Nach der Filteroperation wird eine Entscheidung über Akzeptieren oder Verwerfen des Ereignisses getroffen. Wird es verworfen, so geht der Bearbeitungsprozeß wieder in den Zustand über, in dem er neue Daten übernehmen kann. Andernfalls muß das Ereignis an den Host-Rechner abgegeben werden. Dies ist nur möglich, wenn der Host-Rechner dazu bereit ist, was durch eine Markierung seines Zustands angezeigt wird. In diesem Fall beginnt der Host mit der Übertragung des Ereignisses und meldet den Anschluß der Übertragung an den wartenden Filterprozeß zurück, der daraufhin wieder bereit wird, neue Daten zu übernehmen. Diese Abläufe können im einzelnen in dem zugehörigen Petri-Netz nachvollzogen werden.

Die Art der Operationen, die zur Beurteilung eines Ereignisse notwendig sind, hängt vom jeweiligen Experiment ab. Da sie von Fall zu Fall sehr unterschiedlich sein können, müssen sie vom Experimentator programmiert werden können. Ein Beispiel einer Filteroperation, also einer Stufe einer Filterhierarchie, wird in Anhang 1 gegeben.

Grundsätzlich besteht die Filterung eines Ereignisse in dem Ableiten einer Ja/Nein-Aussage an hand vorgegebener Relationen. Dies ist das typische Anwendungsgebiet für funktionelle

Sprachen, bei denen kein zeitabhängiger Algorithmus formuliert wird, sondern zeitunabhängige Bedingungen logisch zu einem Resultat verknüpft werden. Während sich die meisten funktionellen Sprachen noch im Entwicklungsstadium befinden, wird mit Prolog bereits gearbeitet.

Der große Vorzug funktioneller Sprachen, nicht an zeitliche Sequenzen gebunden zu sein und damit optimale Voraussetzungen für eine Parallelverarbeitung zu schaffen, kommt allerdings auf der Ebene der Einzelereignisse nicht zum Tragen. Wie früher gezeigt, bedeutet eine parallele Verarbeitung der einzelnen Ereignisse eine schlechte Ausnutzung der Systemhardware, weil der größte Teil aller Ereignisse verworfen wird und die Zeit für parallele Operationen, die nicht zum Abbruch der Filterung geführt haben, verloren ist.

Dies erfordert die sequentielle Bearbeitung der einzelnen Stufen der Filterhierarchie und zwar in einer Reihenfolge, in der die signifikantesten Überprüfungen, d.h. die mit dem höchsten Verhältnis von Reduktionsfaktor zu Bearbeitungszeit, zuerst durchgeführt werden. Dies legt es nahe, zur Ereignisfilterung Prozessoren einzusetzen, die in einer höheren Sprache wie Fortran oder in Assembler programmiert werden können.

Obwohl alle Filterprozessoren Ereignisse mit dem gleichen Programm bearbeiten, hängt der aktuelle Ablauf des Programms von den jeweiligen Daten des Ereignisse ab. Besonders deutlich ist dies bei der Filterhierarchie: höhere Stufen werden übersprungen, wenn irgend eine Stufe ein Abbruchkriterium liefert. Auch auf niedrigerem Niveau sind Fallentscheidungen die Regel. Es ist deshalb nicht möglich, den gleichen Programmablauf auf vielen Prozessoren synchronisiert durchzuführen; die einzelnen Filterprozessoren müssen unabhängig voneinander ihre eigene Instruktionssequenz bearbeiten. Nach der Klassifizierung Flynns [48] ist dies die Organisation eines MIMD-Rechners.

Speicherorganisation

MIMD-Rechner können nach der Stärke ihrer Kopplung unterschieden werden. In stark gekoppelten Systemen ist die Speicherung von Programmen und Daten zentralisiert. Wie in einem von-Neumann-Rechner kann dabei auf alle gespeicherten Informationen eindeutig und unterschiedslos zugegriffen werden. Diese Organisationsform ist deshalb am einfachsten und wurde historisch zuerst in Parallelrechnern eingesetzt. Vorausgegangen waren theoretische Untersuchungen von Strecker [173], Bhandarkar und Fuller [174] und Baskett und Smith [175] zum Einfluß eines zentralen Speichers auf die Leistungsfähigkeit von Multiprozessorsystemen. McGehearty [76] erweiterte diese theoretischen Modelle um einen Parameter, der den relativen Geschwindigkeitsunterschied zwischen den Prozessoren und den Speichern berücksichtigt, und führte Simulationen und praktische Messungen an dem System C.mmp durch. Ein wesentliches Ergebnis dieser Arbeit ist in Bild 20 aufgetragen: Eine vernünftige Systemeffizienz von $> 80\%$ ist in Systemen mit zentralem Speicher nur zu erzielen, wenn der Speicher mindestens so viele Segmente aufweist, wie Prozessoren vorliegen. Selbst dies gilt nur unter der Voraussetzung, daß das Verbindungsnetzwerk zwischen Prozessor und Speicher keinen Engpaß des Systems darstellt, d.h. wenn in etwa zu jedem Prozessor-Modul auch eine unabhängige Verbindung zu dem Speicher existiert. Dies ist in dem Polyp-System, das auf größenordnungsmäßig 100 Prozessoren ausgebaut werden soll, nicht realisierbar.

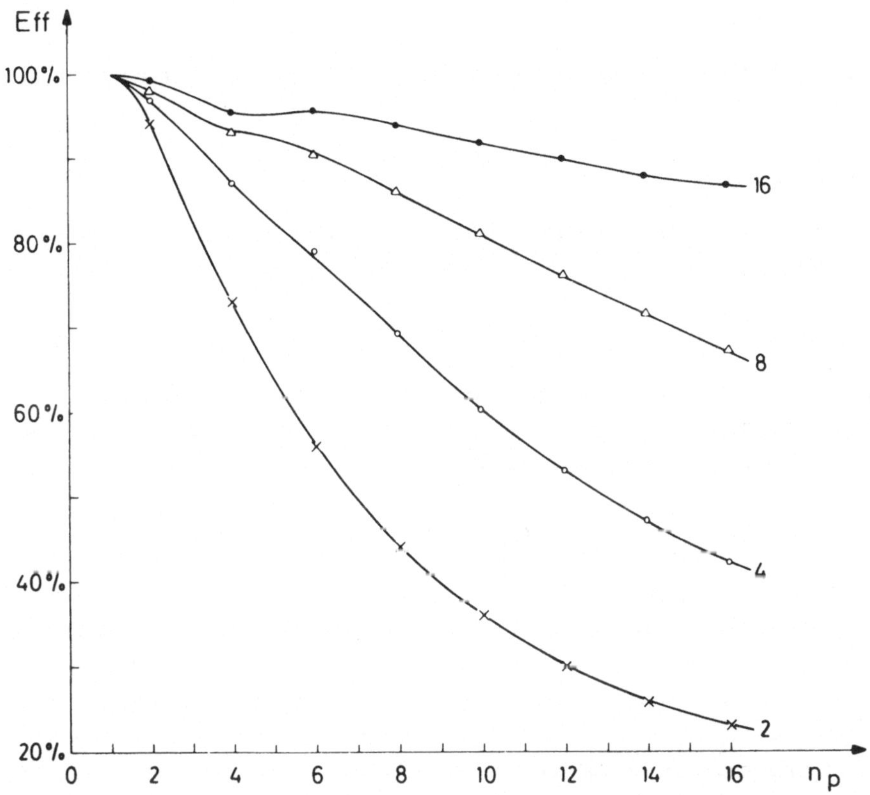

Bild 20: Systemeffizienz bei zentraler Speicherung als Funktion der Zahl der Prozessoren und Speicher-Module

Grundsätzlich kann ein Multiprozessorsystem auf einen gemeinsamen Speicher verzichten, selbst wenn gemeinsam benutzte Daten vorliegen. Eine dezentrale Speicherung ist dann durch Duplizieren dieser Informationen möglich. Dabei muß allerdings ein Mechanismus vorausgesetzt werden, der die Kohärenz, d.h. die Eindeutigkeit veränderbarer Daten sicherstellt. Dies kann z.B. dadurch erreicht werden, daß alle Schreibvorgänge parallel zu allen Kopien einer Information per Broadcast durchgeführt werden. Im Schreibfall verhält sich das System dann, als ob nur ein einziger zentraler Speicher vorliegen würde, während im Lesefall die Parallelität der Anordnung voll ausgenutzt werden kann.

Allerdings sind die Grenzen für eine Duplizierung von Informationen in großen Systemen eng gezogen: Bei der Anwendung des Polyp-Systems als Ereignis-Filter wird aus Geschwindigkeitsgründen häufig Gebrauch von Tabellen vorberechneter Werte gemacht (table-lookup). Ein typisches Beispiel ist die Korrelation zweier Parameter, etwa der Summenenergie und der Multiplizität eines Ereignisses. In der von beiden Parametern aufgespannten Fläche sind verschiedene Reaktionstypen voneinander abgrenzbar. Wird für alle möglichen Kombinationen beider Parameter abgespeichert, ob ein entsprechendes Ereignis weiter untersucht werden soll, so sind etwa $2^{2\times 12}$ Speicherplätze, d.h. 16 MBytes für die Tabelle notwendig. Tabellen dieser Größe können heute nicht ökonomisch gleichzeitig in allen Modulen eines großen Multiprozessorsystems abgespeichert werden.

Offensichtlich können die Informationen, die in einem Parallelrechner-System gespeichert sind, klassifiziert werden in

- lokale Daten

Dies sind Daten, die jeweils ausschließlich für ein einzelnes Modul von Bedeutung sind, etwa der Programm-Stack

- globale Daten

Diese umfassen alle mehrfach verwendeten Informationen. Sie können, falls nicht zu umfangreich, durch dezentrale Kopien ersetzt werden. In diesem Fall muß weiter unterschieden werden zwischen unveränderlichen und modifizierbaren Daten, für die die Datenkohärenz sichergestellt sein muß.

Da es grundsätzlich möglich ist, auf lokale oder auf globale Speicherung ganz zu verzichten, stellt das Verhältnis beider einen Optimierungsparameter eines Multiprozessorsystems dar. Die niedrigen Kosten moderner Halbleiterspeicher erlauben es, Prozessoren mit lokalen Speichern bis zur Größe von MBytes auszustatten. Dies ist in den meisten Fällen ausreichend für Programme und lokale Daten. Ihre dezentrale Speicherung ist auch wichtig, da der Zugriff zu ihnen ohne Verzögerungen möglich sein muß. Umgekehrt ist es vernünftig, selten benutzte, aber umfangreiche Informationen zentral zu speichern. Ist eine Broadcast-Übertragung möglich, so können modifizierbare, mehrfach benutzte Daten dezentralisiert werden. In wie weit dies effizient ist, muß im Einzelfall entschieden werden.

Zu den Funktionen des Dateneinlesens, der Datenfilterung und der Datenweitergabe tritt also in bestimmten Fällen noch die globale Speicherung. Das benötigte Parallelrechnersystem ist deshalb auf der Systemebene inhomogen, obwohl davon auszugehen ist, daß nur eine kleine Anzahl von Modulen unterschiedlicher Art eingesetzt werden wird. Dabei kann die Anzahl der Module gleicher Art sehr groß sein. Die Entscheidung für ein inhomogenes System erhöht auch die Flexibilität: In Sonderfällen ist es möglich Module einzusetzen, die auf kritische Operationen spezialisiert sind und dort ein besseres Preis/Leistungs-Verhältnis bieten.

Die funktionelle Strukturierung der Systemebene, die deshalb für das Polyp-System gewählt wurde, zeigt Tabelle 4.

Bisher wurde nur die funktionelle Struktur festgelegt, d.h. die Art der verwendeten Module, jedoch nicht deren Anzahl. Diese ist durch die Leistungsfähigkeit der noch nicht spezifizierten Module und der Inter-Modul-Bandbreite gegeben. Im betrachteten Anwendungsfall kann die Gesamtleistung des Systems durch verschiedene Faktoren begrenzt sein, z.B. die Datenrate, mit der Ereignisse in das Parallelrechner-System transportiert werden können, die Rechenleistung,

Tabelle 4: Funktionsmodule auf der Polyp-Systemebene

I/O	I/O-Processor: Datentransfer zwischen dem Parallelrechner und externen Datenquellen oder -Senken
GPP	General-Purpose Processor: Bearbeitung frei programmierbarer Aufgaben
SPP	Special-Purpose Processor: Bearbeitung bestimmter Spezialaufgaben mit gegenüber einem GPP erhöhter Effizienz
GM	Global Memory: Globale Speicherung von Informationen für einzelne oder alle anderen Module
Host	Rechner zur Bedienung des Parallelrechners und für Standard-I/O

mit der die Filterung durchgeführt wird, oder die Datenrate, mit der gefilterte Ereignisse an das Host-System übertragen werden können. Ist einer dieser Faktoren dominierend, so bedeutet dies, daß verschiedene Komponenten des Systems nicht optimal ausgelastet sind und deshalb kein Preis/Leistungs-Optimum besteht. Dieses Optimum ist nur in einem balancierten System realisiert, in dem alle Komponenten eine aufeinander abgestimmte Leistungsfähigkeit aufweisen.

In traditionellen Rechnern sind deshalb alle Komponenten für einen durchschnittlichen Anwendungsfall ausgelegt. Eine Anpassung an neue Gegebenheiten ist im allgemeinen nur sehr begrenzt möglich. In einem Parallelrechner, bei dem die Gesamtleistung durch den parallelen Betrieb gleichartiger Module erreicht wird, kann die Zahl von Modulen gleicher Art so variiert werden, daß eine gleichmäßige Auslastung aller Systemparameter für sehr viele Anwendungsfälle erreicht werden kann. Es wird deshalb eine modulare Struktur gewählt, bei der sowohl verschiedene Arten von Modulen eingesetzt werden können, als auch von jeder Art eine dem Problem angepaßte Anzahl.

Topologie

Die funktionelle Verteilung des Polyp-Systems ist auf der Systemebene inhomogen. Es existieren z.B. I/O-Prozessoren, frei verwendbare Prozessoren und globale Speicher-Module. Zwischen diesen Modulen müssen Informationen ausgetauscht werden können. Es ist ein Verbindungsnetzwerk notwendig, das eine dem Problem angemessene Topologie aufweist. In wie weit dies der Fall ist, kann an hand einiger Kriterien beurteilt werden.

Kriterien

Die generellen Beurteilungskriterien für das Gesamtsystem sind hohe Leistung, Flexibilität und Zuverlässigkeit. Diese Kriterien gelten auch für das Verbindungsnetzwerk auf der Systemebene, können aber unter Berücksichtigung der funktionellen Strukturierung noch präziser formuliert werden. Wichtige Gesichtspunkte sind:

- Homogenität

Ein Optimierungsparameter des Polyp-Systems ist die relative Anzahl von Modulen gleicher Art: In Anwendungen, in denen relativ kleine Datenströme auf komplexe Weise analysiert werden müssen, ist ein anderes Verhältnis von I/O-Prozessoren zu frei verwendbaren Prozessoren notwendig als in Fällen, in denen hohe Datenströme mit schnellen, einfachen Überprüfungen reduziert werden können. Die freie Wahl dieses Verhältnisses ist nur dann möglich, wenn Module gleicher Art auch identisch eingesetzt werden können. Dies setzt auch eine topologische Identität voraus. Ein Verbindungsnetzwerk muß es also ermöglichen, jeden I/O-Prozessor in gleicher Weise mit jedem beliebigen Prozessor-Modul zu verbinden, jedes Prozessor-Modul in gleicher Weise mit jedem globalen Speicher-Modul und jedes Prozessor-Modul in gleicher Weise mit dem Host-Rechner. Es muß deshalb homogen sein.

- Skalierbarkeit

Im Polyp-System ergibt sich eine hohe Gesamtleistung durch die parallele Operation gleichartiger Module. In Anwendungen, in denen ein lose gekoppelter Betrieb möglich ist, wie etwa bei der Ereignis-Filterung, ist die Gesamtleistung der Module ihrer Anzahl proportional. Die Gesamtleistung des Systems wächst allerdings nur dann analog, wenn auch die Übertragungskapazität des Verbindungsnetzwerks um einen beliebigen Faktor gesteigert werden kann; es muß skalierbar sein.

- Bandbreite

Ist ein Verbindungsnetzwerk skalierbar, so kann eine beliebige Bandbreite erzielt werden. Aus Effizienzgründen ist es jedoch wünschenswert, die Bandbreite des Verbindungsnetzwerks auch bei fester Systemgröße an die jeweiligen Anforderungen anpassen zu können. Eine sinnvolle obere Grenze ist dabei durch die Summe der Maximalbandbreiten der einzelnen Module gegeben.

- Übertragungszeiten

Ein Verbindungsnetzwerk, das eine hohe Bandbreite aufweist, muß einzelne Übertragungen nicht notwendigerweise schnell ausführen können. Für das Polyp-System sind schnelle Einzelübertragungen jedoch notwendig, z.B. beim Zugriff auf globalen Speicher. Kurze Übertragungszeiten setzen voraus, daß die Verbindungen im Netzwerk schnell aufgebaut werden können.

- Zugriffsprioritäten

Von einer vollständigen Vernetzung abgesehen, bei der alle möglichen Paare von Modulen je eine eigene Verbindung besitzen, können alle Verbindungsnetzwerke nur einen Teil aller denkbaren Verbindungen gleichzeitig herstellen. Wenn mehr Anforderungen vorliegen, so ist das Netzwerk blockiert. Jedes blockierende Netzwerk muß deshalb so ausgelegt werden, daß Blockadesituationen die Leistungsfähigkeit nicht nennenswert beeinträchtigen. Die Situation kann wesentlich unkritischer sein, wenn Verbindungen mit einer bestimmten Priorität angefordert werden können. In solchen Fällen werden nicht beliebige, sondern die unwichtigsten Übertragungen blockiert. Dies erlaubt eine wesentlich effizientere Auslegung des Netzwerks.

- Fehlertoleranz

Von Einzelbussen abgesehen, sind Verbindungsnetzwerke sehr aufwendig. Insbesondere die hohe Zahl an Steckverbindungen macht solche Netzwerke fehleranfällig. Eine Möglichkeit, ausreichende Störfestigkeit zu erzielen, ist es, mehrfache Verbindungsmöglichkeiten pro Modulpaar vorzusehen.

Die verschiedenen Verbindungsnetzwerke können an hand dieser Kriterien bezüglich ihres Einsatzes im Polyp-System wie folgt beurteilt werden.

Beurteilung verschiedener Netzwerke

Das einzige statische Verbindungsnetzwerk, das alle Module homogen miteinander verbinden kann, ist die vollständige Verbindung (Bild 9). Die Zahl dieser Verbindungen ist $(n^2 - n)/2$. Ein System mit größenordnungsmäßig 100 Modulen erfordert deshalb ca. 5000 Verbindungen; dies ist jedoch in konventioneller Technik nicht realisierbar.

Dynamische Netzwerke sind viel besser geeignet, Verbindungen zwischen zwei Sätzen von Modulen auf ökonomische Weise bereitzustellen. Diese Netze lassen sich grob klassifizieren in Einzelbusse mit einem Implementierungsaufwand $O(n)$, mehrstufige Netzwerke mit $O(N \log N)$ und Crossbar-Switches mit $O(n^2)$. Die überwiegende Mehrzahl aller bisher realisierten Parallelrechner (Tabelle 2) verwendet einen Einzelbus als Verbindungsmedium. Nur wenige, kleinere Systeme sind mit einem Crossbar-Switch ausgerüstet. Nur ein einziges MIMD-System, das sich derzeit in Entwicklung befindet [109], stützt sich auf ein logarithmisches Netzwerk.

Alle dynamischen Verbindungsnetzwerke können grob in drei Klassen eingeteilt werden. Dies ist nach der Zahl der Schaltstufen (stages) möglich, die benötigt werden, um einen Weg von einem Sender zu einem Empfänger durchzuschalten. Der triviale Fall eines dynamischen Verbindungsnetzwerks ist der Einzelbus ohne Schaltstufen. Der Crossbar-Switch weist eine Schaltstufe auf.

Alle anderen Netzwerke sind mehrstufig. Sie lassen sich weiter unterteilen in solche, bei denen die Zahl der Schaltstufen von der Systemgröße unabhängig ist, und andere, bei denen ihre Anzahl mit der Systemgröße wächst. Ein typischer Vertreter der ersten Art ist ein Mehrfach-Bussystem, das zwei Schaltstufen aufweist. Bei den meisten anderen Netzwerken wächst die Zahl der Schaltstufen mit $O(N \log N)$; sie werden hier unter dem Begriff logarithmische Netzwerke zusammengefaßt.

Im folgenden sollen die verschiedenen Klassen von dynamischen Netzwerken nach den für das Polyp-System relevanten Kriterien beurteilt werden. Die Ergebnisse der Beurteilung sind in Tabelle 5 zusammengefaßt. Dabei bedeutet "+" eine positive, "-" eine negative Bewertung; n ist die Zahl der Module, b die der Busse eines Mehrfach-Bussystems.

Tabelle 5: Beurteilung dynamischer Verbindungsnetzwerke

	Einzel-Bus	logarithm. Netz	Mehrfach-Bussystem	Crossbar-Switch
Skalierbarkeit	-	+	+	+
max Bandbreite	-	-	+	+
Übertragungszeit	+	-	+	+
Zugriffspriorität	+	+	+	+
Fehlertoleranz	-	-	+	-
Aufwand	$O(n)$	$O(n \log n)$	$O(n \cdot b)$	$O(n^2)$

Einzelbus

Einzelbusse sind nicht skalierbar. Sie haben eine auf Grund ihrer Technologie gegebene unveränderliche Kapazität. Ebenso ist ihre Übertragungsbandbreite fixiert. Werden Einzelbusse in einem Parallelrechner verwendet, so muß eine Technologie gewählt werden, die die Maximalanforderungen bezüglich der Systemgröße und der erforderlichen Bandbreite abdeckt. Dies ist nur bei kleinen Systemen möglich.

Stellt ein Einzelbus den Engpaß eines Systems dar, so ist es in vielen Fällen nicht möglich, einfach durch Wahl einer schnelleren Technologie diesen Engpaß zu beseitigen. Dies gilt etwa für Multimikroprozessor-Systeme. Heutige Mikroprozessoren benötigen für einen Bustransfer mindestens um eine Größenordnung länger als der minimalen Transferzeit auf einem Hochleistungsbus entspricht. Eine solche Fehlanpassung von Prozessor- und Busgeschwindigkeit ist ineffizient und erlaubt keine wesentliche Steigerung der Transferraten; diese ist nur durch gleichzeitige Transfers über mehrere unabhängige Datenwege möglich.

Selbst bei Geschwindigkeitsanpassung sind Systeme mit einem Einzelbus nur dann ökonomisch eingesetzt, wenn sie in etwa auf maximale Größe ausgebaut sind. Bei einer kleineren Anzahl von Modulen läßt sich ein Einzelbus nicht adaptieren. Andererseits ist die Verwaltung eines

Einzelbusses trivial. Nach einer Busarbitrierung sind keine weiteren Schaltvorgänge notwendig, um eine Verbindung aufzubauen. Dies ermöglicht sehr kurze Übertragungszeiten. Ein priorisierter Zugriff zu Einzelbussen ist sehr einfach realisierbar; auch Standardbusse sehen diese Möglichkeit vor. Ein wesentlicher Mangel ist das Fehlen mehrfacher Verbindungsmöglichkeiten: permanente Fehler des Bussystems führen unvermeidlich zu einem Systemzusammenbruch.

Diese Eigenschaften lassen Einzelbusse nur für kleine Parallelrechner-Systeme geeignet erscheinen.

Crossbar-Switch

Die extreme Alternative zu einem Einzelbus stellt ein Crossbar-Switch dar. Da die Zahl der Ein- und Ausgänge eines Crossbar-Switches mit der Systemgröße wächst, steigt auch seine Übertragungskapazität entsprechend. Obwohl damit prinzipiell Skalierbarkeit gegeben ist, ist eine Systemvergrößerung mit sehr hohen Kosten verbunden; sie steigt mit $O(n^2)$ und wird damit sehr schnell unpraktikabel.

Die Bandbreite eines Crossbar-Switches ist nicht variabel. Da aber im Extremfall jedes Modul gleichzeitig mit einem anderen verbunden werden kann, ist sie maximal und macht damit auch Zugriffsprioritäten überflüssig. Gerade weil die Bandbreite nicht auf ein vernünftiges Maß beschränkt werden kann und die Kosten mit $O(n^2)$ steigen, kann ein Crossbar-Switch in den meisten Fällen nicht effizient eingesetzt werden.

Dazu kommt die fehlende Fehlersicherheit eines solchen Netzwerks: Zwischen je zwei Modulen existiert genau je ein Verbindungsweg. Dies macht wiederum die Verwaltung des Netzwerks sehr einfach und ermöglicht kurze Übertragungszeiten.

Das Polyp-System soll mit etwa 30 bis 100 Modulen betrieben werden können. Ein entsprechender Crossbar-Switch mit 10^3 bis 10^4 Schaltelementen ist in konventioneller Technologie nicht zu realisieren.

Logarithmische Netzwerke

Logarithmische Verbindungsnetzwerke nehmen eine Zwischenstellung zwischen dem Einzelbus und dem Crossbar-Switch ein. Sie lassen sich bis zu beliebiger Größe erweitern, üblicherweise durch jeweilige Verdopplung der Zahl der angeschlossenen Module. Damit ist Skalierbarkeit gegeben.

Nicht möglich ist jedoch die Wahl einer Bandbreite bei gegebener Systemkonfiguration; sie ist ausschließlich von der verwendeten Technologie abhängig und muß deshalb wie beim Einzelbus auf die Maximalanforderungen hin ausgelegt werden.

Die Mehrstufigkeit des Verbindungsnetzwerks macht sich bei der Übertragungsgeschwindigkeit bemerkbar: Obwohl im allgemeinen nur $O(\log N)$ Schaltvorgänge zur Herstellung einer Verbindung erforderlich sind, benötigt ein logarithmisches Netzwerk in einem 100-Modul-System dazu bereits sieben mal länger als ein Einzelbus oder ein Crossbar-Switch. Dies spielt bei Anwendungen keine Rolle, wo die Übertragungszeit für einen Informationsblock lang ist gegenüber der Zeit zur Verbindungsherstellung. Allerdings ist dies bei Einzeltransfers, wie sie im Polyp-System beim Zugriff zu globalem Speicher benötigt werden, nicht der Fall.

Prinzipiell ist es möglich, auf logarithmische Verbindungsnetzwerke mit Prioritäten zuzugreifen. Sie können dazu dienen, in den inneren Stufen des Netzes Konfliktfälle effizient zu lösen. Bisher wurden jedoch priorisierte Netze dieser Art nicht realisiert.

Die meisten logarithmischen Netzwerke besitzen eindeutige Wege zwischen je zwei zu verbindenden Modulen; sie sind daher nicht fehlertolerant.

Mehrfach-Bussysteme

Offensichtlich ist keines der diskutierten Netzwerke optimal für das Polyp-System geeignet. Clos [82] hat jedoch gezeigt, daß z.B. ein dreistufiges Netzwerk aus verkleinerten Crossbar-Switches die positiven Eigenschaften eines einzelnen Crossbar-Switches besitzt, jedoch weniger Aufwand erfordert. Ein sehr flexibles Netzwerk dieser Art entsteht durch die Hintereinanderschaltung eines Konzentrators und eines Expanders (Bild 21). Hier werden eine Reihe von Modulen auf einen Satz von Verbindungen abgebildet, deren Anzahl frei wählbar ist. Im zweiten Schritt werden diese Verbindungen auf einen weiteren Satz von Modulen verteilt.

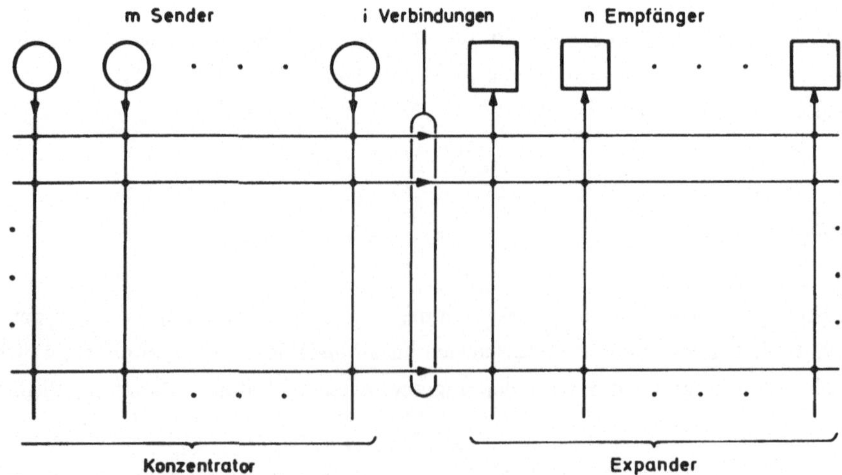

Bild 21: Kombination von Konzentrator und Expander als Verbindungsnetzwerk

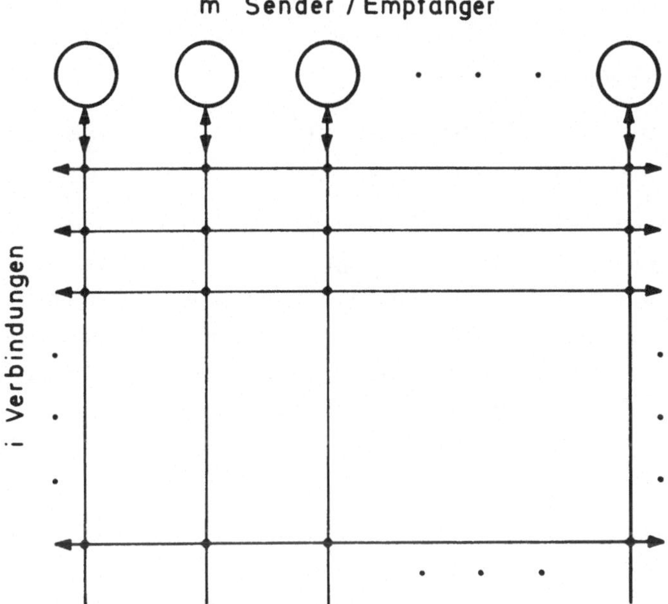

Bild 22: Mehrfach-Bussystem

Verzichtet man auf die Unterscheidung zwischen sendenden und empfangenden Modulen, d.h. geht man von bidirektionalen Verbindungen aus, so entsteht ein Netzwerk wie in Bild 22 gezeigt, das als ein in sich gefalteter, doppelter Crossbar-Switch betrachtet werden kann.

In einer anderen Betrachtungsweise existiert ein Satz von Modulen, die jeweils einen Anschluß zu einem Verbindungsnetzwerk besitzen. Das Netzwerk selbst besteht aus einem Satz von Bussen, die alle in identischer Weise zur Verbindung je zweier Module benutzt werden können. Beurteilt man ein solches Mehrfach-Bussystem nach den aufgestellten Kriterien, so stellt man fest:

- Wird sowohl die Zahl der Module, als auch die Zahl der Busse mit dem gleichen Faktor multipliziert, so bleibt offenbar die mittlere Belastung pro Übertragungsweg gleich. Ein Mehrfach-Bussystem kann also skalierbar aufgebaut werden.

- Ist die Zahl der Module m gegeben, so ist die Zahl der Busse b immer noch ein freier Parameter des Systems. Er erlaubt, bei gegebener Systemgröße die zur Verfügung stehende Buskapazität an die jeweiligen Anforderungen anzupassen, wobei die Geschwindigkeitsanpassung an die Busteilnehmer durch Wahl einer geeigneten Technologie erreicht werden kann. Für $b = 1$ geht die Anordnung in einen Einzelbus über. Die Konfiguration $b = m/2$ erlaubt, je zwei Module gleichzeitig miteinander zu verbinden. Sie entspricht dann in ihrer Bandbreite einem Crossbar-Switch.

- Der Aufbau eines Verbindungsweges erfordert die Auswahl eines der zur Verfügung stehenden Busse, d.h. eine Busarbitrierung, und die korrekte Stellung zweier Schaltelemente. Die gegenüber einem Einzelbus oder Crossbar-Switch doppelt langen Zeiten beim Verbindungsaufbau können implementierungsabhängig noch vertretbar sein.

- Auch bei einem Mehrfach-Bussystem kann der Zugriff nach Prioritäten geordnet zugelassen werden. Beim Vorliegen entsprechender Prioritätsverteilungen läßt sich damit eine Aufwandsoptimierung durchführen.

- Schließlich ist ein Mehrfach-Bussystem fehlertolerant, weil je zwei Module durch jeden beliebigen Bus verbunden werden können.

Diese interessanten Eigenschaften führten zu einer Reihe theoretischer Untersuchungen bezüglich der Leistungsfähigkeit solcher Verbindungsnetzwerke in Parallelrechnern. Ajmone Marsan und Gerla [176] leiteten unter einschränkenden Annahmen über das Verhalten des Systems, z.B. exponentieller Anforderungs- und Antwortzeiten, analytisch exakte und angenäherte Resultate für die effektive Bandbreite eines Mehrfach-Bussystems als Funktion der Zahl der Prozessoren und Busse her. Ihre Ergebnisse wurden durch Simulationen von Lang, Valero und Alegre [177] bestätigt. Andere Autoren leiteten ähnliche Ergebnisse unter modifizierten Voraussetzungen ab [178, 179, 180].

Irani und Önyüksel [181] behandelten das Problem eines Systems aus p Prozessoren, n Speicher-Modulen und b Bussen analytisch unter weniger restriktiven Voraussetzungen. Ihr Modell nimmt an, daß die Zeit für den Aufbau einer Verbindung klein ist gegenüber der Transferzeit, daß sowohl die Wahrscheinlichkeit, mit der ein Prozessor auf ein anderes Modul zugreift, als auch die Dauer des Zugriffs eine exponentielle Verteilung besitzen und daß die Zugriffe gleich über alle Speicher-Module verteilt sind. Diese Voraussetzungen sind in den geplanten Anwendungen des Polyp-Systems annähernd erfüllt.

Das hierfür interessanteste Resultat zeigt Bild 23. Hier ist die Effizienz eines Systems mit 64 Prozessor- und 64 Speicher-Modulen als Funktion der Zugriffsrate und der Zahl der Busse dargestellt. Auf das geplante System übertragen kann das Diagramm interpretiert werden als die Leistung eines 64-Prozessor-Systems als Funktion der Kopplungstärke und der Zahl der Busse. Es wird deutlich, daß die Effizienz eines solchen Systems durch zwei Größen bestimmt ist:

Bei starker Kopplung, d.h. wenn jedes Modul vergleichbar viele globale wie lokale Transfers ausführt, kann eine höhere Effizienz als etwa 50% unabhängig von der Zahl der Busse nicht erreicht werden, und zwar auf Grund von Zugriffskonflikten der n Module untereinander. Bei schwacher Kopplung ist das Verhältnis von globalen zu lokalen Transfers viel kleiner als $1/n$; hier begrenzen weder das Bussystem, noch Zugriffskonflikte die Effizienz; sie liegt bei 100%. Nur in dem Fall, daß die Kopplungsstärke größer ist als $1/n$, aber die Effizienz des Systems noch nicht durch Modul-Konflikte begrenzt wird, ist die Zahl der Busse von Bedeutung. In diesem Fall steigt die Effizienz des Systems etwa linear mit der Zahl der Busse.

Mudge und Al-Sadoun [182] erweiterten dieses Modell, indem sie verallgemeinerte Verteilungen für die Dauer von Transfers zuließen. Die Resultate ihrer Simulationen deuten darauf hin, daß die Systemeffizienz nur unwesentlich von solchen speziellen Verteilungen abhängt. Dies stimmt mit Rechnungen und Simulationen überein, die Towsky [183] für ein System aus 16 Prozessoren, 8 Speicher-Modulen und drei Bussen durchführte: Die Effizienz des Systems ist selbst bei um Größenordnungen unterschiedlichen Speicher- und Prozessor-Zykluszeiten nur auf dem Prozent-Niveau von der aktuellen Speicher-Verteilung abhängig.

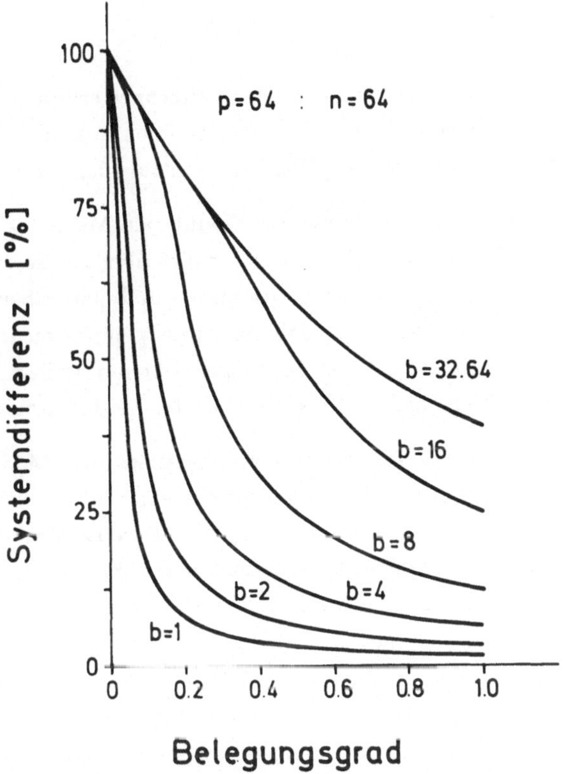

Bild 23: Systemeffizienz als Funktion der Zahl der
Busse; mit Erlaubnis aus [181], © IEEE (1984)

Das und Bhuyan [184] untersuchten Mehrfach-Bussysteme unter dem Aspekt der Fehlersicherheit. Sie zeigten, daß unter realistischen Annahmen für die Zuverlässigkeit der Einzelbusse
bereits ein Mehrfach-Bussystem mit drei Bussen als fehlerfrei angesehen werden kann. Lang,
Valero und Fiol [185] schlugen vor, die Homogenität des Mehrfach-Bussystems aufzugeben, indem nicht mehr alle Module an alle Busse angeschlossen werden. Sie zeigten, daß in synchronen
Systemen mit konstanter Transferzeit eine Aufwandsreduktion bei gleichzeitiger Erhaltung der
Bandbreite möglich ist. Diese Voraussetzungen sind jedoch bei dem Polyp-System nicht gegeben.

Neben theoretischen Untersuchungen und Simulationen gab es bisher keine praktischen
Erfahrungen mit Mehrfach-Bussystemen. Nur ein einziges Multiprozessor-System [186] stützt
sich auf diese Art von Verbindungsnetzwerk. Im Vergleich mit Einzelbus, Crossbar-Switch und
logarithmischen Netzen scheint es aber für das Polyp-System am besten geeignet zu sein.

Koordination der Module

Die Bearbeitung eines Problems auf einem Parallelrechner erfordert die Verwaltung seiner Ressourcen. Auf der Systemebene bedeutet dies, den Modulen in geeigneter Weise Teilaufgaben zuzuordnen und ihre Arbeit zu koordinieren. Dies kann zentral oder dezentral organisiert werden.

Bei zentraler Organisation können eines der Module als Master, alle anderen als Slaves betrachtet werden. Nur das Master-Modul besitzt Überblick über die Gesamtaufgabe und zerlegt diese — meist an hand eines vorgegebenen Algorithmus — in Teilaufgaben, die an Slave-Module übertragen werden. Die Slave-Module sind dabei als passiv zu betrachten. Ihnen werden zu bearbeitende Daten übergeben und, falls ein Funktionsspektrum vorliegt, eine Funktion ausgewählt. Eine Beendigung der Teilaufgabe wird an das Master-Modul zurückgemeldet.

Diese Organisationsform setzt voraus, daß der Zustand aller Module bekannt ist, also in einer Systemtabelle abgespeichert ist. Sie entspricht einer Kontrollfluß-Steuerung, wie sie mit Hilfe sequentieller Sprachen mit Unterstützung von Parallelverarbeitung leicht realisiert werden kann. Die Nachteile einer zentralen Steuerung sind bekannt: Da die Leistungsfähigkeit des Master-Moduls begrenzt ist, kann es auch nur eine begrenzte Anzahl von Slave-Modulen verwalten. Skalierbare Systeme können deshalb nicht zentral gesteuert sein. Dies ist eine prinzipielle Einschränkung; in der Praxis entscheidet die Granularität des Problems darüber, ob eine zentrale Steuerung effektiv ist: Ist ein System mit n Slave-Modulen zu verwalten, so ist in einer groben Näherung die Verwaltungskapazität des Master-Moduls dann ausgeschöpft, wenn $n\cdot$(Verwaltungszeit pro Modul) gleich der Bearbeitungszeit eines Teilprozesses wird. Große Multiprozessor-Systeme mit zentraler Verwaltung erfordern deshalb grobe Granularität, d.h. komplexe Teilprozesse.

Schwerwiegender ist ein weiterer Nachteil zentraler Organisation: Jedes zentrale Element führt bei permanenten Fehlern zu einem Systemzusammenbruch. Solche Fehler lassen sich zum Teil durch fehlerkorrigierende Maßnahmen vermeiden; insbesondere ist es damit möglich, bei einer Häufung von korrigierbaren Fehlern im augenblicklichen Master-Modul die Steuerungsaufgabe rechtzeitig einem anderen Modul zu übertragen. Trotzdem bleibt ein Teil der möglichen Fehler unkorrigierbar mit fatalen Folgen.

Diese Probleme existieren nicht bei dezentraler Organisation. Dabei verwalten sich die Module selbst: Jedes Modul besitzt ein Spektrum an ausführbaren Funktionen. Wird eine solche Funktion für die Bearbeitung der Gesamtaufgabe benötigt, so bewerben sich entsprechende Module darum, diese Funktion an einem Datensatz ausführen zu können. Sind mehrere Module für eine Aufgabe gleich gut geeignet, so wählt bei zentraler Verwaltung der Master ein beliebiges davon aus. Eine analoge Entscheidung muß auch im dezentralen Fall getroffen werden, wenn sich mehrere Module um die gleiche Aufgabe bemühen. Dies übernimmt ein Arbiter, der meist auf dem niedrigsten Hardware-Niveau realisiert wird. Eine Teilaufgabe ist beendet, wenn irgendeine Art von Resultat erzeugt worden ist. Da Resultate unter Umständen durch andere Module weiterverarbeitet werden müssen, muß ihre Existenz systemweit bekanntgemacht werden. Während bei zentraler Organisation ein Überblick über den Zustand aller Module notwendig ist, wird hier ein Überblick über alle existierende Datentypen benötigt. Dies entspricht einer Datenfluß-Steuerung, die durch Sprachen wie etwa VAL [187] unterstützt wird.

Dezentral verwaltete Systeme unterliegen nicht der diskutierten Größen- bzw. Granularitätsbeschränkung zentral verwalteter Systeme. Da die Module sich hier ausschließlich selbst verwalten, ist die Wahl einer geeigneten Granularität unabhängig von der Systemgröße. Unter der Voraussetzung, daß die Information über die systemweit vorliegenden Daten allen Modulen ohne Einschränkung zugänglich ist, ist ein dezentral organisiertes System auch skalierbar. Diese Voraussetzung kann jedoch nicht erfüllt werden: Ist der Zustand des Systems in einem globalen Speicher abgelegt, so stellt er bzw. die Verbindung zu ihm ein zentrales, leistungsbegrenzendes Element dar. Eine Dezentralisierung der Speicherung globaler Systeminformationen verbessert die Situation wesentlich, kann das Problem aber nicht prinzipiell lösen.

Trotzdem bietet eine dezentrale, datenflußgesteuerte Organisation eines Parallelrechners den erheblichen Vorteil weitestgehender Unabhängigkeit von der Systemgröße: Die Anzahl von Datensätzen, an denen pro Zeiteinheit bestimmte Operationen vorgenommen werden können, ist in etwa der Anzahl entsprechender Module proportional. Es ist also sehr einfach, ein System so zu balancieren, daß keine Funktion einen Systemengpaß darstellt. Module gleicher Art können dann zusammen als Pool betrachtet werden, wobei die Leistung des Pools durch seine frei wählbare Größe bestimmt wird. Statisch betrachtet kann damit ein System an verschiedene Anwendungsfälle angepaßt werden, ohne daß es dazu irgendwelcher anderer Modifikationen an der Software oder Hardware des Systems bedarf. Diese Eigenschaft bezeichnet man als transparentes Multiprocessing.

Selbstverständlich ist eine dynamische Änderung der Poolgröße ebenfalls möglich. Dies kann interessant sein in dem Fall, daß Module mehreren Pools zugerechnet werden könnten und die tatsächliche Zuordnung je nach den augenblicklichen Erfordernissen vorgenommen wird. Ein Anwendungsbeispiel geben Griswold et al. [188]. Für beliebige Anwendungsfälle interessant ist dagegen die Möglichkeit, fehlerhafte Module aus einem Pool zu entfernen, wobei die Gesamtleistung nur um einen der Poolgröße entsprechenden Anteil abnimmt. Diese Eigenschaft der "graceful degradation" ist in großen Multiprozessorsystemen besonders wertvoll, weil hier einerseits die Fehlerwahrscheinlichkeit hoch ist, andererseits die Leistungminderung bei der Stillegung defekter Module klein bleibt. Geht man von der vereinfachenden Annahme aus, daß die Verfügbarkeit pro Modul konstant und unabhängig von der Art des Moduls ist, und daß der Ausfall eines Moduls nicht zu weiteren Ausfällen führt, so ist die Wahrscheinlichkeit, daß ein gewisser Anteil aller Module verfügbar ist, binomialverteilt.

Setzt man die Gesamtleistung L eines Pools als konstant voraus, d.h. verteilt man sie gleichmäßig auf alle N Mitglieder des Pools ($l = L/N$), so ist die mittlere Leistung des Pools bei Berücksichtigung der Verfügbarkeit der Mitglieder $\langle L \rangle$ unabhängig von der Größe des Pools und damit gleich der mittleren Leistung eines einzelnen Moduls gleicher Gesamtleistung und Verfügbarkeit. Dagegen ist die Standard-Abweichung s der Poolleistung von seiner Größe abhängig. Wie eine einfache Rechnung zeigt (Anhang 3), gilt für s und die relative Abweichung $s/\langle L \rangle$:

$$s = \frac{1}{\sqrt{N}}(L - \langle L \rangle)$$

$$\frac{s}{\langle L \rangle} = \frac{1}{\sqrt{N}} \left(\frac{L}{\langle L \rangle} - 1 \right).$$

Die Wahrscheinlichkeit erheblicher Leistungsverminderung durch Ausfall von Modulen nimmt also mit entsprechend der Poolgröße steigender Leistungsverteilung ab. Diese Verhältnisse sind in Bild 24 und Bild 25 aufgetragen: Bild 24 zeigt die Wahrscheinlichkeit, mit der ein Pool genau einen bestimmten Bruchteil seiner maximalen Leistung erreicht, als Funktion seiner Größe. Die kleineren Leistungsschwankungen bei größeren Pools sind evident. Bild 25 zeigt die Wahrscheinlichkeit, daß ein Pool mindestens einen gewissen Bruchteil seiner maximalen Leistung erreicht, als Funktion der Poolgröße. Die dargestellte Abhängigkeit deutet darauf hin, daß es unvernünftig ist, eine zu hohe Verfügbarkeit anzustreben: Nur sehr kleine Systeme können nahezu maximale Leistungen mit akzeptabler Wahrscheinlichkeit bereitstellen. Reduziert man die Anforderungen auf etwa 90% der maximalen Leistung, so existiert ein Minimum der Verfügbarkeitswahrscheinlichkeit bei einer Poolgröße von etwa 10 Mitgliedern. Erhöht man die Zahl der Mitglieder auf etwa 30, so ist das Maximum der Verfügbarkeitswahrscheinlichkeit nahezu erreicht. Eine weitere Vergrößerung des Pools macht das Erreichen einer Verfügbarkeit von 90% nicht wesentlich wahrscheinlicher, läßt aber auch nicht zu, diese Grenze mit ausreichender Wahrscheinlichkeit zu erhöhen. Unter den gegebenen Voraussetzungen ist es deshalb am effizientesten, Funktionen auf Pools mit einer Größe von etwa 30 bis 60 Mitgliedern zu verteilen.

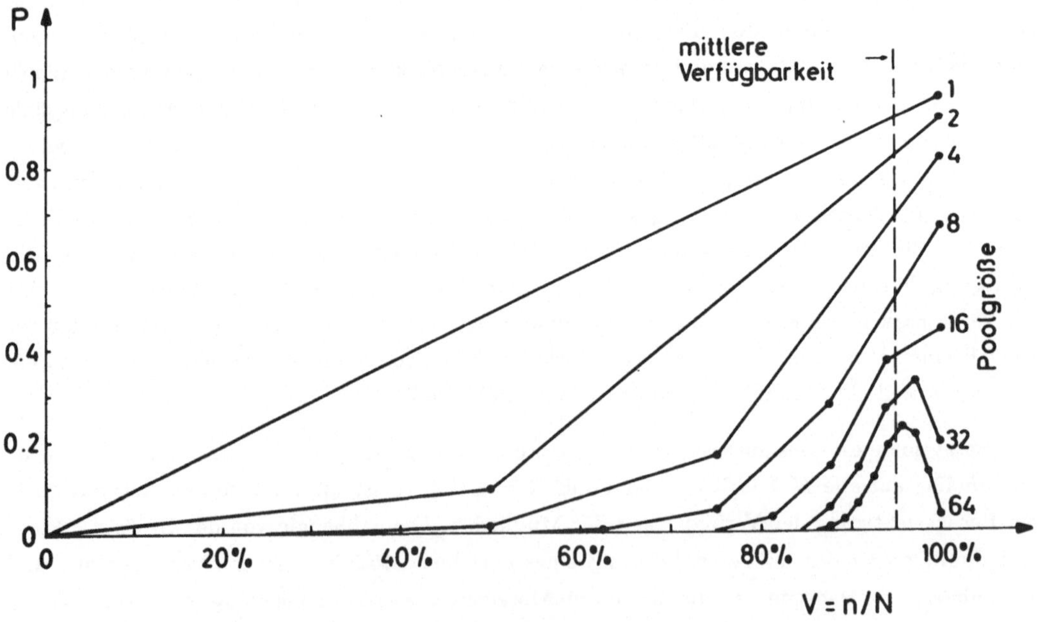

Bild 24: Verfügbarkeit eines Pools als Funktion seiner Größe

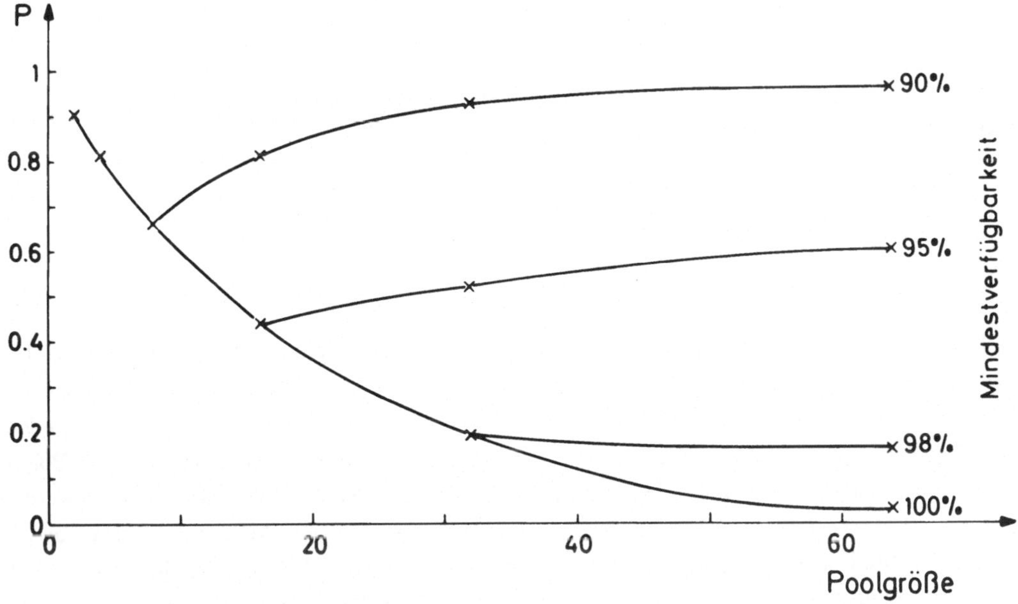

Bild 25: Wahrscheinlichkeit, mit der eine gewisse Minimal-
leistung eines Pools erreicht wird, als Funktion seiner Größe

Der Anwendungsfall des Polyp-Systems bei der Ereignis-Filterung eignet sich sehr gut für eine
dezentrale Verwaltung. Hier existieren zwei Pools: Ein Pool von I/O-Prozessoren übernimmt die
Funktion, Ereignisse aus der Frontend-Elektronik auszulesen und in das Multiprozessor-System zu
transportieren. Ein Pool von frei programmierbaren Prozessoren übernimmt die Ereignisse und
prüft sie auf physikalische Relevanz. Eine Abschätzung der auftretenden Datenströme zeigt, daß
typischerweise wenige (< 10) I/O-Prozessoren ausreichen, aber viele (< 100) Prozessor-Module
benötigt werden.

Unterstützung von fehlertolerantem Betrieb

Pool-organisierte Multiprozessor-Systeme lassen sich leicht so verwalten, daß fehlerhafte
Module automatisch umgangen werden. Sie reagieren dann auf Ausfälle nur mit einer
verminderten Leistung, sind also fehlertolerant.

Allerdings wird damit nur ein Typ von Fehler ausgeschaltet. Im allgemeinen muß
unterschieden werden zwischen mehreren Fehler-Niveaus, z.B. Bit- oder Modulfehlern, zwischen
verschiedenen Fehler-Dauern, z.B. temporären oder permanenten Fehlern, und zwischen mehreren
Fehlerarten, etwa Prozessor-, Speicher- oder Übertragungsfehlern.

Bit-Fehler

Im Polyp-System können Bit-Fehler unterschiedliche Ursachen haben. In der Reihenfolge der erwarteten Häufigkeit sind dies

- fehlerhafte Steckverbindungen

- temporäre Speicherfehler

- defekte Komponenten.

Diese Fehlerhäufigkeiten wurden nach standardisierten Verfahren abgeschätzt [189]. Die Resultate sind jedoch nur für spezielle Bedingungen gültig und in der Praxis nur als Anhaltswerte brauchbar. Sie zeigen jedoch eindeutig, daß fehlerhafte Steckverbindungen ein Hauptproblem des Polyp-Systems darstellen. Der Grund liegt einfach in ihrer hohen Anzahl: Das Polyp-System ist auf mehreren Ebenen modular aufgebaut; alle Verbindungen zwischen Modulen werden durch Stecker hergestellt. Gehäuft treten Steckverbindungen auf dem Mehrfach-Bussystem auf. Bei einem System aus 100 Modulen und 6 Bussen sind etwa 10^4 bis 10^5 Verbindungen nötig. Fehlerhafte Kontakte können permanenter oder temporärer Natur sein. Sie treten mit hoher Wahrscheinlichkeit einzeln auf.

Zweithäufigste Ursache von Bit-Fehlern können die dynamischen Speicher des Systems sein. Wie früher diskutiert, führen Höhenstrahlung und Materialverunreinigungen zum "Umkippen" einzelner Bits, ohne daß dadurch die Funktion des Speichers beeinträchtigt werden würde. Da das Auftreten solcher "soft errors" der gesamten Speichergröße proportional ist und im Polyp-System sowohl große lokale, als auch globale Speicher eingesetzt werden, können solche Bit-Fehler mit einer nicht tolerierbaren Rate auftreten.

Eine weitere Fehlerquelle sind die Verbindungen zwischen den Modulen der einzelnen Ebenen. Die Übertragung übernehmen Treiberbausteine, die stark belastet werden, und die in hoher Zahl Verwendung finden. Beides erhöht die Bitfehler-Rate auf ein zu den anderen Ursachen vergleichbares Niveau. Auch Treiber-Ausfälle führen in der Regel zu Einzelbit-Fehlern.

Um die Zuverlässigkeit des Polyp-Systems im üblichen Rahmen zu halten, müssen deshalb Bit-Fehler korrigiert werden. In modernen kommerziellen Rechnern wird Einzelbit-Fehlerkorrektur in dynamischen Speichern eingesetzt. Dort findet die Abspeicherung von Informationen zusammen mit einem Hamming-Code statt, der von einem Teil der Speicher-Kontroll-Logik beim Schreiben generiert und beim Lesen überprüft wird.

Sollen nicht nur Speicherinhalte, sondern auch die Übertragung von Information selbst geschützt werden, so müssen an einer Übertragung zwei Fehlerkorrektur-Kontroller teilnehmen. Auf der Sender-Seite wird dann die zu schützende Information mit einem Hamming-Code versehen, auf der Empfänger-Seite wird sie überprüft. Dies setzt voraus, daß die Übertragung auf dem Verbindungsnetzwerk ein Protokoll verwendet, das nicht nur wie üblich Sender und Empfänger, sondern auch noch bis zu zwei Fehlerkorrektur-Kontroller synchronisieren kann. Da auch die Speicher des Polyp-Systems an das Verbindungsnetzwerk angeschlossen sind, kann ein entsprechender Kontroller auch den Schutz der Speicherinhalte mit übernehmen.

Allerdings benötigt sowohl das Generieren des Hamming-Codes, als auch seine Überprüfung Zeit, die gegenüber der Transferzeit selbst nicht vernachlässigbar ist. Damit können auf diese Weise nur quasi-statische Informationen, z.B. Adressen, Daten etc., geschützt werden, aber nicht Timing-Signale. Fehlerhaftes Timing kann aber neben anderen Ursachen den Ausfall ganzer Module bewirken.

Modul-Fehler

Der Ausfall eines Moduls hat zur Folge, daß die ihm im Augenblick übertragene Aufgabe nicht beendet wird. Ist der Ausfall permanent, so können auch keine weiteren Aufgaben mehr übernommen werden. Wie früher diskutiert, können solche Fehler in der Praxis nur durch Redundanz auf dem Modul-Niveau erkannt und auch korrigiert werden. Fehlererkennung verlangt, daß mindestens zwei, Fehlerkorrektur, daß mindestens drei Module des Systems jeweils die gleiche Aufgabe ausführen.

Dies läßt sich in einem großen Multiprozessor-System leicht realisieren. Gerade weil für die meisten Funktionen eine große Zahl identischer Module bereitsteht, kann die gleiche Funktion auch mehrfach ausgeführt werden. Die Leistungsverminderung des Systems ist dabei allerdings auch erheblich: Nur in den seltensten Fällen wird es sich rechtfertigen lassen, zwei Drittel der Systemleistung dazu zu benutzen, um Modulfehler korrigieren zu können.

Bei der Anwendung des Polyp-Systems als Ereignis-Filter ist eine solche Fehlerkorrektur überflüssig. Da ein kontinuierlicher Ereignis-Strom geliefert wird und alle Ereignisse voneinander unabhängig sind, können Einzel-Ereignisse ohne Konsequenzen verworfen werden, etwa bei Ausfall eines Prozessormoduls. Hier ist die höhere Leistung des Systems ohne Modulfehler-Korrektur höher zu bewerten. Da eine große Zahl von Prozessormodulen existiert und diese dezentral verwaltet werden, ist auch der Ausfall weniger Prozessormodule unwesentlich. Anders ist die Situation bei Modulen wie z.B. globalem Speicher oder dem Host-Computer. Hier muß zumindest eine Fehlererkennungsmöglichkeit existieren; sie kann mittels Software realisiert werden.

Fehler-Dauern

Fehlerzustände können unterschiedliche Dauer haben. Sie lassen sich einteilen in

- temporäre Fehler

- reparable Fehler

- irreparable Fehler.

Typisches Beispiel für temporäre Fehler sind elektrische Störungen. Wird ein Transfer auf diese Weise gestört, so ist dies in der Regel ein seltenes Ereignis. Eine Wiederholung des Transfers führt mit größter Wahrscheinlichkeit zu einer korrekten Übertragung. Reparable Fehler sind etwa soft errors in dynamischen Speichern. Ist ein Fehler dieser Art aufgetreten, so kann er auch durch wiederholtes Auslesen nicht beseitigt werden. Er ist aber reparabel: Nach einem Abspeichern der korrekten Information kann der Speicher ohne Einschränkungen weiterverwendet werden. Irreparable Fehler sind auf Bauteileausfälle zurückzuführen.

Alle drei Arten von Fehlern können unter Umständen erkannt und korrigiert werden.

Die Korrektur von reparablen und irreparablen Fehlern setzt voraus, daß genügend redundante Information vorhanden ist, um den Fehler direkt beheben zu können (forward recovery). Zur Korrektur temporärer Fehler genügt dagegen bereits eine Fehlererkennung, die zu einer Wiederholung der mit Fehler beendeten Aktion benutzt werden kann (backward recovery). Wiederholungen erlauben daher die Korrektur komplexerer Fehler: Wird etwa die Übertragung einer Information mit einem Hamming-Code geschützt, so können manche Mehrfachbitfehler und alle Doppelbitfehler erkannt, aber nur alle Einzelbitfehler direkt korrigiert werden. Liegt ein temporärer Fehler vor, so kann eine Wiederholung der Übertragung auch alle Doppelbitfehler und manche Mehrfachbitfehler korrigieren.

Diese Möglichkeit ist für das Polyp-System sehr wichtig, weil die verschiedensten Ursachen temporäre Doppel- und Mehrfachbitfehler auf den Verbindungen der Module zur Folge haben können. Ein Beispiel sind Störungen der nicht mit Hamming-Code schützbaren Timing-Signale bei Transfers: Timing-Fehler haben in der Regel die Übertragung zufälliger Informationen zur Folge, die aber an hand des Hamming-Codes als falsch erkannt werden können. Selbst Störungen der Verwaltung des Mehrfach-Bussystems, z.B. die gleichzeitige Benutzung eines Busses durch mehrere Master, können mit hoher Wahrscheinlichkeit detektiert und durch Wiederholung korrigiert werden.

3.3.2.2. Modulebene

Der modulare Aufbau des Polyp-Systems gestattet jederzeit die Implementierung beliebiger Spezialmodule. Für die augenblicklichen Anwendungsfällen sind jedoch wenige Standard-Module ausreichend (Tabelle 4).

Die Standard-Module haben die Funktionen, Daten in das System zu transportieren, dort mit Hilfe von Programmen zu bearbeiten und die bearbeiteten Daten schließlich an einen Host-Rechner weiterzugeben. Diese Funktionen sind selbst ausreichend komplex, um weiter in Teilfunktionen zerlegt werden zu können. Die Funktionsmodule, die solche Teilfunktionen übernehmen, werden hier Funktions-Einheiten genannt. Wie auf der System-Ebene findet die Kommunikation zwischen den Funktions-Einheiten über ein Verbindungsnetzwerk statt.

Zerlegung in Funktions-Einheiten

Die aufgeführten Modul-Arten unterscheiden sich in ihrer Funktion erheblich. Trotzdem kooperieren sie auf der Systemebene und weisen deshalb auch gemeinsame Eigenschaften auf.

Zunächst sind alle Module an den gemeinsamen Datenpfad des Systems, das Mehrfach-Bussystem, angeschlossen. Alle Module können als Responder passiv an Polybus-Transfers teilnehmen, alle außer globalen Speichermodulen auch als Commander solche Transfers initiieren. Zur Durchführung von Polybus-Transfers sind deshalb in allen Modulen Operationen wie Bus-Arbitrierung, Abwicklung des Bus-Protokolls und Adreßerkennung notwendig. Sollen die Möglichkeiten zur Fehlererkennung und -Korrektur ausgenützt werden, die das Mehrfach-Bussystem bietet, so müssen Operationen wie Einzelbit-Korrektur, Transfer-Wiederholung, Transfer-Abbruch etc. realisiert werden. Dies gilt ebenfalls für alle Module. Ein weiteres gemeinsames Merkmal ist ein lokaler Speicher. In globalen Speicher-Modulen werden darin gemeinsam verwendete Informationen abgelegt, in Prozessor-Modulen Programme und Daten, in I/O-Prozessor-Modulen Datenpuffer usw.. Da das Polyp-System auf der Systemebene als MIMD-Rechner organisiert ist, werden den einzelnen Prozessor-Modulen Programme zugewiesen. Diese Programme sind in üblichen höheren Sprachen wie Fortran oder Pascal geschrieben. Solche Programme sind entweder sequentiell oder auf dem Task-Niveau parallel ausführbar. Deshalb müssen Prozessor-Module eine oder mehrere Prozessor-Units enthalten, die eine von-Neumann-Struktur aufweisen.

Werden einem Prozessor-Modul nur sequentielle Programme zugewiesen, so ist eine einzige Prozessor-Unit dieser Art ausreichend. Treten auch Programme auf, die in Tasks aufgelöst sind, so können mehrere solcher Prozessor-Units, eventuell mit unterschiedlicher Spezialisierung, eingesetzt werden. Die parallele Bearbeitung mehrerer Tasks setzt einen mäßig gekoppelten Betrieb voraus. Sowohl eine einzelne Prozessor-Unit, als auch mehrere davon arbeiten deshalb auf dem lokalen Speicher des Moduls.

Es liegt daher nahe, auch die Module selbst modular aus Funktions-Einheiten aufzubauen, die je nach Art eines Moduls eingesetzt werden können. Im Polyp-System sind dies

- Prozessor-Units, die die Bearbeitung eines Programms ermöglichen,

- Speicher-Units, die die Modul-interne Speicherung beliebiger Informationen erlauben,

- Busswitch-Units, die das Modul mit dem Mehrfach-Bussystem verbinden,

- Fehlerkorrektur-Units, die die Zuverlässigleit des Systems durch Korrektur von Speicher- und Übertragungsfehlern erhöhen.

Sollen Modulen Eigenschaften verliehen werden, die mit diesen Standard-Units nicht abgedeckt sind, so können zusätzlich beliebige Spezial-Units eingesetzt werden. Die Modularität auf der Modulebene gestattet es jedoch, die Standard-Module des Polyp-Systems unter fast ausschließlicher Verwendung von Standard-Units zusammenzusetzen.

Alle Module verwenden Busswitches zur Ankopplung an das Bussystem, die meisten auch noch lokalen Speicher und im Falle erhöhter Zuverlässigkeitsanforderungen Fehlerkorrektur-Kontroller. Module, die nur aus diesen Units zusammengesetzt sind, können etwa als globale Speicher benutzt werden. Durch Hinzufügen einer Prozessor-Unit werden sie zu einem Prozessor-Modul, bei Erweiterung um ein Interface zu externer Elektronik zu einem I/O-Prozessor oder zum Host-Modul.

Die prinzipiellen Möglichkeiten für die Auslegung der Standard-Units sollen im folgenden diskutiert werden.

Prozessoren

Die Aufgabe von Prozessor-Units ist die Bearbeitung von Tasks. Im Polyp-System ist eine Task ein sequentieller Strom von Instruktionen unterschiedlichen Typs, der im einfachsten Fall auch sequentiell durch einen Mikroprozessor bearbeitet wird.

Andere Möglichkeiten wurden früher diskutiert: Eine Geschwindigkeitssteigerung ist programmabhängig möglich, wenn etwa die gleiche Instruktion auf verschiedenen Daten parallel ausgeführt wird (Vektor- oder Array-Operation) oder wenn verschiedene Instruktionen von unabhängigen Einheiten parallel ausgeführt werden. Der erste Fall kommt bei Ereignis-Filterprogrammen nicht in einem Maße vor, der die Implementierung entsprechender Spezialprozessoren rechtfertigen würde.

Der zweite Fall kann jedoch im Hinblick auf zwei Instruktionstypen auftreten, nämlich Integer- und logische Instruktionen bzw. Gleitkomma-Instruktionen. Viele Filteroperationen kommen ganz ohne Gleitkomma-Rechnungen aus. Dies betrifft vor allem die ersten Stufen der Filterung. Filter hoher Komplexität, die etwa auf einer kinematischen Rekonstruktion einer Reaktion basieren, können aber Gleitkomma-Instruktionen erfordern. In solchen Fällen treten meist beide Instruktionstypen gemischt auf; sie können von einem Mikroprozessor und einem Gleitkomma-Koprozessor parallel ausgeführt werden.

Da beide Instruktionstypen anwendungsabhängig zu sehr unterschiedlichen Anteilen benötigt werden und die Kosten für die Implementierung sich derzeit um eine bis zwei Größenordnungen unterscheiden, sind im Polyp-System aus Effizienzgründen beide Arten von Prozessor-Units vorgesehen.

Speicher

Sowohl ein einzelner Prozessor, als auch mehrere, in einer Pipeline kooperierende Prozessoren benötigen einen Speicher. Im einfachsten Fall werden alle Instruktionen aus dem Speicher gelesen; sie operieren auf Daten, die ebenfalls im Speicher abgelegt sind. Die erforderliche Speicher-Prozessor-Bandbreite kann bei den kurzen Zykluszeiten heutiger Prozessoren sehr hoch sein.

CPUs wie etwa der Motorola 68000 (16 MHz) benötigen bei voller Arbeitsgeschwindigkeit eine Bandbreite von bis zu 8 MBytes/s. Im Idealfall kann dabei auf jedes beliebige Speicherwort des gesamten Adreßraums zugegriffen werden. Bei heutigen Mikroprozessoren reichen diese Adreßräume von einigen MBytes bis zu GBytes.

Obwohl die Kosten von Speicherbausteinen exponentiell mit der Zeit sinken, können derzeit Speicher solcher Größenordnung nicht zu vernünftigen Kosten als schnelle Speicher realisiert werden. Die für die augenblicklichen Speichertechnologien gültigen Abhängigkeiten zwischen Geschwindigkeit, Speichergröße und Kosten zeigt Bild 26. Betrachtet man den Zusammenhang zwischen Geschwindigkeit und Kosten, so fällt auf, daß ihr Produkt in etwa konstant ist. Das gleiche gilt für das Produkt aus Geschwindigkeit und realisierbarer Speichergröße. Deshalb läßt sich das Preis/Leistungs-Verhältnis eines Speichersystems optimieren, wenn häufig benützte Informationen in kleinen, schnellen Speichern abgelegt werden und selten benötigte in großen, langsamen.

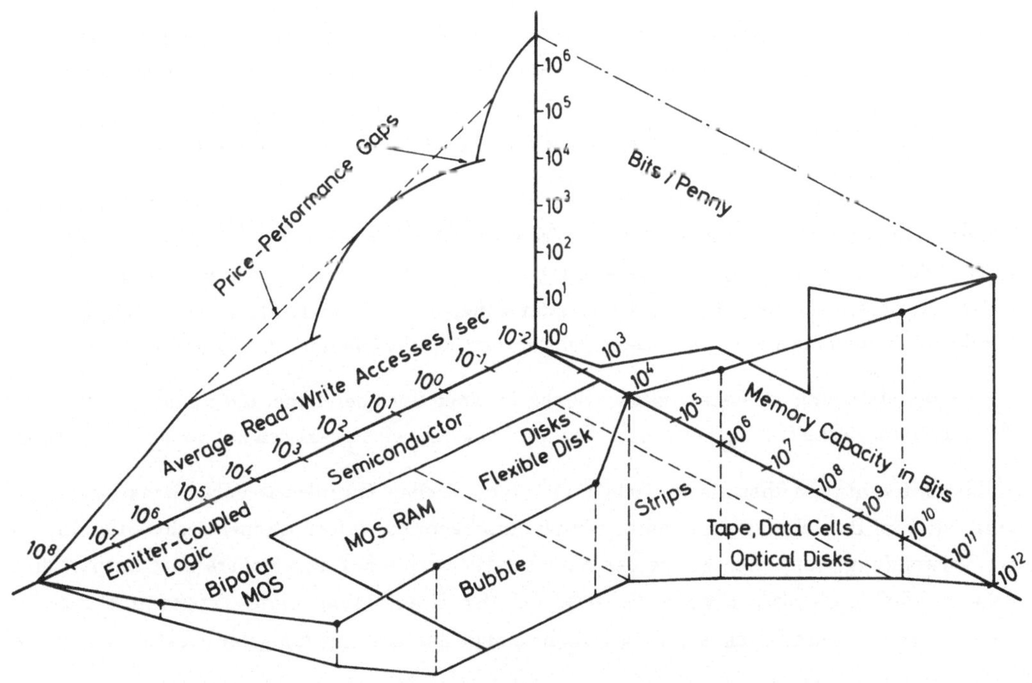

Bild 26: Geschwindigkeit, Größe und Kosten verschiedener Speichermedien; mit Erlaubnis aus [190], © IEEE (1984)

Solche Speicher-Hierarchien lassen sich fast immer einsetzen, weil in den meisten Anwendungsfällen auf verschiedene Informationen unterschiedlich häufig zugegriffen wird. Nur in Ausnahmefällen, etwa bei Bildverarbeitungsproblemen, ist ein Zugriff auf einen sehr großen Adreßraum mit gleicher Wahrscheinlichkeit notwendig.

Speicher-Hierarchien

Im allgemeinen Fall existiert eine Speicher-Hierarchie: Schnellsten Zugriff auf einige wenige Datenworte erlauben Register, wie sie etwa in den Prozessoren selbst enthalten sind. Manche Prozessoren erlauben es, auch Instruktionen in Registern zu halten und von dort auszuführen [191]. Register können in der Regel nur von den Prozessoren selbst benützt werden. Die Zugriffszeiten liegen bei 10 ns.

Die oberste Stufe der frei verwendbaren Speicher stellen deshalb meist statische Halbleiterspeicher mit Zugriffszeiten von < 50 ns dar. Sie werden in vielen Hochleistungsrechnern eingesetzt; ihre Größe erreicht jedoch MBytes meist nicht. Speicher in der Größe bis zu etwa 100 MBytes können heute als dynamische Halbleiterspeicher realisiert werden; sie erlauben den Zugriff auf Informationen in typischerweise < 150 ns. Die meisten Rechner verwenden in der nächsten Stufe der Speicher-Hierarchie Magnetplatten und schließlich Magnetbänder als größere und billigere Speichermedien.

In vielen Fällen ist es üblich, dem Benutzer selbst zu überlassen, seine Informationen entsprechend ihrer Zugriffshäufigkeit auf die Speicher-Hierarchie zu verteilen. Es ist jedoch auch möglich, eine solche Verteilung an hand einer geeigneten Strategie automatisch vorzunehmen. Dies geschieht z.B. in Systemen mit virtueller Speicherung und mit Cache-Memories.

Von virtueller Speicherung spricht man, wenn ein Adreßbereich automatisch so verwaltet wird, daß häufig benötigte Teile im Hauptspeicher eines Rechners bereitgehalten werden, während weniger benutzte Teile auf der Platte abgelegt sind. Cache-Memories dienen analog dazu, den auf den Hauptspeicher abgebildeten Adreßraum seinerseits so zu verwalten, daß häufig benutzte Teile davon in einem schnellen Zwischenspeicher, dem Cache-Memory, dupliziert werden.

Die Bereitstellung aktueller Informationen in einer Speicherebene, die näher am Prozessor liegt und auf die deshalb schneller zugegriffen werden kann, wird praktisch auf zweierlei Art gelöst.

Liegen Kenntnisse über die statischen oder dynamischen Zugriffswahrscheinlichkeiten vor, so können sie vom Betriebssystem benutzt werden, um benötigte Informationen rechtzeitig, d.h. vor ihrer Verwendung, von einer Ebene der Speicher-Hierarchie auf eine höhere zu transportieren. Solche a-priori-Kenntnisse können teilweise bei der Übersetzung eines Programms generiert werden. Dieses Prefetch-Schema wird z.B. in einem der leistungsfähigsten Vektorrechner, der Cray-1 eingesetzt [192].

In vielen Fällen ist jedoch die aktuelle Zugriffswahrscheinlichkeit zu verschiedenen Adressen datenabhängig und damit erst zur Laufzeit eines Programms bekannt. In diesen Fällen ist es effizienter, die Zugriffshäufigkeit online zu bestimmen und an hand dieser Größe zu entscheiden, welche Teile des Adreßraums in eine höhere Speicherebene abgebildet werden sollen.

Im allgemeinen wird dies so gelöst, daß jeder Zugriff auf ein Element des Adreßraums dazu führt, daß das entsprechende Element aus der tieferen Ebene der Speicher-Hierarchie in die höheren dupliziert wird, falls dies nicht bereits geschehen ist. Ist ein solcher Transfer notwendig, so muß ein auf der obersten Ebene gespeichertes Element gelöscht werden. Dies geschieht an hand einer Ersetzungs-Strategie.

In virtuellen Speichern können die als Ganzes betrachteten Elemente des Adreßraums Pages fester Größe oder Segmente variabler Größe sein. Sie umfassen typischerweise einige kBytes bis MBytes. Die Größe selbst stellt einen Kompromiß dar zwischen einer möglichst individuellen Behandlung aller Teile des Adreßraums und einem möglichst geringen Verwaltungsaufwand. Die Einteilung in kontinuierlich zusammenhängende Pages oder Segmente ist auf Grund der bekannten Lokalität strukturierter Programme vernünftig.

Eine Ersetzungsstrategie stützt sich üblicherweise auf eine Benutzungsstatistik. Am bekanntesten ist das last-recently-used (LRU) Verfahren [193], bei dem dasjenige Element aus dem Hauptspeicher entfernt wird, das am längsten nicht mehr verwendet wurde. Modifizierte Pages oder Segmente müssen dabei zurückgeschrieben werden. Andere Strategien diskutiert Schmitt [194].

Bei Cache-Memories kommen analoge Verfahren zum Einsatz [195]. Allerdings müssen die Verwaltungszeiten den höheren Geschwindigkeitsanforderungen dieser Ebene entsprechen. Bei Cache-Memories werden keine Pages oder Segmente verwendet, sondern Blöcke von konsekutiven Speicherworten [196]. In kleinen Systemen kann ein Block nur ein einzelnes Wort umfassen; große Cache-Memories haben Blockgrößen bis zu einigen kBytes.

In vielen Cache-Memories wird ebenfalls das LRU-Verfahren als Ersetzungsstrategie eingesetzt; in anderen wird der älteste Block oder ein zufällig ausgewählter ersetzt [197, 198]. Da in modernen Rechnersystemen Instruktionen und Daten immer getrennt vorliegen, ist es auch möglich, Cache-Memories auf diesen jeweiligen Einsatz hin zu spezialisieren. In Multiprozessor-Systemen vermeidet die Beschränkung auf Instruktionen Probleme, die mit der Kohärenz mehrfach abgespeicherter Daten einhergehen.

Kohärenz in Multi-Cache-Systemen

Informationen, die nicht verändert werden, können problemlos mehrfach abgespeichert werden. Umgekehrt muß bei modifizierbaren Daten sichergestellt sein, daß jeweils nur ihr aktueller Wert Verwendung findet.

Dies ist trivial, wenn nur ein einzelner Benutzer vorhanden ist. Bild 27 zeigt eine derartige Konfiguration. Hier existiert ein eindeutiger Weg vom Original durch die Speicher-Hierarchie bis zu diesem Benutzer. Eine Modifikation von Daten braucht dann nur an der dem Benutzer nächsten Kopie vorgenommen zu werden, wenn sichergestellt ist, daß modifizierte Daten zu einem beliebigen Zeitpunkt vor ihrer Ersetzung von der jeweiligen Ebene der Speicher-Hierarchie auf die nächsttiefere Ebene zurückgeschrieben werden. Dies kann gleichzeitig mit der Modifikation geschehen (write-through) oder bei der Ersetzung (write-back).

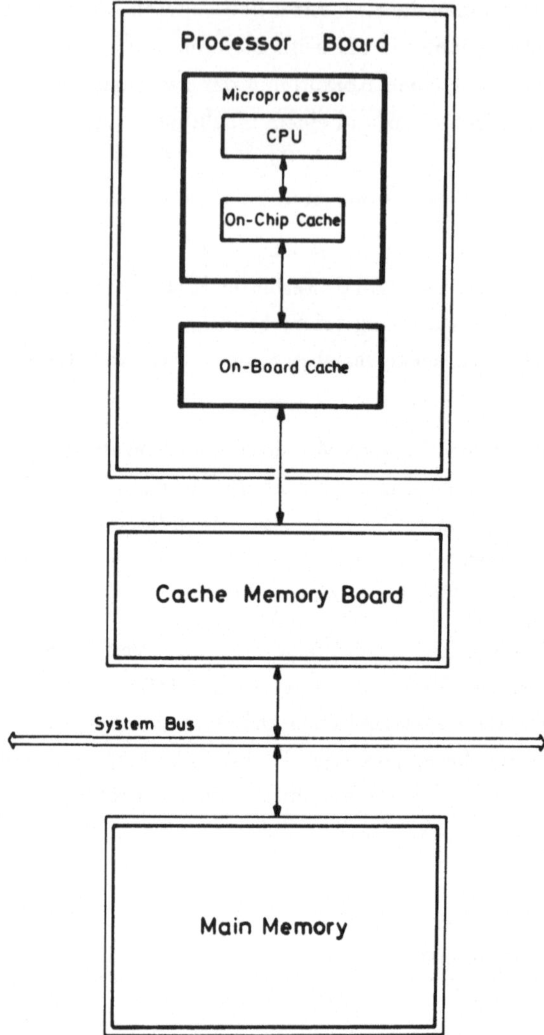

Bild 27: Beispiel einer Speicher-Hierarchie

In den meisten Einzelprozessor-Systemen ist aber nicht nur der Prozessor selbst Benutzer der Speicherdaten. Es existieren auch noch DMA-Kontroller, die über den Systembus auf Daten zugreifen können, die in Cache-Memories geladen wurden. Das write-through-Verfahren garantiert dabei, daß ein DMA-Kontroller immer die aktuellen Daten liest; verändert er sie dagegen selbst, so müßten alle Kopien entlang des Wegs zur CPU mit verändert oder gelöscht werden. Das gleiche gilt beim write-back-Verfahren; hier muß jedoch das Zurückschreiben vor einem Lesezugriff auf die Originaldaten erzwungen werden. Die notwendigen Operationen Aktualisieren oder Löschen bzw. Rückschreiben können jedoch nur bei Cache-Memories veranlaßt werden, die eine direkte Verbindung zum Systembus besitzen. Dies ist in der Regel nur bei einem einzigen Cache-Memory in der Hierarchie der Fall. Cache-Memories auf höheren Ebenen werden deshalb nur zum Speichern nicht-veränderbarer oder exklusiv verwendeter Informationen benutzt.

In Multiprozessor-Systemen mit privaten Cache-Memories existieren die gleichen Probleme. Eine einfache Lösung wurde bereits dem System C.mmp [22] realisiert. Hier werden die Speicherinhalte werden danach klassifiziert, ob Kohärenzprobleme möglich sind. Dies ist bei Instruktionen, unveränderlichen Daten, aber auch bei exklusiv benutzten Daten nicht der Fall. Nur solche Informationen werden bei C.mmp in die Cache-Memories abgebildet. Die Verantwortung für die Systemintegrität liegt dabei beim Benutzer bzw. bei einem Betriebssystem. Diese simple Methode kann deshalb zu Fehlern führen. In den letzten Jahren gingen deshalb die Untersuchungen dahin, allgemeine Verfahren zu finden, die von einer Beurteilung durch den Benutzer unabhängig sind, aber Cache-Memories trotzdem nicht so restriktiv einsetzen, wie dies Compiler tun müssen.

Eines der ersten Schemata dieser Art wurde von Tang [199] vorgeschlagen: Hier existiert eine zentrale Tabelle, in der der Status aller Cache-Inhalte des Systems vermerkt ist. An hand dieser Eintragungen kann überprüft werden, ob z.B. ein Schreibvorgang zu einer Dateninkohärenz führen würde. In diesem Fall wird ein Löschen der ungültigen Kopien veranlaßt. Diese zentrale Lösung ist offensichtlich auf Grund von Zugriffskonflikten bei der Tabelle für größere Systeme nicht geeignet.

Modernere Vorschläge stützen sich deshalb ausschließlich auf dezentrale Verfahren [200]. Dabei wird das Schreiben gemeinsam benutzter Daten durch das schreibende Modul auf einem Bus "angezeigt". Andere Cache-Memories im System müssen kontinuierlich die Vorgänge auf diesem Bus überwachen. Wird eine Schreiboperation zu mehrfach gespeicherten Daten angezeigt, so müssen die Kopien gelöscht werden. Im einfachsten Fall kann die Anzeige wie in Einzelprozessor-Systemen durch write-through geschehen [201]; es ist jedoch ebenfalls möglich zu vereinbaren, daß auf diese Weise gelöschte Informationen nicht wieder in Cache-Memories geladen werden dürfen, bis dies explizit gestattet wird. Unter diesen Umständen genügt ein einziger Schreibvorgang pro Cache-Element über das Bussystem. Weitere Schreibvorgänge zu dem gleichen Element können dann zu der übriggebliebenen Kopie im Cache-Memory stattfinden; sie muß erst vor einer Ersetzung rückgeschrieben werden. Diese first-write-Strategie wurde von Goodman [202] vorgeschlagen. Moderne Bussysteme besitzen spezielle Einrichtungen, die die Kooperation mehrerer Cache-Memories unterstützen [203]. Andere Entwicklungen versuchen, solche Schemata mit konventionellen Bussen und Speichern zu realisieren [204].

Beim Polyp-System wird die Situation dadurch noch kompliziert, daß alle Module durch ein Mehrfach-Bussystem verbunden sind. Dezentrale Verfahren, bei denen jedes Cache-Memory einen gemeinsamen Bus beobachtet, ob dort die Modifikation eines Speicherinhalts angezeigt wird, sind hier nicht anwendbar, weil dies nicht gleichzeitig auf einer beliebigen Anzahl von Bussen durchgeführt werden kann. Prinzipiell kann dieses Problem gelöst werden, indem Modifikationsanzeigen von jedem globalen Bus zu allen Modulen durchgeschaltet werden. Dann könnte wie im Einzelprozessorfall jedes Cache-Memory lokal operieren. Die Konsequenz, daß alle solchen Schreiboperationen auf dem Mehrfach-Bussystem serialisiert werden müßten, um konsekutiv allen Cache-Memories angezeigt werden zu können, ist jedoch aus Geschwindigkeitsgründen nicht akzeptabel.

Damit ist im Polyp-System ein Hardware-Mechanismus zur Sicherstellung der Cache-Kohärenz nicht möglich. Es kann aber die beschriebene Methode verwendet werden, bei der nur unveränderliche oder exklusiv benutzte Informationen in die Cache-Memories geladen werden.

Busswitch

Aufgabe der Busswitch-Unit ist die Ankopplung eines Moduls an das Verbindungsnetzwerk der Systemebene. Da als Netz ein Mehrfach-Bussystem gewählt wurde, erfordert die Ankopplung das Durchschalten eines Satzes von Leitungen (circuit switching) auf Anforderung.

Anforderungen können vom eigenen Modul ausgehen, d.h. intern gestellt werden. In diesem Fall fällt dem Busswitch die Aufgabe zu, von allen Bussen des Mehrfach-Bussystems einen freien für die Übertragung auszuwählen. Eine Verbindung ist hergestellt, wenn mindestens ein weiterer Busswitch diesen Bus zu einem anderen Modul durchschaltet. Dieser zweite Schritt ist also auf eine extern gestellte Anforderung auf Verbindungsherstellung zurückzuführen.

Die Zahl der Busse des Mehrfach-Bussystems ist beliebig und bestimmt die Anzahl der benötigten Busswitch-Units jeden Moduls. Während externe Verbindungsanforderungen eindeutig an einen bestimmten Busswitch gerichtet sind, ist dies bei internen Anforderungen nicht der Fall. Sie sind an jeden Busswitch gerichtet, der mit einem im Augenblick der Anforderung unbenutzten Bus des Systems verbunden ist. Alle diese Busswitch-Units bilden deshalb einen Pool, der dezentral und poolgrößenunabhängig verwaltet wird.

Fehlerkorrektur-Kontroller

Die Aufgabe eines Fehlerkorrektur-Kontrollers wurde bereits umrissen. Diese Units erhöhen die Zuverlässigkeit des Polyp-Systems, indem sie Informationen sowohl in gespeichertem Zustand, als auch während Übertragungen gegen Bit-Fehler schützen. Dies umfaßt die Korrektur von Einzelbit-Fehlern und die Veranlassung von Transfer-Wiederholungen bei Vorliegen nicht korrigierbarer Mehrbit-Fehler.

Werden Fehler festgestellt, so kann es notwendig sein, die Fehlerquelle aufzuspüren und zu beseitigen. Aus diesem Grund muß über alle korrigierten Fehler Buch geführt werden; Fehler, die auch durch Wiederholung nicht korrigiert werden können, führen in jedem Fall zu einer Verständigung des jeweiligen Masters.

Verbindung der Funktions-Einheiten

Wie auf der Systemebene die Module, so müssen auch auf der Modulebene die einzelnen Funktions-Einheiten über ein Verbindungs-Netzwerk kommunizieren können. Innerhalb eines Moduls sind die Anforderungen an ein solches Netzwerk jedoch wesentlich niedriger als auf der Systemebene. Dort können, abhängig von der jeweiligen Kopplungsart und der Systemgröße, sehr viele Module, typischerweise < 100, gleichzeitig Transfers durchführen wollen. Ein Modul besteht jedoch nur aus wenigen miteinander kooperierenden Units, typischerweise < 10. Die einzelnen Funktions-Einheiten sind an der gesamten Übertragungsrate in sehr unterschiedlichem Maße beteiligt. Die höchste Bandbreite erfordert dabei die Kommunikation mit den lokalen Speicher-Units, weil dort die Programme und Daten eines oder mehrerer von-Neumann-Prozessoren abgelegt sind. Vergleichbare Datenraten sind nur noch für I/O-Prozessor-Units zu erwarten, die Daten einer externen Quelle in die lokalen Speicher transportieren. Da alle geplanten Anwendungen des Polyp-Systems nur schwache Kopplung der Module der Systemebene erfordern, ist die Übertragungsbandbreite für Transfers von oder zu dem Mehrfach-Bussystem gegenüber den vorher genannten Beiträgen vernachlässigbar. Dies gilt ebenso für Kontroll-Operationen, die an anderen Units vorgenommen werden, etwa an einem Fehlerkorrektur-Kontroller.

Da die Verhältnisse vollständig denen in einem konventionellen Rechner entsprechen, können auch die dort etablierten Lösungen übernommen werden. Kleinere Systeme werden meist als Einplatinen-Lösung realisiert, größere besitzen einen gemeinsamen Bus, der alle Units verbindet. Obwohl eine Einplatinen-Lösung erhebliche Vorteile bezüglich Aufwand und Fehlersicherheit bietet [205], scheidet sie beim Polyp-System aus: Nur eine modulare Struktur erlaubt eine variable Anzahl von Prozessor-Units, eine adaptierbare Buskapazität (variable Anzahl von Busswitch-Units), unterschiedliche Speichergrößen oder je nach Bedarf den Einsatz von Fehlerkorrektur-Kontrollern. Dies ist mit einer Bus-Struktur möglich.

Ein Einzelbus als modulinterne Verbindung besitzt auch in den meisten Fällen eine ausreichende Übertragungsbandbreite. Es ist ohne weiteres möglich, eine Technologie zu wählen, die die Busgeschwindigkeit an die Geschwindigkeit der schnellsten Master-Unit, z.B. eines Prozessors, anpaßt. Moderne Prozessoren wie der 68000 belegen diesen Bus dann zu ca. 80% der Zeit, wobei ein erheblicher Anteil auf Zugriffe auf Instruktionen entfällt.

Ein Einzelbus ist daher offenbar überlastet, wenn zwei oder mehr Units mit vergleichbaren Anforderungen gleichzeitig aktiv sind. Im Polyp-System könnten dies ein zweiter Prozessor sein, falls Task-Pipelining durchgeführt wird, oder ein DMA-Kontroller. In solchen Fällen ist es sinnvoll, den modulinternen Bus dadurch zu entlasten, daß die Speicherzugriffe eines oder mehrerer Prozessoren mit Hilfe von Cache-Memories erheblich reduziert werden. Dies erfordert jeweils eine separate Verbindung zwischen einem Prozessor und seinem Cache-Memory. Damit wird das Verbindungsnetzwerk auf der Modul-Ebene inhomogen.

Koordination der Funktions-Einheiten

Fast alle Units, aus denen die Standardmodule zusammengesetzt sind, haben eine festgelegte Funktion, z.B. Speicherung, Verbindung zum Bussystem, zum Host-Computer oder zu externer Elektronik. Das gleiche gilt auch für eine Prozessor-Unit, wenn sie die einzige eines Prozessor-Moduls ist. Nur in Fällen, wo mehrere Prozessor-Units in einem Modul parallel arbeiten, ist eine Zuweisung von Tasks an Prozessor-Units notwendig.

Grundsätzlich sind hier alle Argumente, die bei der Organisation eines Parallelrechners auf der Systemebene diskutiert wurden, erneut anwendbar. Die Prozessor-Units können im MIMD-Mode, als Pipeline etc. organisiert sein, sie können zentral oder dezentral verwaltet werden, sie können durch Kontroll- oder Datenfluß gesteuert sein usw.. Die Unterschiede zur Systemebene sind zunächst nur quantitativer Natur:

Auf der Systemebene wird von Problemen hoher Parallelität ausgegangen. Bei der Anwendung bei kern- und hochenergiephysikalischen Experimenten ist in den meisten Fällen das Angebot an Ereignisse so hoch, daß nicht sie die Zahl der einsetzbaren Module beschränkt. Typische Modulzahlen liegen bei 30 – 100 Modulen. Werden dagegen die Programme, die den einzelnen Modulen zugewiesen sind, in Tasks zerlegt, so ist Parallelität nur in viel geringerem Maße möglich. Bei der Diskussion des Ereignis-Filter-Problems wurde gezeigt, daß ein paralleles Bearbeiten einzelner Filterstufen ineffizient ist. Möglich ist dagegen, die Filterung in wenige Stufen unterschiedlichen Typs zu zerlegen. Nur selten wird deshalb mehr als eine Prozessor-Unit eingesetzt werden können. In solchen Fällen kommt nur eine Pipeline-Struktur in Betracht, die die gleichzeitige Prüfung mehrerer Ereignisse in einem Modul ermöglicht. Da sehr viele Ereignisse bereits in den ersten Filterstufen verworfen werden, werden die Stufen der Pipeline mit abnehmender Häufigkeit aufgerufen. Die zugeordneten Prozessor-Units arbeiten deshalb asynchron; die Datenübergabe wird über den lokalen Speicher des Moduls entkoppelt.

Zieht man allgemeinere Anwendungen in Betracht, so schließt die kleine Anzahl von Prozessor-Units eine poolorganisierte dezentrale Verwaltung aus. Auch eine dynamische Lastverteilung ist nicht notwendig, da der Ausfall des ganzen Moduls auf Grund eines Fehlers einer Prozessor-Unit auf der Systemebene toleriert wird.

4. Realisierung des Multiprozessorsystems

In den vorangegangenen Kapiteln wurde dargelegt, welche neuen Probleme die Parallelverarbeitung aufwirft, welche Möglichkeiten zur Auslegung eines Parallel-Rechners existieren und welche Architektur für das Polyp-System ausgewählt wurde. Im folgenden wird dargestellt, wie diese Architektur technisch realisiert wurde. Zentraler Punkt ist dabei die Realisierung der Rechner-Hardware. Die System-Software ist — wie später gezeigt — im Falle der Ereignisfilterung trivial. Für andere Anwendungen wurden jedoch Betriebssysteme entwickelt, die einerseits eine möglichst einfache Nutzung des Multiprozessors durch quasi-sequentielle Programmierung erlauben, andererseits die vollen Möglichkeiten eines Multiprozessor-Multitasking-Betriebs für Echtzeitanwendungen bereitstellen. Die Softwareaspekte werden im letzten Teil dieses Kapitels diskutiert.

4.1. Hardware

Die beschriebene Architektur des Polyp-Systems wurde innerhalb des ersten Projektjahrs festgelegt. Die Realisation erforderte dann eine detaillierte Definition aller technischen Einzelheiten. Dabei wurde zum größten Teil in Übereinstimmung mit den später von Lampson [206] gesammelten Erfahrungsregeln für den Entwurf von Computersystemen verfahren. Besonders wichtig war dabei die Spezifikation von Funktionen, die den Modulen auf den verschiedenen Ebenen des Systems zugeordnet wurden, d.h. die Festlegung von Hardware- und Software-Schnitstellen, wie sie von Parnas [207] und Britton et al. [208] vorgeschlagen wurden. Die wesentlichsten dieser Festlegungen auf der System-, der Modul- und der Unit-Ebene werden im folgenden dargestellt.

4.1.1. System-Aspekte

Wie früher diskutiert, ist das Polyp-System auf der System-Ebene als MIMD-Rechner organisiert. Es besteht aus Pools von I/O-Prozessoren, frei programmierbaren Prozessoren und globalem Speicher und ist zur Bedienung und für Standard-Aufgaben an einen Host-Rechner angeschlossen. Die Verbindungen zwischen den Modulen werden durch ein Mehrfach-Bussystem hergestellt. Diese generelle Struktur ist in Bild 28 gezeigt.

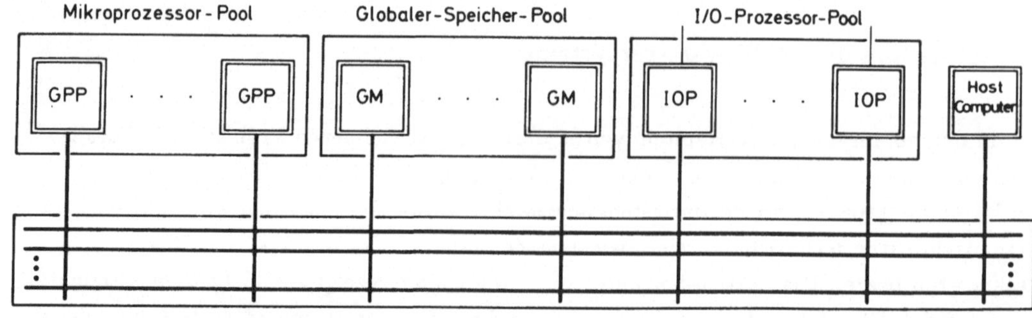

Bild 28: Struktur des Polyp-Systems auf der Systemebene

Je nach Anwendungsfall können ganze Pools wegfallen, etwa wenn kein globaler Speicher benötigt wird, oder wenn die zu bearbeitenden Daten vom Host-Rechner geliefert werden. Umgekehrt können bei Bedarf neue Pools in das System integriert werden, etwa ein Pool von Spezialprozessoren für bestimmte Funktionen. In der Regel werden jedoch die standardmäßig angebotenen Funktionen als Bausteine eines Systems ausreichen.

Alle Pools sind aus gleichartigen Mitgliedern zusammengesetzt, der Pool des Mehrfach-Bussystems aus Bussen, alle anderen aus Modulen. Während nur wenige verschiedene Module existieren, ist die Zahl der eingesetzten Module gleicher Art zunächst nicht begrenzt. Sie kann frei gewählt werden, um das Gesamtsystem in Hinsicht auf eine bestimmte Anwendung auszubalancieren, d.h. Systemengpässe, aber auch Überdimensionierungen zu vermeiden. Selbstverständlich existieren praktische Grenzen für die Systemgröße.

4.1.1.1. Systemgröße

Obwohl das Polyp-System skalierbar entworfen wurde, ist seine Größe, d.h. die Zahl der kooperierenden Module, aus verschiedenen Gründen beschränkt.

Dies betrifft zunächst seine räumlichen Abmessungen. Experimente der Plasma-, Hochenergie- und Kernphysik sind durch den Anfall extrem hoher Datenströme gekennzeichnet und erfordern daher seit Jahren den Einsatz aufwendiger Elektronik-Systeme. Die äußeren Abmessungen solcher Systeme reichen größenordnungsmäßig bis zu zehn Kubikmetern. Ein Untersystem wie der Polyp Multiprozessor muß in einem entsprechenden Volumen untergebracht werden können. Die dadurch gegebene obere Grenze für die Zahl der Module des Systems hängt von der verwendeten Technologie ab. Als mögliche Technologien bieten sich an:

- diskreter Aufbau in schneller SSI-Technik (ECL)

- TTL-Technik mit weitgehender Verwendung von VLSI-Komponenten (z.B. Mikroprozessoren) und programmierbarer Logik (PROMs, PALs, FPLAs, ...)

- zusätzliche Verwendung von Gate-Arrays zur Reduzierung der Zahl der diskreten Komponenten

- Einsatz von kundenspezifischen integrierten Schaltungen.

Die schnellsten logischen Komponenten, die derzeit in ausreichender Typenvielfalt und in großen Stückzahlen angeboten werden, sind in ECL-Technik aufgebaut. Typische Gatterlaufzeiten liegen bei 1 ns, die Komplexität bei bis zu einigen 1000 Gattern pro Komponente. Die um bis zu eine Größenordnung schnellere GaAs-Technik [209] hat gerade erst das Laborstadium verlassen. Leistungsfähige Zentraleinheiten bestehen jedoch aus mehreren Hunderttausend solcher Gatter und erfordern deshalb Hunderte von ECL-Komponenten. Die gleiche Funktion kann in VLSI-TTL-Technologie auf einem einzigen Chip realisiert werden. Die Geschwindigkeit dieser Schaltungen liegt etwa eine Größenordnung unter der in ECL aufgebauten. Setzt man voraus, daß ein Problem ideal parallelisiert werden kann, d.h. daß die Leistung eines Systems der Zahl der parallelen Einheiten proportional ist, dann ist die Leistungsdichte von TTL-Schaltungen um bis zu einen Faktor zehn größer als die von ECL-Schaltungen. Da die Voraussetzung für ideale Parallelität bei dem konkreten Anwendungsproblem gegeben ist, ist die TTL-Technologie vorzuziehen.

Bei realen Schaltungen ist allerdings die wesentlich höhere Leistungdichte nicht vollständig erreichbar: Jeder VLSI-Funktionsbaustein muß durch Komponenten wesentlich kleinerer Komplexität an seine System-Umgebung angekoppelt werden. Eine Erhöhung der Funktionsdichte an dieser Stelle ist durch Gate-Arrays oder kundenspezifische integrierte Schaltungen möglich. Die Verwendung solcher Komponenten setzt jedoch eine aufwendige Infrastruktur voraus, z.B. CAD-Anlagen für Entwurf und Simulation und Testgeräte zur Verifikation. Zudem liegen die Herstellungskosten sehr hoch, typischerweise bei 10^5 DM für einen Typ von integrierten Schaltungen. In Heidelberg existierten zu Beginn des Polyp-Projekts weder die erforderlichen Anlagen, noch Mittel, um mehrere solcher Schaltkreise bis zur Einsatzreife zu entwickeln. Das Polyp-System wurde deshalb in TTL-Technik aufgebaut. Soweit möglich, wurden VLSI-Schaltkreise eingesetzt und nicht als VLSI-Schaltkreis verfügbare Funktionen an vielen Stellen mit programmierbarer Logik realisiert.

Unter diesen Umständen ist die mögliche Systemgröße leicht abzuschätzen: Ein typisches Modul wird dann aus mehreren, etwa bis zu zehn, Leiterplatten bestehen, von denen jede im Mittel etwa 10^{-3} m^3 beansprucht ($20 \times 20 \times 2$ cm^3). Damit ist aus räumlichen Gründen eine obere Grenze von etwa 100 – 1000 Modulen festgelegt.

Eine weitere Schranke für die Systemgröße ist durch die benötigte totale und lokale elektrische Leistung gegeben. Ein Multiprozessor mit einer hohen Zahl von Modulen stellt hohe Anforderungen an Stromquellen, die gleichzeitig alle Module versorgen müssen. Dies ist beim Netzanschluß des Rechners und bei den Bus-Treibern der Systembusse der Fall. Der Leistungsverbrauch von TTL-Schaltungen hängt stark vom internen Aufbau der verwendeten Komponenten ab. Typische TTL-Schaltungen in der vorausgesetzten Leiterplattengröße benötigen eine Leistung von ca. 20 W, d.h. ein Modul etwa 100 W. Bezogen auf eine Netzbelastbarkeit von 10 kW ergibt sich damit eine vernünftige Maximalgröße von 100 Modulen.

Im Polyp-System verbindet das Mehrfach-Bussystem alle Module. Ein Bus-Treiber, der ein Signal an einen dieser Busse anlegt, muß die Eingänge aller Module speisen können. Die benötigte Stromstärke ist damit der Systemgröße proportional. Für die Realisierung der Busansteuerung sind deshalb zwei Extremfälle denkbar: Verwendung diskreter Bauelemente, um hochohmige Eingänge und niederohmige Ausgänge zu realisieren, oder die Verwendung standardisierter Bausteine. Im ersten Fall ist — bei entsprechendem Platzbedarf — keine prinzipielle Begrenzung für die Systemgröße vorhanden. Standard-Bus-Treiber bieten den Vorteil kleiner Abmessungen; sie haben jedoch einen maximalen Fan-Out von ca. 60. Ohne Verwendung von Methoden zur Signalaufbereitung ist die Zahl der Module dann in dieser Höhe begrenzt.

Unter Umständen können auch Systemeigenschaften wie die Adreßraumstruktur die System-größe beschränken. Geht man davon aus, daß die Module des Polyp-Systems zu Pools zusammengefaßt sind und daß die Anwenderprogramme und die Betriebssystem-Software ausschließlich poolgrößenunabhängig geschrieben sind, so können zwar logisch beliebig viele Module eingesetzt werden. In der Praxis ist es jedoch notwendig, einzelne Module zeitweilig oder dauernd individuell ansprechen zu können. Dies gilt z.B. für globale Speichermodule, bei denen eine nicht-gezielte Adressierung sinnlos ist. Es gilt aber auch für andere Module, z.B. bei Systemtests.

Das Polyp-System ist ein 32-Bit-System; Adressen werden in dieser Breite übertragen. Um den globalen Zugriff auf alle Speicher zu ermöglichen, muß die Adresse unterteilt werden in einen modulspezifischen und eine modulinternen Teil. Pro Modul wird aus später diskutierten Gründen ein Adreßraum von 8 MBytes (23 Bits) verwendet; die restlichen 9 Bits werden zur Codierung der Moduladresse benutzt. Damit ist die Zahl der Module dieser Größe auf 512 beschränkt.

Beim Fastbus-System [210] wurde diese Größenbeschränkung vermieden, indem konsekutive Adreßzyklen zugelassen sind; die effektive Adreßbreite beträgt damit ein beliebiges Vielfaches von 32 Bits. Im Polyp-System kann auf diese Möglichkeit verzichtet werden, da die Systemgröße noch durch andere Parameter beschränkt ist.

Eine letzte Grenze für die Systemgröße stellt der absolut immer noch hohe Preis dar, der für Parallelrechner zu veranschlagen ist. Geht man von etwa 5000 DM für einen leistungsfähigen Einzelprozessor aus, so liegt ein Parallelrechner mit Hundert Modulen preislich in der Gegend der derzeit größten Minicomputer. Nur in den wenigsten Fällen werden größere Systeme finanzierbar sein.

Aus diesen Gründen wurde für das Polyp-System eine obere Systemgröße von etwa 100 Modulen festgelegt.

4.1.1.2. Adressierung

Im Polyp-System kommunizieren Module durch den Austausch von Daten über Speicherbereiche, auf die gemeinsam zugegriffen werden kann. Dazu können alle globalen, aber auch lokale Speicher verwendet werden. Solche Bereiche sind deshalb Teil eines gemeinsamen Adreßraums.

Die Standard-Prozessoren des Polyp-Systems sind Mikroprozessoren vom von-Neumann-Typ. Der Zugriff auf Instruktionen oder Daten erfolgt bei ihnen grundsätzlich durch Angabe einer Adresse. Nur im einfachsten Fall wird die im Programm spezifizierte Adresse direkt zur Auswahl eines Speicherworts verwendet. Im Normalfall erfolgt zuvor eine ein- oder mehrstufige Adreßmodifikation, mit der die virtuellen Programmadressen auf die physikalischen Speicheradressen abgebildet werden.

Im Polyp-System existieren standardmäßig zwei solcher Stufen: Programm-Adressen werden auf den modulinternen Adreßraum des Modulbusses abgebildet; dies wird im Zusammenhang mit den Prozessor-Units diskutiert. Die Modulbus-Adressen werden ihrerseits auf den systemweiten Adreßraum des Polybus-Systems abgebildet. Auf der Systemebene, auf der Module miteinander kommunizieren, ist nur der Polybus-Adreßraum von Interesse.

Polybus-Adressen haben eine Breite von 32 Bits, die in drei Gruppen unterschiedlicher Bedeutung eingeteilt werden können (Bild 29): Je zwei Bits werden zur Selektierung eines Adreßraums und einer Adressierungsart verwendet; die restlichen 28 Bits stellen die Systemadresse dar. Da auf der Systemebene nur Module kommunizieren, die intern Speicher enthalten, gibt die Systemadresse an, welches oder welche Module an einem Transfer beteiligt sind und welche Speicheradresse innerhalb eines selektierten Moduls verwendet werden soll.

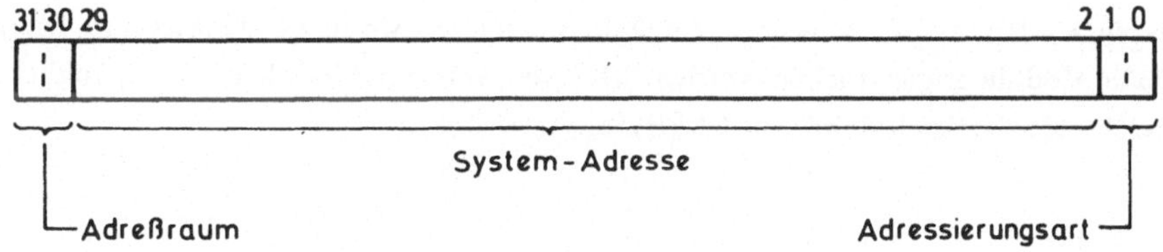

Bild 29: Aufteilung der Systemadressen

Tabelle 6: Adressierungsarten des Polyp-Systems

Polybus-Adresse		Adressierungsart
Bit #1	Bit #0	
0	0	Direct
0	1	Broadcast
1	0	Broadcast Select All
1	1	Broadcast Select Any

Adressierungsarten

Im Polyp-System dienen die untersten beiden Bits der Polybus-Adresse zur Selektion einer von vier Adressierungsarten (Tabelle 6). Diese Adressierungsarten erlauben, die Systemadresse unterschiedlich zu interpretieren. Dies bezieht sich sowohl auf die Aufteilung der Systemadresse in Moduladresse und modulinterne Adresse, als auch zur näheren Angabe, wie das oder die am Transfer teilnehmenden Module ausgewählt werden.

Im einfachsten Fall wird direkte Adressierung spezifiziert. Die Aufteilung der Systemadresse in Modul- und modulinterne Adresse wird dabei nach Bild 30 vorgenommen. Hier ist die Grenze zwischen der Moduladresse und der modulinternen Adresse in einem weiten Bereich wählbar. In dem Fall minimaler Moduladreßbreite stehen neun Bits zur Modul-Adressierung zur Verfügung. Dies entspricht einer vom Adreßbereich her gegebenen minimalen Anzahl von 512 Modulen, die in einem realen System natürlich nicht ausgeschöpft zu werden braucht. Modulintern sind damit bis zu 8 MBytes adressierbar. Im Fall maximaler Moduladreßbreite (16 Bits) können bis zu 65535 Module angesprochen werden. Der von anderen Modulen her zugängliche interne Adreßbereich reduziert sich dabei auf 64 kBytes.

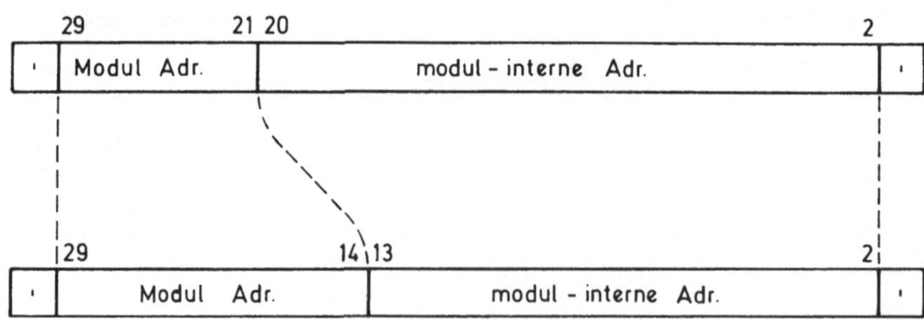

Bild 30: Aufteilung direkter Adressen

Die Aufteilung in Modul- und modulinterne Adresse muß im System nicht einheitlich erfolgen. Es ist beispielsweise möglich, viele Prozessormodule mit kleinem modulinternen Adreßbereich einzusetzen und gleichzeitig ein globales Speichermodul maximaler Größe. Innerhalb des maximalen Bereichs kann für jedes Modul einzeln festgelegt werden, wieviel Bits zur Dekodierung der Moduladresse herangezogen werden sollen. Einzige Einschränkung ist, daß alle Moduladressen systemweit eindeutig sein müssen.

Der auf diese Weise definierte, vom System her global adressierbare interne Bereich eines Moduls ist vollständig unabhängig von dem innerhalb eines Moduls vorhandenen lokalen Adreßbereich; er ist ebenfalls unabhängig von den vier Adreßräumen (siehe 4.1.1.2.). Die sich daraus ergebenden Möglichkeiten bei der Systemkonfiguration werden später diskutiert.

Neben der direkten Adressierung existieren im Polyp-System noch drei Broadcast-Adressierungsarten. Auch bei diesen wird die Systemadresse in eine Modul- und eine modulinterne Adresse unterteilt. Im Gegensatz zur direkten Adressierung ist hier jedoch die Aufteilung fest vorgegeben (Bild 31). Es können 512 verschiedene Broadcast-Moduladressen spezifiziert werden; der vom System her adressierbare modulinterne Bereich beträgt in jedem Adreßraum 2 MBytes.

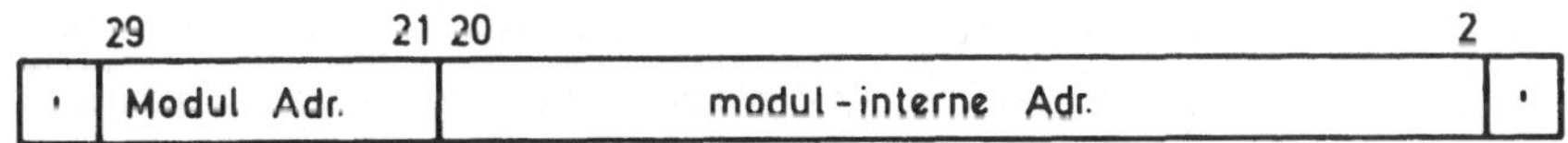

Bild 31: Aufteilung von Broadcast-Adressen

Während alle direkten Moduladressen eindeutig sein müssen, ist dies bei den Broadcast-Adressen nicht der Fall. In einem Extremfall besitzen alle Module die gleiche Broadcast-Adresse und nehmen alle an einem Broadcast-Transfer teil. Im anderen sind alle Broadcast-Adressen verschieden und bilden einen zweiten Satz individueller Adressen.

Die Broadcast-Adressen können beliebigen Modulen zugeordnet sein; die Zuordnung ist völlig unabhängig von den direkten Moduladressen. Bei allen Broadcast-Adressierungsarten ist die Übereinstimmung der Broadcast-Adresse eine notwendige Bedingung für die Teilnahme eines Moduls am Transfer; ob sie hinreichend ist, hängt davon ab, welche der drei Broadcast-Adressierungsarten gewählt wurde.

Bei der normalen Broadcast-Adressierung ("Broadcast") nehmen alle adressierten Module am Transfer teil. Sie dient dazu, Daten oder Kontrollinformationen gleichzeitig an eine zusammengehörige Gruppe von Modulen zu übertragen. Dabei können Module aus beliebigen Gründen zu einer Gruppe zusammengefaßt sein, z.B. wegen einer speziellen Hardware-Struktur, weil ihnen identische Programme zugewiesen wurden oder weil sie verschiedene Prozesse eines Gesamtproblems bearbeiten. In dem letzten Fall wäre es z.B. möglich, gemeinsam benötigte Daten parallel an alle Prozesse zu übertragen.

Werden unter der Broadcast-Adresse Module zusammengefaßt, die in irgendeiner Hinsicht identisch sind, so kann sie als Adresse eines entsprechenden Pools betrachtet werden. Den Zugriff auf Pools unterstützen die beiden Broadcast-Select-Adressierungsarten. Hier wählt die

Adressierlogik des Polyp-Systems von allen adressierten Modulen zufällig ein Modul aus; im Broadcast-Select-Any-Fall werden dabei nur die Module in Betracht gezogen, die zum Zeitpunkt des Transfers selbst keine eigenen Transfers durchführen und deshalb mit hoher Wahrscheinlichkeit nicht beschäftigt sind.

Die Broadcast-Select-Adressierungsarten erlauben es, ein Modul mit über die Broadcast-Adresse spezifizierten Eigenschaften zu adressieren. Dies geschieht anonym und ohne Kenntnis, wieviele Module mit gleicher Eigenschaft vorhanden sind. Damit wird eine Poolgrößen-unabhängige Programmierung unterstützt.

Adreßräume

Ein von-Neumann-Rechner arbeitet mit Informationen, die in einem Speicher abgelegt sind und auf die er über Adressen Zugriff hat. Der Ablauf der Bearbeitung ist dadurch gegeben, wie die Informationen interpretiert werden, d.h. durch ihre Semantik. In den ersten Rechnern wurden Speicherinhalte nur danach unterschieden, ob sie als Instruktionen oder als Daten dienen sollten. Diese Information wurde später verwendet, um den Zugriff auf den Speicher zu kontrollieren, z.B. um Schreibzugriffe auf Instruktionen auszuschließen. Heutige Rechner erlauben es, den Adreß-raum in Teile gleicher Größe (Pages) oder unterschiedlicher Größe (Segmente) zu zerlegen zur Zugriffskontrolle u.a. die genannten Statusinformationen des Prozessors heranzuziehen.

Moderne Programmiersprachen mit starker Typisierung erlauben viel weitergehende Mög-lichkeiten: Hier zerfallen die Daten eines Programms in Objekte definierter Struktur und mit spezifischen Zugriffsmöglichkeiten. Werden während des Programmablaufs die Speicherzugriffe nach dem Objekttyp klassifiziert, so kann eine Zusatzlogik den korrekten Programmablauf überwachen. Dieses capability addressing wurde kommerziell erstmals in dem System Intel 432 [211] eingesetzt. Die gleichen Informationen, die die Zugriffskontrolle ermöglichen, können auch für eine programmierbare Adreßumsetzung herangezogen werden (memory management).

Eine dynamische Adreßumsetzung ist dann notwendig, wenn ein Programm absolute Adressen enthält, die zu Objekten gehören, deren Lage im Adreßraum erst zur Programmausf"uh-rungszeit bekannt ist. Dies ist z.B. in Mehrbenutzer-Systemen der Fall, bei denen die benötigten Programmkonfigurationen nicht vorausgesagt werden können. Zugriffsschutz wird benötigt, um unabhängige Programme gegeneinander abzuschirmen. Auch das ist vor allem in Mehrbenutzer-und Multitasking-Systemen erforderlich.

Beides ist beim Polyp-System nicht unbedingt notwendig. Da das System immer jeweils nur für eine Anwendung eingesetzt werden soll, kann in den meisten Fällen bereits vor der Ausführung ein Satz von benötigten Programmen im Adreßraum fixiert werden. Ist dies nicht möglich, so können Programme positionsunabhängig generiert und damit auch ohne Adreßumsetzung an einer beliebigen Stelle des Adreßraums ausgeführt werden. Auf dynamische Adreßumsetzung wurde deshalb verzichtet, ebenso wie auf einen generellen Hardware-Speicherschutz. Der Verzicht auf eine Memory-Management-Einheit ermöglicht eine Geschwindigkeitssteigerung auf etwa das Doppelte [212].

Zur einfachen Realisierung von Zugriffsschutz und dynamischer Adreßumsetzung wurde im Polyp-System der Adreßraum nach Funktion und Topologie aufgeteilt.

Funktionelle Aufteilung

Der Polyp-Adreßraum wird durch die beiden obersten Bits jeder Adresse unterteilt in Bereiche, die einen Standard-Verwendungszweck besitzen (Tabelle 7). Mit dieser Aufteilung sind keine Hardware-Maßnahmen verknüpft. Insofern ist die Zuordnung eines Verwendungszwecks willkürlich und bräuchte von der Software nicht berücksichtigt zu werden. Im Zusammenhang mit der Adressierung der Module untereinander bietet dies jedoch Vorteile.

Tabelle 7: Adreßräume des Polyp-Systems

Bit #31	Bit #30	Adreßraum
0	0	Instruction
0	1	Private Data
1	0	Public Data
1	1	Control/Status Register

Eine Separierung des Adreßraums für den Programm-Code ist oft deshalb notwendig, weil Teile des Codes in einem Read-Only-Speicher abgelegt sein können, der für variable Daten nicht verwendet werden kann, eine Separierung des Adreßraums für Kontroll- und Status-Register, weil die Lage ihrer Adressen gewöhnlich über Schalter fixiert und die Lage des Programm-Codes und der Daten gewählt werden können soll. Eine Separierung von privaten und öffentlich zugänglichen Datenbereichen vereinfacht die Speicherverwaltung, die im einen Fall lokal durchgeführt werden kann, im anderen Fall nur in Abstimmung mit anderen Modulen.

Geht man von einer Aufspaltung des Adreßraums in diese vier Unterräume aus, so existieren zwei Implementierungsmöglichkeiten: Die zur Selektion verwendeten Bits können unterhalb oder oberhalb der Moduladresse angeordnet werden. Im ersten, nicht realisierten Fall wird der gesamte Adreßraum zunächst in Modul-Adreßräume unterteilt. Modulintern existieren dann kontinuierlich aneinander anschließende unterschiedliche Adreßräume. Diese Implementierung wäre deshalb nur möglich, wenn auf eine variable Modulgröße verzichtet werden würde. Im zweiten, im Polyp-System realisierten Fall existieren vier Adreßräume, die jeweils auf die gleiche Art auf Moduladreßräume verteilt werden. Hier schließen sich die Moduladreßräume, die auch noch unterschiedliche Größe haben können, kontinuierlich aneinander an.

Die frei wählbare Modulgröße ist von der innerhalb eines Moduls adressierbaren Hardware vollständig unabhängig. Sie dient dazu, aus dem lokalen Adreßraum eines Moduls, der immer die feste Größe 4×2 MBytes besitzt, den untersten, durch die Modulgröße definierten Teil auf einen globalen Adreßraum abzubilden. Die Modulgröße kann z.B. so gewählt werden, daß sie mit dem in einem Modul lokal verfügbaren Adreßbereich für öffentlich zugängliche Daten übereinstimmt. In diesem Fall würde das System so konfiguriert werden, daß der "Public-Data"-Adreßraum einen kontinuierlichen Block bildet, der trotzdem über mehrere oder alle Module verteilt sein kann — z.B. unabhängig von der jeweiligen Größe des lokalen Programmspeichers (Bild 32). Solche Konfigurationen sind z.B. günstig, wenn die Bearbeitung großer Datenfelder unter vielen Modulen automatisch aufgeteilt werden soll.

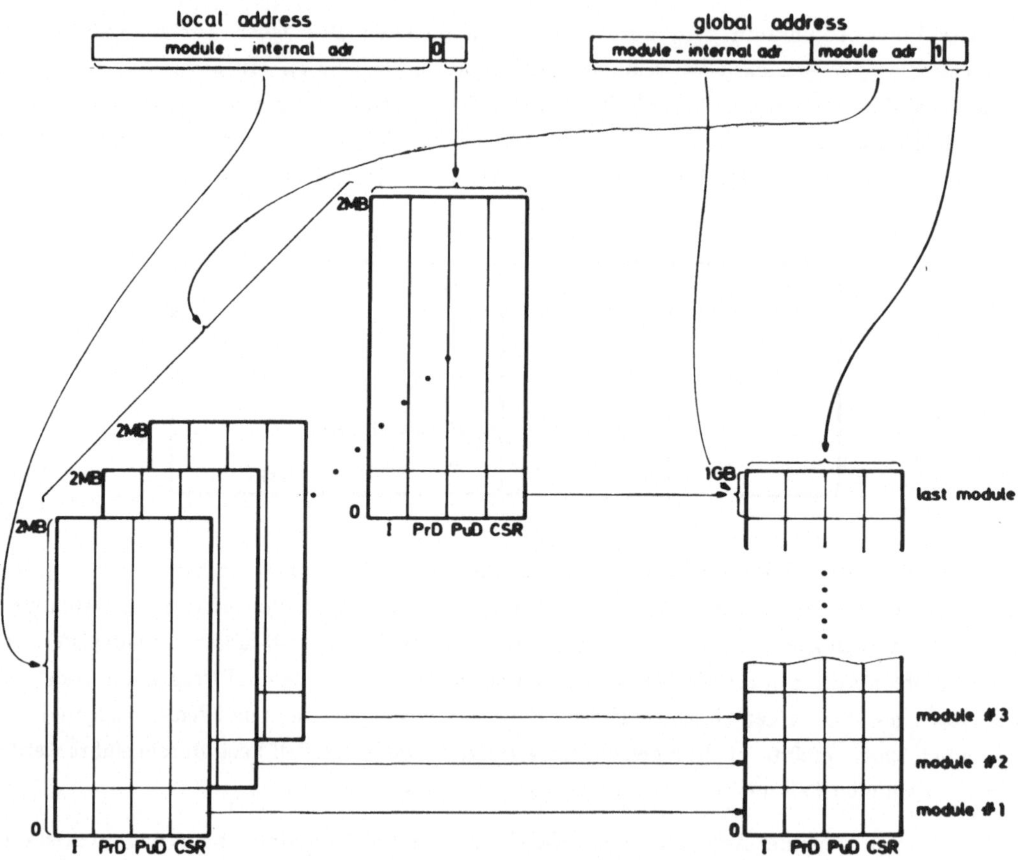

Bild 32: Abbildung lokaler Adressen auf globale Adressen

Topologische Aufteilung

Neben der funktionellen Aufteilung des Adreßraums existiert eine davon unabhängige Aufteilung nach der räumlichen Lage von Master- und Slave-Unit im Gesamtsystem. Adressen, die für Transfers innerhalb eines Moduls verwendet werden, können anders interpretiert werden als Adressen, die auf der Systemebene verwendet werden. Dies erscheint zunächst nicht notwendig.

Eine besonders einfache Adreßraumstruktur würde man erhalten, wenn lokale und globale Adressen identisch wären. Dann müßten Prozessor-Units auf ihre lokalen Speicher mit unterschiedlichen Adressen zugreifen und deshalb unterschiedliche Programme verwenden, sofern diese nicht positionsunabhängig sind. Systemnahe Software ist aber meist von absoluten Adressen abhängig, z.B. über Interrupt- und Trap-Vektoren. Statt einer zeitaufwendigen dynamischen Adreßumsetzung mittels Memory-Management werden im Polyp-System Adressen danach klassifiziert, ob sie lokal oder global sind, und globale weiter danach, ob sie auf dem jeweiligen Modul erzeugt (Commander-Mode) oder an es gerichtet werden (Responder-Mode). Die verschiedenen Möglichkeiten sind in Tabelle 8 zusammengestellt. Sie werden unter folgenden Gesichtspunkten verwendet:

Tabelle 8: Adreßklassifizierung im Polyp-System

Adreßklassifizierung		Transfer	Adressierung
Commander	Responder		
0	0	lokal	unter lokaler Adresse
0	1	global	unter globaler Adresse
1	0	global	unter globaler Adresse
1	1	lokal	unter globaler Adresse

Globale Transfers werden zu oder von anderen Modulen über das Mehrfach-Bussystem ausgeführt. Die Adressierung ist deshalb modulspezifisch; es können verschiedene Adressierungsarten gewählt werden. Transfers, die im Commander-Mode durchgeführt werden, können lokale Units nicht ansprechen und werden deshalb von ihnen ignoriert. Transfers im Responder-Mode können nur von anderen Modulen initiiert werden. Sie sind nur möglich, nachdem ein Busswitch des Moduls bereits die direkte oder die Broadcast-Adresse dekodiert hat; in diesem Transfermode wird deshalb die Moduladresse von allen Units ignoriert.

Lokale Transfers können auf zwei verschiedene Weisen durchgeführt werden. Verwendet ein Master eine globale Adresse, deren Moduladreßteil zum eigenen Modul gehört, so wird das eigene Modul sowohl als Commander, als auch als Responder betrachtet. Die Situation ist dann analog zu der oben beschriebenen, in der ein Transfer von einem anderen Modul durchgeführt wird und die Moduladresse von einem Busswitch dekodiert wurde. Ein Master adressiert dabei seine lokalen Units so, wie sie in den Systemadreßraum der direkten Adressen eingeordnet erscheinen. Alternativ können lokale Übertragungen durchgeführt werden, bei denen keine globalen, sondern lokale Adressen verwendet werden. In diesem Fall steht — unabhängig von der Systemkonfiguration — immer der maximale Adreßraum von 4×2 MBytes zur Verfügung (Bild 32). Die lokalen Adressen sind in allen Modulen identisch und erlauben die Verwendung identischer positionsabhängiger Programme.

Das Polyp-System ist ein 32-Bit-System. Datenbusse und Speicher sind deshalb in einer Breite von 32 Bits, d.h. langwortweise ausgelegt. Jede der 28 Bit breiten Systemadressen ist daher — abhängig von der Adressierungsart — einem Langwort zugeordnet; jeder der vier Adreßräume umfaßt also 1 GByte. Die Lage der Systemadresse innerhalb der zur Verfügung stehenden 32 Bits erlaubt eine einfache Umsetzung der byteorienterten Programm-Adressen: Werden die untersten beiden Bits mit dem Wert 0 ergänzt, so kann sie als Byteadresse interpretiert werden.

4.1.1.3. Statische und dynamische Systemkonfiguration

Das Polyp-System ist ein modularer Multiprozessor, der durch die Wahl einer geeigneten Konfiguration an die speziellen Anforderungen verschiedener Anwendungen angepaßt werden kann. Zur Konfiguration gehört die Auswahl, welche Arten von Modulen und wieviel Module jeder Art benötigt werden.

Auf der Systemebene müssen die Module einer Konfiguration angesprochen werden können. Im Polyp-System geschieht dies durch Adressierung. Vor dem Start von Anwendungsprogrammen ist es deshalb notwendig, die Lage jedes Moduls im Adreßraum des Systems festzulegen. Dies ist Aufgabe einer Systeminitialisierung.

In besonders einfachen Fällen wird das Polyp-System nach dem Einschalten einmal konfiguriert und dann in dieser Konfiguration betrieben. Es sind aber zwei Fälle denkbar, denen dieses starre Schema nicht gerecht wird. Einmal besteht die Möglichkeit, daß sich die Anforderungen an das System während des Betriebs ändern. Dann kann es notwendig sein, online die Aufteilung von Modulen auf Pools neu vorzunehmen, ihre Lage im Adreßraum neu festzulegen oder sogar die physische Anzahl von Modulen einer bestimmten Art anzupassen. Zum anderen können Ausfälle von Modulen auftreten. Dann muß ein defektes Modul vom System so isoliert werden, daß es den Betrieb der übrigen nicht stört; es muß logisch aus dem System entfernt werden. Beide Situationen werden durch dynamische Rekonfigurierung des Adreßraums gelöst.

Die Struktur des Polyp-Adreßraums erlaubt es, jedem Modul unabhängig voneinander zwei verschiedene Modul-Adressen zuzuordnen, eine direkte Adresse und eine Broadcast-Adresse. Mit der Broadcast-Adresse ist gleichzeitig ein fester Bereich, nämlich 4×2 MBytes, gegeben, der im Gesamtadreßraum für jedes Modul belegt wird. Dies ist bei der direkten Moduladresse nicht der Fall. Hier kann der von dem jeweiligen Modul belegte Bereich, seine auf der Systemebene sichtbare Größe, in den Grenzen von 4×16 kBytes bis zu 4×2 MBytes frei gewählt werden. Diese drei Parameter, nämlich Broadcast-Adresse, direkte Adresse und Modulgröße, müssen also initialisiert werden.

In den üblichen Computersystemen wird die Konfiguration über Schalter definiert, etwa bei der Festlegung der Lage eines Speicher-Blocks im Adreßraum. Dies ist in einem großen Multiprozessor-System prinzipiell auch möglich, aber nicht praktikabel: Ein Polyp-System, das aus 100 Prozessor-Modulen besteht, würde je nach Größe des Bussystems die Einstellung von 5000 bis zu 50000 Schaltern erfordern; eine Änderung der Konfiguration würde eine exakte Kenntnis aller Schalterstellungen voraussetzen.

Diese Problematik existiert in allen großen, modularen, computergesteuerten Systemen. Ein typisches Beispiel ist Fastbus, ein Elektroniksystem, das in der Hochenergiephysik zur Datenaufnahme eingesetzt wird. Eine automatische Initialisierung ist dort über "geographische" Adressen möglich, die es gestatten, alle 25 Steckplätze eines Segments direkt anzusprechen. Dies geschieht über eine 5-Bit Steckplatz-Nummer, die fest verdrahtet an jedes Modul geführt wird.

Im Polyp-System würde eine äquivalente Lösung erheblichen Aufwand erforden: Bei einer vom Adreßraum her gegebenen maximalen Systemgröße von 65535 Modulen wäre pro Modul eine 16-Bit Nummer zur eindeutigen Kennzeichnung erforderlich. In Anbetracht der Busbreite von 32 Bits würde dies eine sehr unökonomische Belegung der Steckverbindung zwischen Modul und Bussystem bedeuten. Der mechanische Aufbau des Systems würde zudem die feste Verdrahtung nur der untersten drei Bits dieser Modulnummer erlauben, während die übrigen 13 Bits, die einem Crate zugeordnet wären, nach wie vor per Schalterstellung definiert werden müßten. Im Polyp-System wurde deshalb eine Möglichkeit zur automatischen Konfiguration gewählt, die der homogenen, skalierbaren Struktur des Systems gerecht wird; sie benützt eine der speziellen Adressierungsarten des Systems, nämlich Broadcast-Select.

Alle Schalter, die der Konfiguration der Systemebene dienen, sind im Polyp-System durch Register ersetzt. Nach dem Einschalten werden alle Komponenten des Systems, soweit notwendig, in einen definierten Zustand versetzt (Power-up reset). Dabei werden diese Register gelöscht, d.h. alle auf einen gleichen, bekannten Wert gesetzt. Für die direkten Adressen, die eindeutig sein müssen, stellt dies einen unzulässigen Zustand dar, jedoch nicht für die Broadcast-Adressen. Über die Broadcast-Select-Adressierung ist es nun möglich, ein zufällig selektiertes Modul anzusprechen, in dem dann die direkte Adresse auf einen eindeutigen Wert gesetzt werden und vor Auflösung der Verbindung die Broadcast-Adresse verändert werden kann. Dies ist notwendig, damit das gerade initialisierte Modul an weiteren Initialisierungsoperationen nicht mehr teilnimmt. Die Zuweisung eindeutiger direkter Adressen ist der erste Schritt der Konfiguration.

Im zweiten Schritt können alle existierenden Module einzeln angesprochen werden. Da zunächst nur eine zufällige Numerierung erfolgte, müssen nun die Eigenschaften jedes Moduls, z.B. seine Art, festgestellt werden. Dies ist über einen Zugriff auf entsprechende Status-Register sehr einfach. Die Größe des lokalen Speichers kann ebenfalls durch Zugriffsversuch ermittelt werden. Im zweiten Schritt ist es also möglich, Art und Zahl der vorhandenen Module festzustellen. Sind hardwaremäßig identische Module vorhanden, so können sie nun unter einer Broadcast-Adresse zusammengefaßt werden.

Die Festlegung der Konfiguration erfordert schließlich noch die Anordnung der Module in den System-Adreßräumen. Diese ist anwendungsabhängig. Im Raum der direkten Adressen kann jedes Modul einen Bereich der Größe $4{\times}16$ kBytes bis $4{\times}2$ MBytes belegen. Die Art der Adreßdekodierung verlangt allerdings, daß ein Modul der Größe 2^n im Adreßraum auch an einer 2^n-Grenze liegen muß. Dies schränkt die mögliche Anordnung der Module ein. Eine teils kontinuierliche, teils diskontinuierliche Konfiguration zeigt Bild 33.

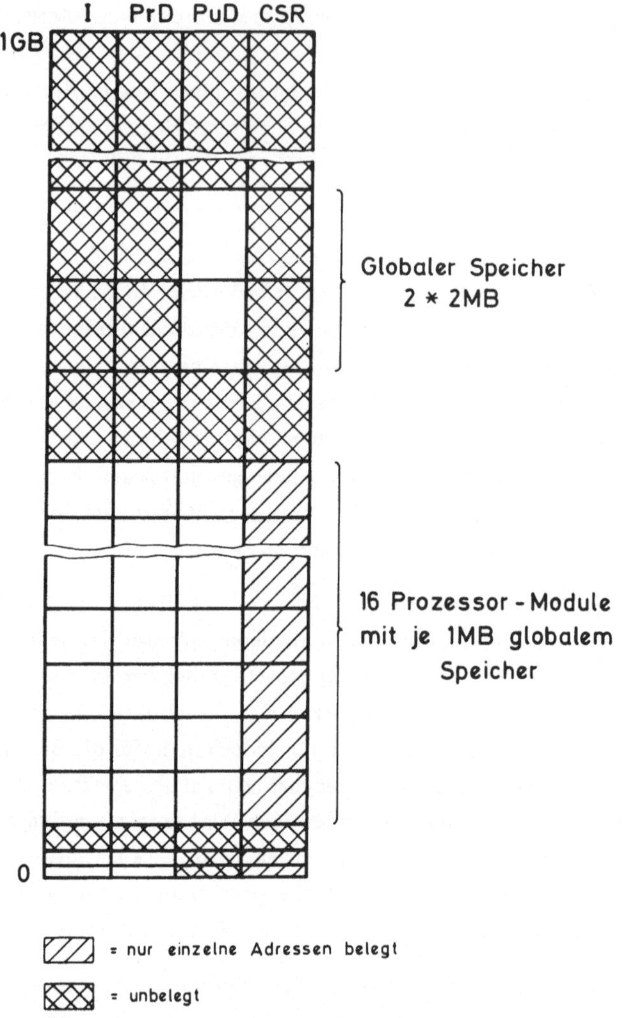

Bild 33: Beispiel einer Adreßraum-Konfiguration

Die beschriebene automatische Konfigurierung des Polyp-Systems basiert auf der Programmierbarkeit der Moduladressierung, die ihrerseits nur dadurch möglich ist, daß auf einzelne Module eines Pools zugegriffen werden kann. Da dies Standard-Eigenschaften des Polyp-Systems sind, kann eine Änderung der Konfiguration jederzeit durchgeführt werden: Wird ein zusätzliches Modul in das System integriert, so kann es in den direkten Adreßraum eingeordnet, analog kann es im Fehlerfall daraus entfernt werden. Unabhängig davon kann die Zugehörigkeit zu einem Pool jederzeit nach beliebigen Kriterien verändert werden.

4.1.1.4. Transparenter Multiprozessor-Betrieb

Die größte Schwierigkeit bei der praktischen Verwendung von Parallelrechnern ist die mangelnde Erfahrung der Benutzer mit der Organisation paralleler Prozesse und der effizienten Verwendung einer entsprechenden Rechner-Hardware. Im Laufe der Entwicklung von Parallelrechnern wurde deshalb auf unterschiedliche Weise versucht, diese Probleme vom Benutzer abzuschirmen. Gelingt dies durch geeignete Software- und Hardware-Maßnahmen, so ist die Parallelverarbeitung für den Benutzer unsichtbar; dies ist eine Form von transparentem Multiprocessing.

Transparentes Multiprocessing kann auf unterschiedlichen Ebenen realisiert werden. Auf der obersten Ebene können zum Teil Compiler die Parallelisierung eines sequentiellen Programms durchführen. Damit wird die Parallelverarbeitung als solche Benutzer-transparent. Eine Ebene tiefer kann ein Betriebssystem dafür sorgen, daß vorliegende parallele Prozesse optimal auf Prozessormodule verteilt werden. Dann wird die spezielle Architektur des gegebenen Parallelrechners transparent für Anwendungsprogramme. Ist das System Pool-strukturiert, so kann ein Mechanismus dafür sorgen, daß bei Bedarf auf Ausführung einer Funktion ein Mitglied eines entsprechenden Pools selbständig ausgewählt wird. Damit spielt die aktuelle Poolgröße für das Betriebssystem keine Rolle; sie ist Betriebssystem-transparent.

Ist ein System auf einer Ebene transparent gegenüber einem Parameter, so kann dieser ohne weitere Modifikationen frei variiert werden. Die Vorteile bezüglich Leistungsadaption und Fehlertoleranz wurden früher bereits diskutiert. Flexibilität und Zuverlässigkeit waren zwei Entwicklungsziele des Polyp-Systems. Es wurde deshalb mit einer Poolstruktur und mit einer Poolgrößen-unabhängigen Hardware-Verwaltung versehen. Sie hat die Aufgabe, eine von vielen identischen System-Ressourcen, hier ein Prozessor-Modul bestimmten Typs, zu selektieren.

Ressourcen-verwaltende Netzwerke

In den meisten Parallelrechnern existieren für bestimmte Funktionen mehrere identische Einheiten, die alle die Ausführung übernehmen können. Nach Anforderung muß eine dieser Einheiten selektiert werden. Dies ist auf zweierlei Weise möglich.

Im ersten Fall existiert ein zentraler Arbiter, der die Auswahl trifft. Er stellt eine eindeutige Identifizierung der selektierten Einheit zur Verfügung. Kann auf diese Einheit über ein Verbindungsnetzwerk zugegriffen werden, so kann diese Identifizierung dazu benützt werden, einen Weg durch das Verbindungsnetzwerk zu schalten. Solche Verfahren wurden von Rathi et al. [213] und Jenevein et al. [214] vorgeschlagen. Sie weisen die üblichen Nachteile zentraler Lösungen auf, d.h. mangelnde Ausbaubarkeit und Fehleranfälligkeit.

Umgekehrt kann es auch dem Netzwerk überlassen werden, die Selektion der benötigten Einheit vorzunehmen. Zieladresse ist dann nicht mehr eine spezielle Einheit, sondern ein Pool der gewünschten Funktion. Solche Netzwerke sind als Ressourcen-verwaltende Verbindungsnetzwerke bekannt [215]. Wah [216] untersuchte einen speziellen Typ solcher Netzwerke, bei denen der Zustand der Verfügbarkeit eines Typs von Ressource über das Netz allen anfordernden Modulen mitgeteilt wird, bevor eine Verbindung hergestellt wird. Diese Zustandsmeldung dient dazu, Verbindungen erst dann aufzubauen, wenn benötigte Ressourcen auch verfügbar sind.

Das Polyp-System benützt als Verbindungsnetzwerk ein Mehrfach-Bussystem, das mit Hilfe seiner Adressierungsarten die Selektion eines Mitglieds eines Pools durchführen kann. Es ist deshalb Ressourcen-verwaltend; die Ressourcen sind dabei Module bestimmter Funktion. Diese Art der Poolverwaltung, die im folgenden diskutiert wird, unterliegt jedoch gewissen Einschränkungen. In manchen Anwendungsfällen ist ein flexiblerer Mechanismus notwendig, der im Polyp-System durch ein zweites, speziell für diese Aufgabe entworfenes Ressourcen-verwaltendes Verbindungsnetzwerk realisiert ist. Dieses Syncbus-System zur automatischen Verwaltung mehrerer Prozessor-Pools unter priorisiertem Multitasking wird daran anschließend beschrieben.

Poolverwaltung über Broadcast-Select-Adressierung

Im Polyp-System wurde eine einfachere Methode zur Poolverwaltung implementiert. Wie früher diskutiert, existiert hier die Möglichkeit, Module per Programm einem Pool zuzuordnen; der Pool selbst ist über die Broadcast-Adresse bestimmt. Auf Grund der vorgenommenen Adreßaufteilung können bis zu 512 verschiedene Pools definiert werden. Die Größe der Pools ist dabei beliebig ≥ 1 und kann für jeden Pool unabhängig gewählt werden.

Auf Pools kann auf zweierlei Art zugegriffen werden. Bei normaler Broadcast-Adressierung nehmen alle Module eines Pools als Slaves an einem Transfer teil, bei einer Broadcast-Select-Adressierung dagegen jeweils nur ein zufällig selektiertes Modul des Pools.

Transfers mit dieser zweiten Adressierungsart laufen zweistufig ab: Ein Master selektiert über die Broadcast-Adresse den gewünschten Pool und verständigt alle Pool-Milglieder vom Vorliegen dieser speziellen Adressierungsart. Im zweiten Schritt generiert er ein Selektionssignal, einen Token, der entlang des belegten Busses von Modul zu Modul weitergegeben wird. Wird er von einem Modul festgehalten, so ist es als Slave für den laufenden Transfer ausgewählt. Da nur ein Token existiert, selektiert dieses Verfahren auch nur ein einzelnes Modul.

Voraussetzung für das Festhalten des Tokens ist natürlich die Übereinstimmung von angelegter und eigener Broadcast-Adresse, d.h. die Zugehörigkeit zum angewählten Pool. Eine weitere Bedingung kann vom Master angegeben werden: Je nach Adressierungsart können sich entweder alle adressierten Module um den Token bemühen oder nur solche, die im Augenblick selbst keinen Transfer auf ihrem lokalen Bus durchführen. Die Verwendung dieser zweiten Möglichkeit kann die Auswahl von Mitgliedern eines Pools optimieren. Wird ein nicht existierender Pool adressiert oder erfüllt bei entsprechender Adressierungsart kein Mitglied des Pools die zweite

Bedingung, so wird der Token eine gewisse Zeit zyklisch von Modul zu Modul weitergegeben. Da die Poolzuordnung dynamisch erfolgen kann, ist es durchaus möglich, daß während dieser Zeit ein Modul verfügbar wird, den Token festhält und als Slave den Transfer fortsetzt. Andernfalls wird die Übertragung mit Timeout abgebrochen.

Diese Möglichkeit, Pools größenunabhängig zu verwalten, kann bei der Anwendung des Polyp-Systems bei der Ereignis-Filterung effizient eingesetzt werden. Hier sind die zur Filterung eingesetzten Prozessor-Module identisch und arbeiten mit dem gleichen Programm. Sie können deshalb in zwei Gruppen eingeteilt werden, nämlich solche, die gerade ein Ereignis bearbeiten, und solche, die auf die Zuteilung eines Ereignisses warten. Beide Gruppen können als Pools betrachtet werden, die sich in der Broadcast-Adresse unterscheiden. Wird ein Bit zur Unterscheidung herangezogen, so kann es als Busy-Bit interpretiert werden. Trifft ein neues Ereignis ein, so kann nun der I/O-Prozessor diesen Datensatz mit der Broadcast-Select-Adressierung an einen beliebigen, auf Daten wartenden Prozessor transferieren. Am Transferende wird der zugehörige Prozessor gestartet. Bevor die Verbindung über das Bussystem gelöst wird, wird das Busy-Bit in der Broadcast-Adresse gesetzt. Damit nimmt das selektierte Modul an weiteren Datenübertragungen dieser Art nicht mehr teil, bis es seine Filteroperation abgeschlossen hat und sich selbst wieder in den Pool der wartenden Module einfügt. Alternativ können alle Filterprozessoren zu einem einzigen Pool zusammengefaßt werden und die Selektion eines freien Moduls dadurch vorgenommen werden, daß das Vorliegen lokaler Transfers überprüft wird.

Das Fehlen einer Rückmeldung, ob überhaupt ein Modul entsprechender Funktion zur Verfügung steht, wirkt sich bei dieser Anwendung nicht als Nachteil aus: Die Übertragung neuer Ereignisse wird so lange aufgehalten, bis ein Prozessor wieder frei wird.

Dynamische Poolverwaltung mit dem Synchronisations-Bus

Die beschriebene Verwaltung eines Pools von Filterprozessoren ist sehr einfach. Im allgemeinen Fall existiert aber nicht nur eine Art von Prozeß, die bearbeitet werden muß. Dann ist eine geeignete Zuweisung von Prozessen an Prozessoren notwendig, d.h. Scheduling.

Diese Situation kann beim Einsatz des Polyp-Systems am Kristallkugel-Spektrometer gegeben sein, wenn außer der Ereignis-Filterung noch andere Aufgaben durchgeführt werden sollen. Dies könnte etwa die Akkumulation von Spektren unter gewählten Bedingungen sein, eine erweiterte Analyse eines Teils der gefilterten Ereignisse, die Überwachung des Detektor-, Digitalisierungs- und Multiprozessor-Systems etc.. Diese verschiedenen Aufgaben haben unterschiedliche Priorität. Höchste Dringlichkeit hat die Filterung von Ereignissen, kleinste die Systemüberwachung. Unter diesen Voraussetzungen ist preemptive scheduling notwendig, um das Multiprozessor-System effizient auszunützen.

Um eine optimale Zuordnung von m Prozessen an n Prozessoren ($m > n$) zu erreichen, sind zwei Schritte notwendig, die Auswahl von n Prozessen nach ihrer Prioritätsreihenfolge und ihre

Zuordnung zu bestimmten Prozessoren. Sind Prozessoren unterschiedlicher Art vorhanden, so muß dabei deren Eignung für die auszuführenden Prozesse beachtet werden. In Einprozessor-Systemen mit priorisiertem Multitasking ist nur der erste Schritt notwendig und wird analog ausgeführt.

Prozeß-Auswahl und -Zuordnung sind nur zu bestimmten Zeitpunkten erforderlich und zwar dann, wenn sich die Zahl der ausführbaren Prozesse oder ihre Prioritätsverteilung ändern. Dies ist auf Zustandsänderungen von Prozessen zurückzuführen. Solche Zustandsänderungen werden durch Betriebssystemaufrufe veranlaßt. Im Polyp-System ist ein solches Betriebssystem verteilt, d.h. es existiert in jedem Prozessor-Modul eine Kopie des Betriebssystems. Alle operieren auf gemeinsamen Systemtabellen, die am einfachsten im globalen Speicher gehalten werden. Diese Tabellen beschreiben den Zustand aller Prozesse und Prozessoren. Ist nur ein Pool von Prozessoren vorhanden, so wird ihr Zustand ausreichend durch die Angabe der Priorität des Prozesses beschrieben, der ihnen augenblicklich zugeteilt ist. Prozesse können dagegen in drei globalen Zuständen auftreten:

- Suspendiert

  Solche Prozesse sind nicht lauffähig, weil sie auf die Zuteilung von Daten warten oder auf das Eintreten einer Synchronisierungsbedingung.

- Wartend

  Solche Prozesse sind lauffähig, aber auf Grund ihrer Priorität augenblicklich keinem Prozessor zugewiesen. Für diese Prozesse existiert pro Priorität eine Warteschlange. Wird ein Prozessor verfügbar, so wird das erste Element der Warteschlange höchster Priorität an diesen Prozessor zugeteilt.

- Aktiv

  Solche Prozesse sind einem Prozessor zugeteilt und werden bearbeitet.

Zwischen diesen Prozeßzuständen sind Übergänge möglich, die unterschiedliche Aktionen des Betriebssystems erfordern. Mögliche Zustandsübergänge sind:

- Suspendiert $\Rightarrow$ Suspendiert

  Dieser Übergang findet statt, wenn sich die Priorität eines suspendierten Prozesses oder die Bedingungen seiner Suspendierung ändern. Er erfordert keine weiteren Operationen.

- Wartend $\Rightarrow$ Suspendiert

  Dieser Übergang findet statt, wenn eine Bedingung eintritt, die die Bearbeitung eines wartenden Prozesses nicht länger erlaubt. Der Prozeß muß aus der Warteschlange entfernt werden.

- Aktiv ⇒ Suspendiert

Dieser Übergang findet statt, wenn ein laufender Prozeß nicht weiter bearbeitet werden kann. Bei der Unterbrechung wird ein Prozessor frei. Ihm muß einer der wartenden Prozesse höchster Priorität zugeteilt werden.

- Suspendiert ⇒ Wartend

Dieser Übergang findet statt, sobald für einen Prozeß alle Suspendierungsbedingungen wegfallen und er daher lauffähig wird. Er muß deshalb entsprechend seiner Priorität in eine Warteschlange eingereiht werden. Dabei kann der Fall auftreten, daß die Priorität des neuen Prozesses höher ist als die niedrigste Priorität aller Prozesse, die sich gerade in Bearbeitung befinden. Optimales Scheduling verlangt dann, daß einer dieser Prozesse unterbrochen und dem bearbeitenden Prozessor der neue Prozeß zugewiesen wird. Der alte Prozeß muß in die Warteschlange seiner Priorität eingeordnet werden.

- Wartend ⇒ Wartend

Dieser Übergang tritt bei Prioritätsänderung wartender Prozesse ein. Es ist erforderlich, den Prozeß aus seiner augenblicklichen Warteschlange zu entfernen und in die Warteschlange der neuen Priorität einzuordnen.

- Aktiv ⇒ Aktiv

Dieser Übergang tritt nur bei einer Prioritätsänderung eines laufenden Prozesses auf. Wird die Priorität erhöht, so ist keine weitere Aktion erforderlich. Wird sie erniedrigt, so könnten Prozesse mit höherer Priorität auf Bearbeitung warten. Ist dies der Fall, so muß eine neue Prozeßzuordnung stattfinden.

Alle anderen Übergänge sind nicht direkt veranlaßbar, sondern können nur als Konsequenz eines vorhergehenden Zustandsübergangs auftreten. Die Betriebssystemoperationen nach Zustandsänderungen lassen sich zusammenfassen in

- Verwaltung eines Prozeß-Pools

- Verwaltung eines Prozessor-Pools.

Dabei sind beide Pools noch nach Prioritäten in Unterpools aufgeteilt. Die Zahl der Mitglieder eines Pools kann sich dynamisch ändern. Bei den Prozeß-Pools ist dies auf Grund der diskutierten Zustandsübergänge der Fall, aber auch durch dynamisches Erzeugen oder Vernichten von Prozessen. Die Größe der Prozessor-Pools ändert sich bei jeder Neuzuordnung.

Die Verwaltung beider Pools kann einen Systemengpaß darstellen, wenn Zustandsübergänge häufig stattfinden, z.B. auf Grund einer feinen Granularität bei der Zerlegung der Gesamtaufgabe. Der Engpaß kommt zustande, weil das verteilte Betriebssystem parallel auf gemeinsame Tabellen zugreifen muß. Solche Interferenzen an globalen Speichern wurden früher diskutiert. Sie lassen sich entscheidend verringern, wenn die Poolverwaltung dezentralisiert und durch Hardware unterstützt wird.

Dies ist über ein Ressourcen-verwaltendes Verbindungsnetzwerk möglich, das automatisch feststellt, ob eine Prozeßumverteilung notwendig ist, und in diesem Fall die Selektion je eines Mitglieds der betreffenden Pools durchführt. In Fällen, in denen priorisiertes Multiprozessor-Multitasking notwendig ist und die Scheduling-Zeiten einen Systemengpaß darstellen, kann für diesen Zweck im Polyp-System ein zweites Bussystem, der Synchronisationsbus, kurz Syncbus, verwendet werden. Bei Verwendung des Syncbus-Systems werden alle Mitglieder aller Prozessor-Pools mit einem zusätzlichen Bus verbunden. Sind mehrere Pools vorhanden, so besteht das Syncbus-System aus mehreren Bussen. (Bild 34). Im weiteren wird der Einfachheit halber zunächst angenommen, daß nur ein Pool existiert.

Unter diesen Umständen besitzt jedes Prozessor-Modul nur ein Interface zum Syncbus. Wie in Bild 35 dargestellt, besteht es aus drei logisch unabhängigen Teilen. Einer davon (Generierung von Anforderungen) behandelt lokal wartende Prozesse entsprechend ihrer Priorität im Gesamtsystem, ein zweiter (Akzeptierung von Anforderungen) den eigenen Prozessor entsprechend seiner Priorität im Gesamtsystem und der dritte (comparator section) stellt die Notwendigkeit einer Prozeßumverteilung fest.

Zur Erklärung der Wirkungsweise geht man von einer Situation aus, in der nur aktive und suspendierte Prozesse existieren, d.h. in der kein Prozeß auf Bearbeitung wartet. Die Prioritätsverteilung der Prozesse sei beliebig; Prozesse gleicher Priorität sind erlaubt. Alle Prozessoren besitzen die Priorität des ihnen zugewiesenen Prozesses. Ist einem Prozessor kein Prozeß zugewiesen, so besitzt er eine Priorität, die kleiner ist als alle möglichen Prozeß-Prioritäten.

Die Priorität eines Prozessors ist in einem Register gespeichert, das sich auf dem Syncbus-Interface befindet (task priority register). Sie wird bei jeder Änderung der Priorität von dem lokalen Betriebssystem auf dem neuesten Stand gehalten. Die n Bits der Priorität werden dekodiert und auf einen Satz von 2^n Syncbus-Leitungen gelegt, von denen jede einer Prozessor-Priorität entspricht. Diese sind als open-collector-Leitungen realisiert, so daß alle Syncbus-Interfaces ihre jeweilige Prozessor-Priorität unabhängig voneinander anlegen können. Dieser Satz von Leitungen trägt damit die Information, welche Prozessor-Prioritäten zu jedem Augenblick im Pool vorhanden sind.

Eine Prozeßumverteilung muß genau dann durchgeführt werden, wenn ein Prozeß lauffähig wird, der eine höhere Priorität besitzt als der bzw. die Prozessoren mit augenblicklich niedrigster Priorität. Eine Mitgliedschaft in dem Unterpool aller Prozessoren mit niedrigster Priorität ist mit Hilfe der Prozessor-Prioritäts-Leitungen auf dem Syncbus leicht möglich: Jedes Interface dekodiert aus allen systemweit vorliegenden Prozessor-Prioritäten die niedrigste und vergleicht diese mit der eigenen Priorität. Nur bei Übereinstimmung kann dem zugehörigen Prozessor bei Bedarf ein neuer Prozeß zugewiesen werden. Die Auswahl, welchem Mitglied dieses Unterpools ein neuer Prozeß zugeteilt werden soll, ist beliebig und wird analog zu dem oben dargestellten Verfahren durchgeführt: Auf dem Syncbus existiert ein Token, der nur von Mitgliedern des Unterpools aller Prozessoren niedrigster Priorität angehalten werden kann. Da immer mindestens ein Prozessor niedrigste Priorität besitzt, ist auch immer genau ein Modul durch dieses Verfahren ausgewählt. Ändert sich die Prioritätsverteilung der Prozessoren, so wird, wenn nötig, diese Auswahl neu durchgeführt.

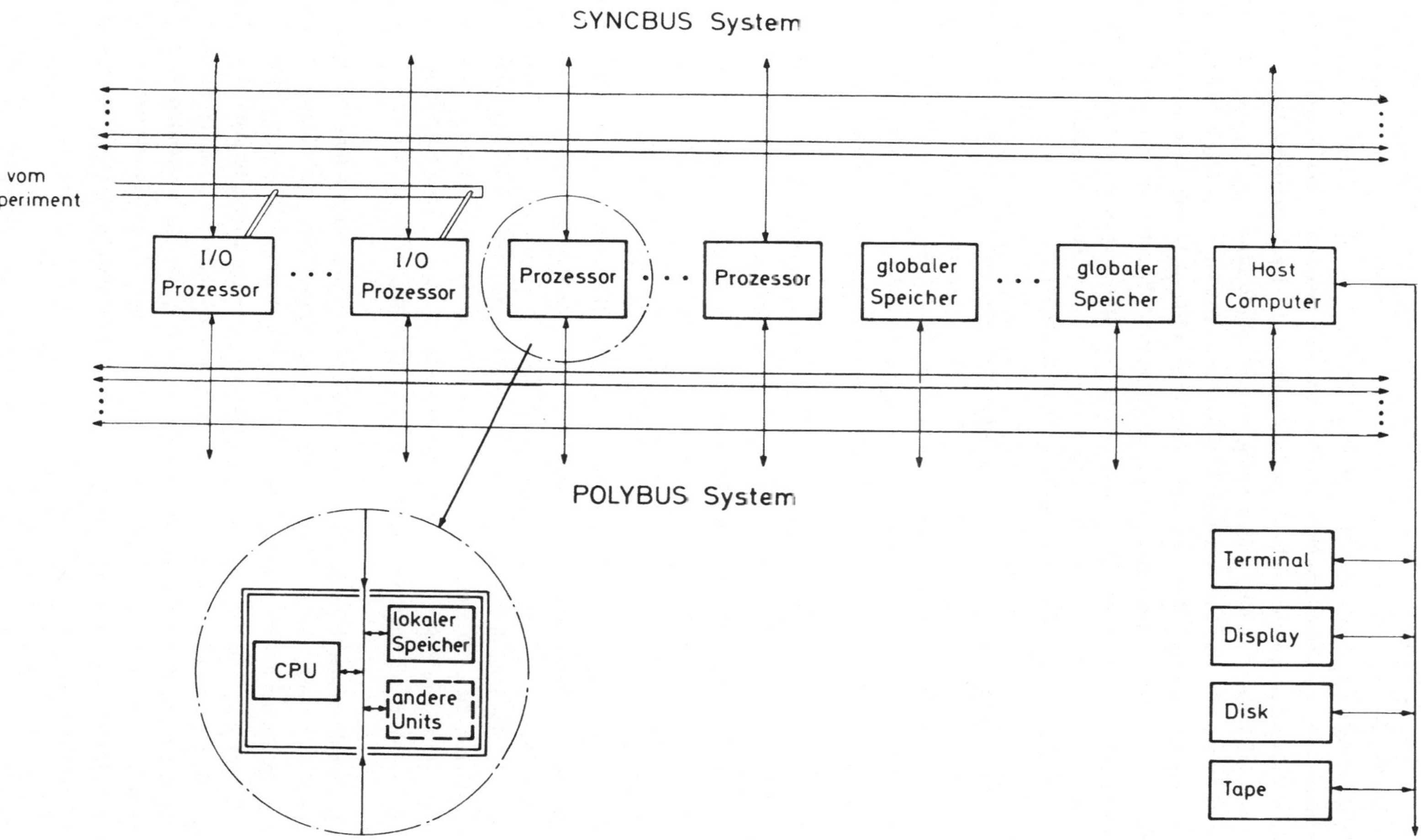

Bild 34: Struktur des Polyp-Systems mit Polybus und Syncbus

Dies ist möglich als Resultat einer Zustandsänderung eines Prozesses, die auf Anforderung durch ein lokales Betriebssystem vorgenommen wird und dazu führt, daß Prozesse in Warteschlangen eingetragen oder von dort entfernt werden. Bei Verwendung des Syncbus-Systems können diese System-Warteschlangen dezentralisiert werden: Jedes Prozessor-Modul enthält lokale Warteschlangen für solche Prozesse, die durch das lokale Betriebssystem in einen lauffähigen Zustand versetzt werden. Zu jeder möglichen Prozeß-Priorität existiert wie früher eine eigene Warteschlange. Ob eine Umverteilung der Prozesse im System notwendig ist, hängt dann davon ab, ob die verschiedenen Warteschlangen des Systems Elemente enthalten oder leer sind. Der Warteschlangenzustand wird durch ein Bit eines weiteren Registers im Syncbus-Interface (request priority register) repräsentiert. Analog zu den Prozessor-Prioritäten werden die Prioritäten aller nicht-leeren Warteschlangen auf einen zweiten Satz von Leitungen gegeben, die dann den systemweiten Zustand der Prozeßwarteschlangen darstellen.

Falls eine Prozeßumverteilung notwendig werden sollte, so wird immer ein Prozeß augenblicklich höchster Priorität an das ausgewählte Prozessor-Modul niedrigster Priorität zugeteilt werden. Die Auswahl dieses Prozesses geschieht völlig analog zu der beschriebenen Auswahl des Prozessors: Jedes Interface liest alle vorliegenden Prozeß-Prioritäten zurück, dekodiert daraus die augenblicklich höchste und bestimmt, ob die lokale Warteschlange dieser Priorität Elemente enthält. In diesem Fall gehören diese Elemente zu dem Pool der Prozesse, die als nächste an Prozessoren zugeteilt werden. Die Auswahl einer dieser Warteschlangen wird wieder über einen rotierenden Token erreicht, der bei einem beliebigen Modul festgehalten wird, das entsprechende Prozesse in der Warteschlange bereithält.

Schließlich ist noch zu entscheiden, ob eine Prozeßumverteilung notwendig ist oder nicht. Dies ist an hand der lokal bekannten Zustände von Warteschlangen und Prozessoren sehr einfach. Sie ist genau dann erforderlich, wenn die höchste Priorität aller nicht-leeren Warteschlangen höher ist als die niedrigste Priorität aller Prozessoren. Dies wird durch Vergleich bestimmt. Ist eine Umverteilung notwendig, so werden zwischen den beiden selektierten Modulen Informationen ausgetauscht, z.B. die Identifizierung des selektierten Prozesses, und die beiden zugehörigen Prozessoren unterbrochen. Der eine Prozessor löscht den nun akzeptierten Prozeß aus seiner Warteschlange, der andere Prozessor unterbricht seinen augenblicklich bearbeiteten Prozeß, reiht ihn in seine lokale Warteschlange ein und übernimmt den ihm zugeteilten Prozeß.

Da die Auswahl beider Module über einen rotierenden Token durchgeführt wird, ist sie unabhängig von der Größe des jeweiligen Pools. Im Extremfall kann mit diesem Verfahren auch ein Einzelprozessor-System verwaltet werden. Dann fordert natürlich immer das einzige Modul die Bearbeitung von Prozessen an und bearbeitet sie auch entsprechend ihrer Priorität selbst. Dies ist möglich, da alle Teile des Syncbus-Interfaces unabhängig voneinander arbeiten. Geschwindigkeitsvorteile ergeben sich dann dadurch, daß die Notwendigkeit für eine Prozeßumverteilung per Hardware festgestellt wird [11]. Auch in einem Multiprozessor-System ist es möglich, daß ein Prozessor niedrigster Priorität die Bearbeitung eines Prozesses höherer Priorität anfordert und dann auch selbst durchführt.

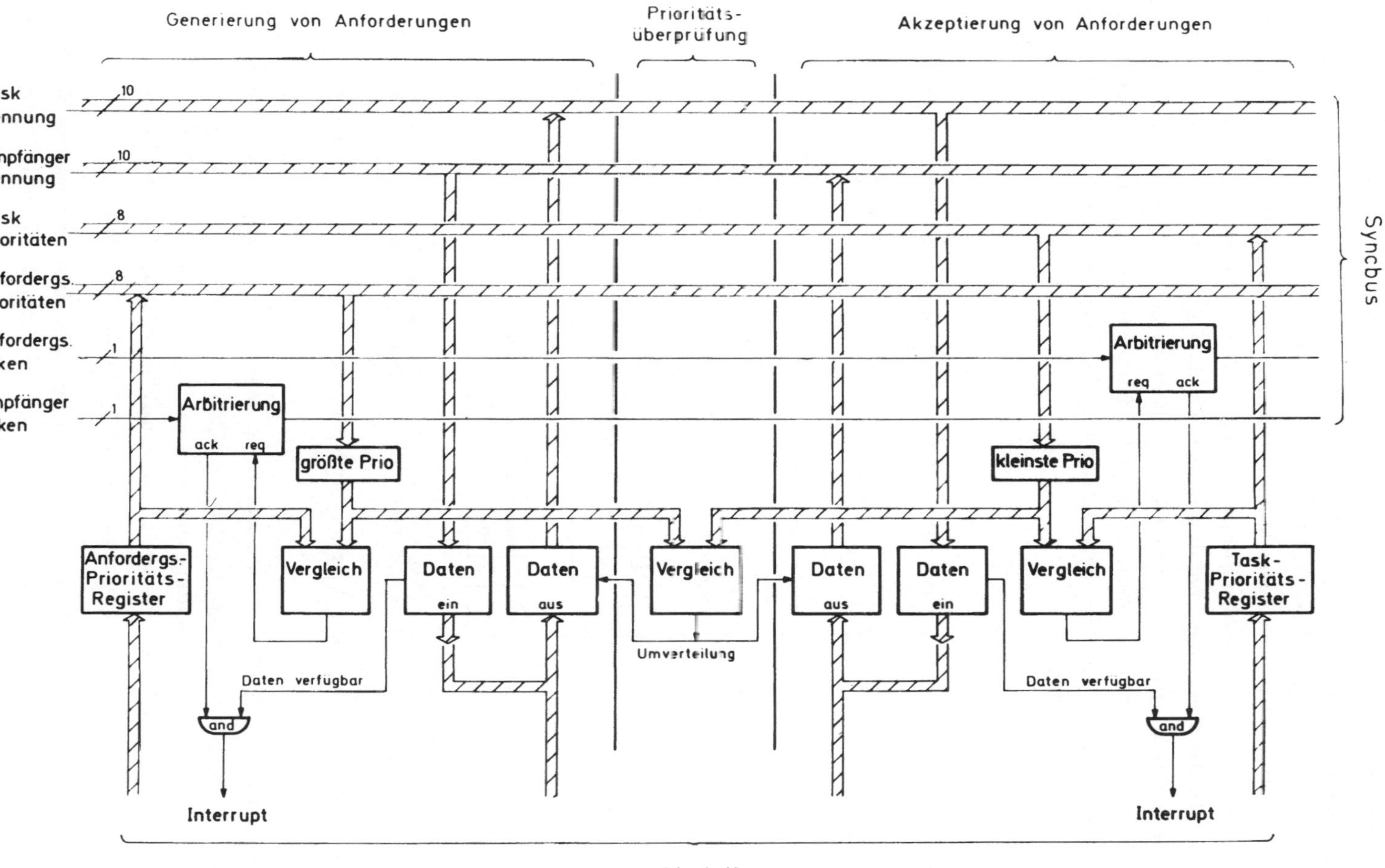

Bild 35: Struktur eines Syncbus-Interfaces

Dieses Verfahren des dezentralisierten, Hardware-unterstützten Prosessor- und Prozeß-Schedulings kann leicht erweitert werden für den Fall, daß mehrere Pools von Prozessoren verwendet werden. In diesem Fall existiert je eine Poolverwaltung, d.h. je ein Syncbus, pro Pool. Hier müssen Prozesse noch danach unterschieden werden, auf welchem Pool sie bearbeitet werden können. Generell kann jedes beliebige Prozessor-Modul beliebige Prozesse lauffähig machen und muß deshalb mit allen Syncbussen über den Teil des Syncbus-Interfaces verbunden sein, der die Anforderungen auf Bearbeitung von Prozessen im System verteilt. Umgekehrt kann ein Modul nur solche Prozesse zugeteilt bekommen, für deren Ausführung es geeignet ist. Es ist deshalb mit dem Teil des Interfaces, das Anforderungen akzeptieren kann, nur an den Syncbus des eigenen Pools angeschlossen (Bild 36).

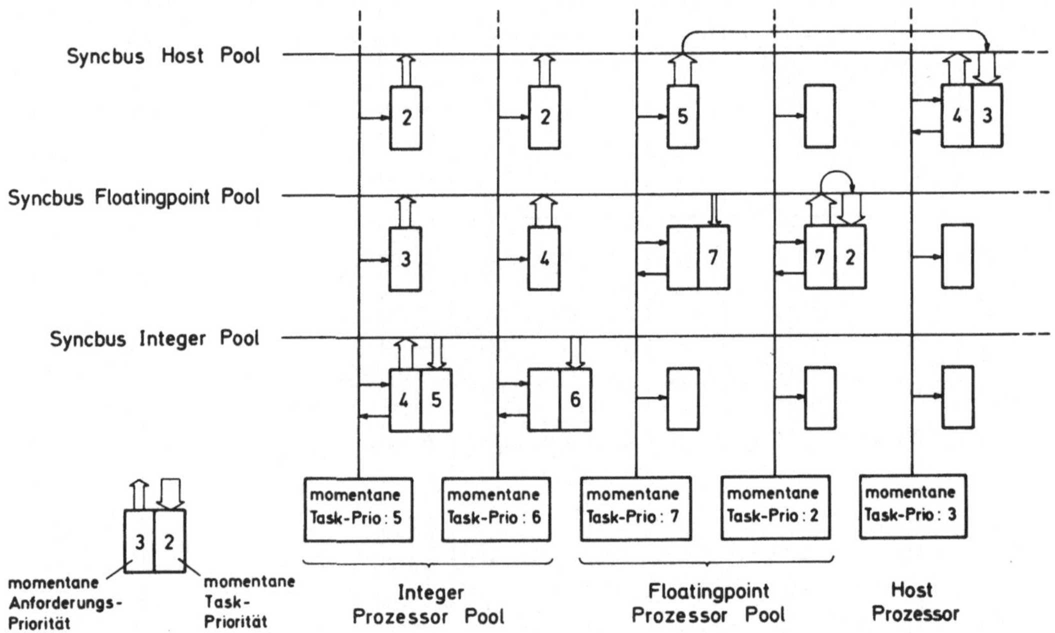

Bild 36: Mehrfach-Busstruktur des Syncbus-Systems im Falle mehrerer Pools

Das Syncbus-System ist dann ein Ressourcen-verwaltendes Netzwerk, an das eine beliebige Anzahl von Pools verschiedenartiger Ressourcen angeschlossen werden kann, wobei die Größe jeden Pools beliebig ist. Die Verwaltung der Pools wird dabei vollständig vom Netzwerk übernommen. Eine Implementierung von preemptive scheduling über das Syncbus-System ist einer mit Software durchgeführten Verwaltung aus mehreren Gründen überlegen:

- Es dezentralisiert die Prozeß-Warteschlangen und verringert damit gegenseitige Behinderungen beim Zugriff auf gemeinsame Systemtabellen. Der Zugriff auf lokale Warteschlangen kann mit beliebiger Parallelität erfolgen.

- Es macht Systemtabellen überflüssig, die den Zustand der Prozessoren beschreiben und verringert damit weiter gegenseitige Behinderungen.

- Es verhindert, daß bei jeder Zustandsänderung eines Prozesses das Betriebssystem die Notwendigkeit für eine Prozeßumverteilung überprüft.

- Es erlaubt, den zeitkritischen Teil des Schedulings vollständig im Syncbus-System ablaufen zu lassen, ohne Prozessoren unterbrechen zu müssen. Unterbrechungen finden nur statt, wenn eine Umverteilung vorgenommen wird. Werden Prozessoren unterbrochen, so ist der Scheduling-Vorgang bereits beendet.

- Die Organisation des Syncbus-Systems ist Poolgrößen-unabhängig. Eine Änderung der Anzahl der Mitglieder eines Pools erfordert keinerlei weitere Maßnahmen. Sie kann auch dynamisch erfolgen.

Der Syncbus kann dann effizient eingesetzt werden, wenn Software-Scheduling einen System-engpaß darstellt, d.h. wenn sehr häufig Prozeßumverteilungen vorgenommen werden. Die wesentliche Größe ist dabei das Verhältnis A/C der Rechenzeiten, die für das Anwendungsprogramm bzw. das Kontrollprogramm (Software-Scheduling) benötigt werden. Einen Vergleich der Effizienz eines Systems aus 100 Prozessoren und 300 Prozessen mit 8 Prioritäten mit Software- bzw. Syncbus-Scheduling als Funktion dieses Parameters zeigt Bild 37. Eine Abschätzung möglicher A/C-Verhältnisse bei der Anwendung des Polyp-Systems bei der Ereignis-Filterung [217] ergibt Werte von etwa 5 und damit erhebliche Vorteile beim Einsatz des Syncbus-Systems. In Bild 38 ist die relative Effizienz von Software- zu Syncbus-Scheduling aufgetragen. Unter den genannten Bedingungen ist eine erhebliche Effizienzsteigerung möglich.

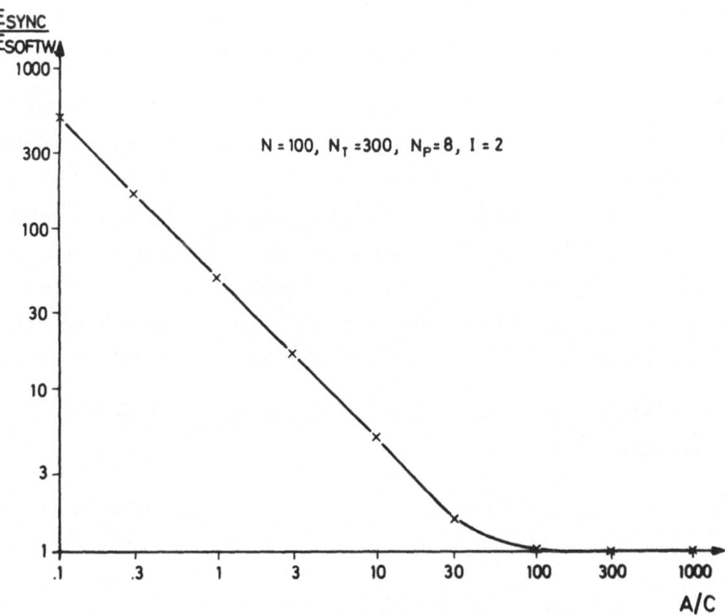

Bild 37: Systemeffizienz bei Berücksichtigung von Software- und Syncbus-Scheduling als Funktion von Anwendungs- zu Kontroll-Programm-Ausführungszeit

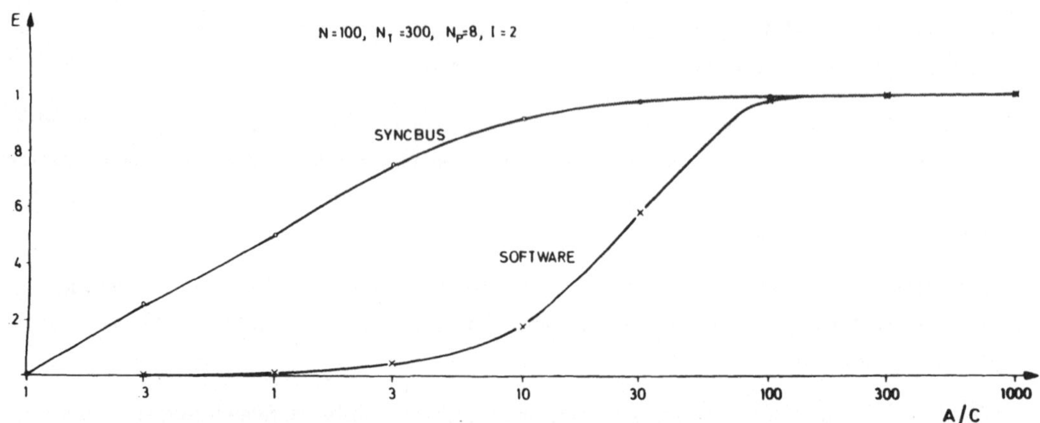

Bild 38: Relative Effizienz von Software- und Syncbus-Scheduling als
Funktion von Anwendungs- zu Kontroll-Programm-Ausführungszeit

4.1.2. Module

Das Polyp-System besteht auf der Systemebene aus Modulen, die durch ein Bussystem
verbunden sind. Da zwischen Modulen und Bussystem eine einfache Schnittstelle definiert ist,
können Module beliebiger Funktion in das System integriert werden. In den meisten Fällen genügt
jedoch ein kleiner Satz an Standard-Funktionen, die durch Standard-Module abgedeckt werden.
Dazu zählen Prozessor-, Speicher- und I/O-Prozessor-Module.

Auf der tiefer liegenden Modulebene ist eine ähnliche Situation gegeben. Jedes Modul ist aus
Units aufgebaut, die durch einen Einzelbus verbunden sind. Die Kooperation dieser Units ergibt
die Funktion des jeweiligen Moduls. Auch hier erlaubt eine einfache Schnittstellendefinition,
beliebige Teilfunktionen von Spezial-Units ausführen zu lassen. Andererseits muß jedes Modul
unabhängig von seiner speziellen Funktion bestimmte Teilfunktionen erfüllen. Dazu gehört die
Fähigkeit, aktiv oder passiv an einer Kommunikation über die Bussysteme teilzunehmen, lokal
Daten oder Instruktionen abspeichern zu können oder Speicher- oder Transfer-Fehler bearbeiten
zu können. Diese Standard-Teilfunktionen werden von Standard-Units übernommen.

Im folgenden sollen die Standard-Module des Polyp-Systems beschrieben werden und die
Standard-Units, aus denen sie zusammengesetzt sind.

4.1.2.1. Standard-Module

Die Zerlegung des Polyp-Systems in Funktionsmodule wie Prozessoren, globalen Speicher, I/O-Prozessoren und den Host-Rechner wurde bereits beschrieben, ebenso die weitere Zerlegung der Module in Units. Hier sollen zunächst nur noch Beispiele gegeben werden, wie sich die Standard-Module des Polyp-Systems aus Standard-Units zusammensetzen lassen und welche Konfigurationsmöglichkeiten dabei gegeben sind.

Im Anschluß daran wird der Aufbau der Standard-Units detailliert dargestellt. Dies umfaßt

- zwei Prozessor-Units, von denen eine besonders für Gleitkommaoperationen geeignet ist,

- eine Cache-Memory-Unit, die mit beiden Prozessor-Units zusammen eingesetzt werden kann,

- dynamische und statische Speicher-Units, wobei letztere noch mit einer Sortier-Funktion versehen werden kann,

- eine Fehlerkorrektur-Unit zum Schutz von Adressen und Daten während Transfers und Speicherung,

- eine Busswitch-Unit zur Ankopplung an das Bussystem der Systemebene und

- eine Simulator-Unit, mit der per Programm Units beliebiger Funktion nachgebildet werden können.

Prozessor-Module

Die Prozessor-Module der Systemebene haben die Funktion, beliebige sequentielle oder quasi-sequentielle Programme zu bearbeiten. Anwendungabhängig sind dazu zwei Möglichkeiten vorgesehen. Im Normalfall wird ein einzelner Prozessor das gesamte Programm sequentiell bearbeiten. Aus Geschwindigkeitsgründen werden dabei der größte Teil seines Programms und seine lokalen Daten in dem Prozessor-Modul selbst gespeichert sein. Bild 39 zeigt eine adäquate Konfiguration, in der nur ein Prozessor, lokaler Speicher und die Ankopplung an das Bussystem Verwendung finden.

In Sonderfällen kann die Leistungsfähigkeit des Moduls durch Pipeline-Verarbeitung gesteigert werden. Es ist vorgesehen, zwei Arten von Prozessor-Units mit unterschiedlicher Spezialisierung an einem Programm arbeiten zu lassen. Eine entsprechende Erweiterung des Moduls zeigt Bild 40. Zur Vermeidung von Interferenzen auf dem Modulbus und beim Zugriff auf den lokalen Speicher ist eine Prozessor-Unit mit einem Cache-Memory ausgestattet. Größerer lokaler Speicherbedarf wird durch den Einsatz mehrerer Speicher-Units abgedeckt. Im Beispiel wurde auch davon ausgegangen, daß eine höhere Buskapazität und größere Zuverlässigkeit erforderlich sind. Entsprechend wurde das Modul um zusätzliche Busswitches und einen Fehlerkorrektur-Kontroller ergänzt.

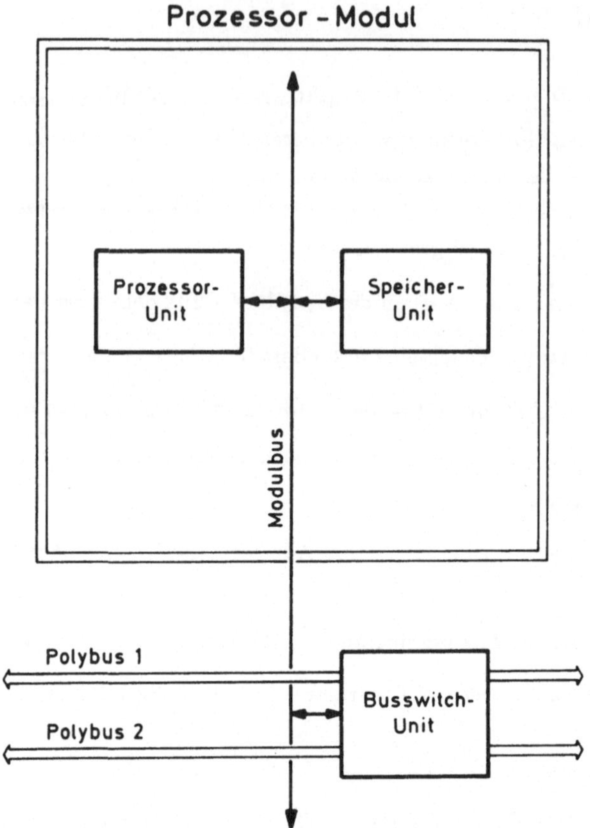

Bild 39: Struktur eines einfachen Prozessor-Moduls

Speicher-Modul

Besonders einfach aufgebaut sind globale Speicher-Module. Als Minimum benötigen sie eine Verbindung zum Bussystem und lokalen Speicher (Bild 41). Bei größerem Speicherbedarf, größerem Bussystem oder höheren Anforderungen an die Zuverlässigkeit kann die Zahl der eingesetzten Speicher- oder Busswitch-Units erhöht oder zusätzlich ein Fehlerkorrektur-Kontroller eingesetzt werden (Bild 42).

Ein Vergleich mit möglichen Konfigurationen von Prozessor-Modulen zeigt, daß der einzige Unterschied im Aufbau darin besteht, daß bei globalen Speicher-Modulen Prozessor-Units und damit auch Cache-Memories fehlen.

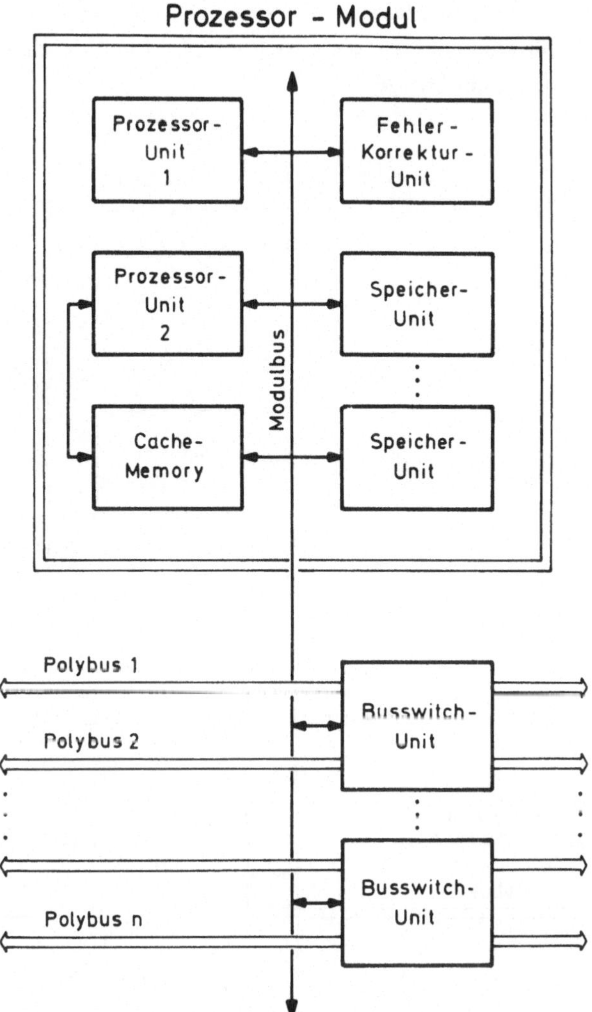

Bild 40: Struktur eines erweiterten
Prozessor-Moduls für Pipeline-Betrieb

I/O-Prozessor-Module

I/O-Prozessor-Module koppeln das Polyp-System an externe Elektronik an. Dies erfordert zunächst eine Schnittstellen-Anpassung. Direkte Dateneingabe in das System ist dann besonders sinnvoll, wenn der Umweg über das Host-System zuviel Zeit in Anspruch nehmen würde. Unter diesen Umständen ist es aber sinnvoll, die maximale Transferrate des Bussystems auszunützen. Wie bei der Beschreibung des Bussystems gezeigt wird, erfordert dies einen DMA-Kontroller, der die Daten blockweise in den eigenen lokalen oder einen beliebigen anderen Speicher des Systems transferiert [218]. Bild 43 zeigt, daß ein globales Speicher-Modul durch Addition einer solchen Unit in ein I/O-Prozessor-Modul übergeht.

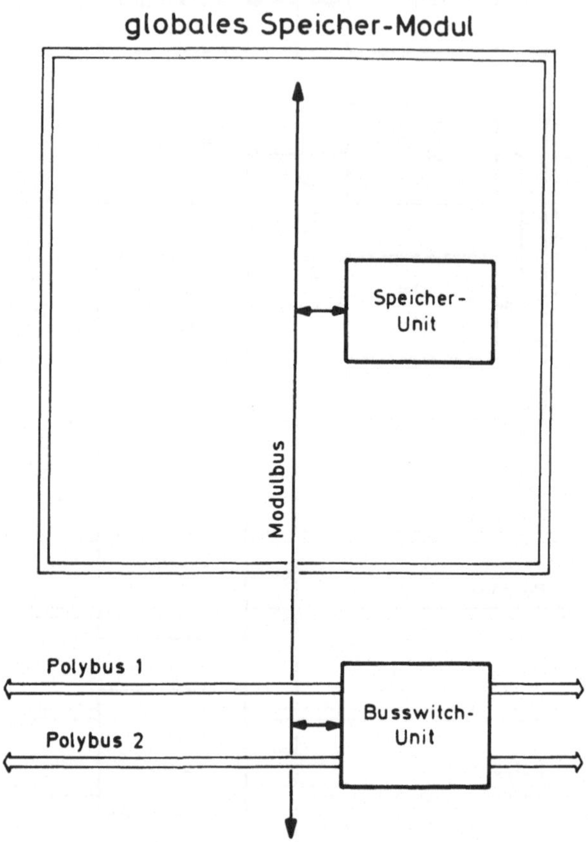

Bild 41:   Struktur eines einfachen
einfachen globalen Speicher-Moduls

Host-Module

Ein letztes Beispiel einer Modul-Konfiguration zeigt Bild 44.   Hier wurde ein Prozessor-Modul um Interfaces ergänzt, die es an einen Standard-Rechner ankoppeln.   Im Bild ist diese Kopplung in zwei Richtungen aufgeteilt, in denen jeweils der Host-Rechner Transfers zum Polyp-System durchführt oder umgekehrt.   Da diese Kopplung zeitunkritisch ist, genügt eine Adreß-raum-Abbildung zwischen Polyp-System und Host-Rechner mit der Möglichkeit, einzelne Über-tragungen durchführen zu können.

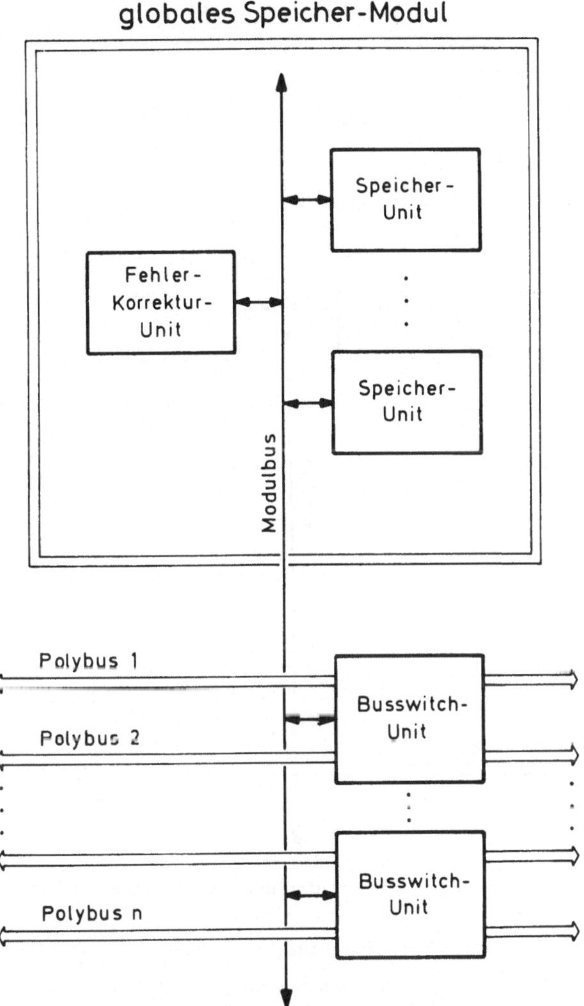

Bild 42: Struktur eines erweiterten globalen Speicher-Moduls

4.1.2.2. Standard-Units

Es wurde gezeigt, daß sich Module mit qualitativ und quantitativ unterschiedlichen Eigenschaften aus einem kleinen Satz von Standard-Units zusammensetzen lassen. Wichtigste Standard-Unit ist die Prozessor-Unit, die die Rechenleistung des Polyp-Systems zur Verfügung stellt. Sie bearbeitet in der Regel Instruktionen und Daten, die innerhalb des Moduls abgespeichert sind, und zwar in Speicher-Units. Die Kommunikation mit anderen Modulen findet über eine

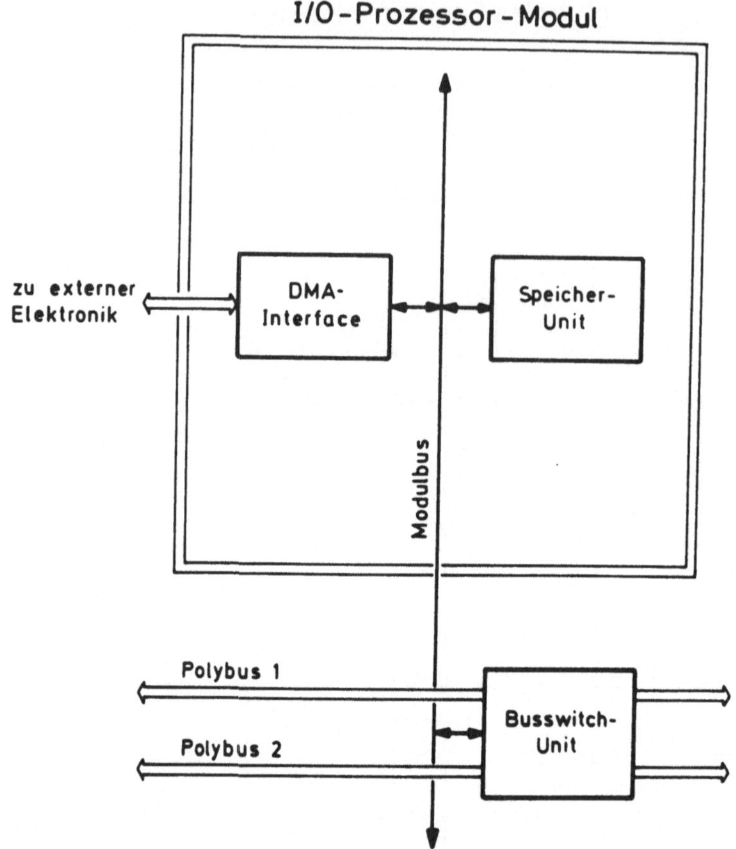

Bild 43: Struktur eines einfachen I/O-Prozessor-Moduls

oder mehrere Busswitch-Units statt, die Kommunikation mit externer Elektronik über Interface-Units. Eine optimale Auslastung sowohl der jeweiligen CPU, als auch der Busbreite erlaubt eine Cache-Unit, die häufig benutzte Instruktionen und Daten zwischenspeichert und über eine separate Verbindung der Prozessor-Unit zur Verfügung stellt. Speicher- und Transfer-Fehler behandelt eine Fehler-Korrektur-Unit. Für Diagnosezwecke wurde schließlich eine Simulator-Unit entwickelt, die es gestattet, Transfers auf dem Signal-Niveau zu kontrollieren. Alle diese Units können in beliebigen Polyp-Anwendungen eingesetzt werden. Eine letzte Unit ist jedoch speziell für die Ereignis-Filterung gedacht: Die Ereignis-Sortier-Speicher-Unit sortiert einen komprimierten Datenstrom während der Abspeicherung.

Alle Units sind als steckbare Platinen realisiert. Die Units eines Moduls sind untereinander durch einen einzelnen Bus, den Modulbus, verbunden. An Modulbus-Transfers können sie deshalb passiv oder aktiv teilnehmen. In beiden Fällen muß ein bestimmtes Kommunikations-Protokoll eingehalten werden. Units sind deshalb zum Teil selbst wieder aus standardisierten Funktionsblöcken aufgebaut. Diese Funktionsblöcke, die als steckbare Einheiten realisiert sind, werden Subunits genannt.

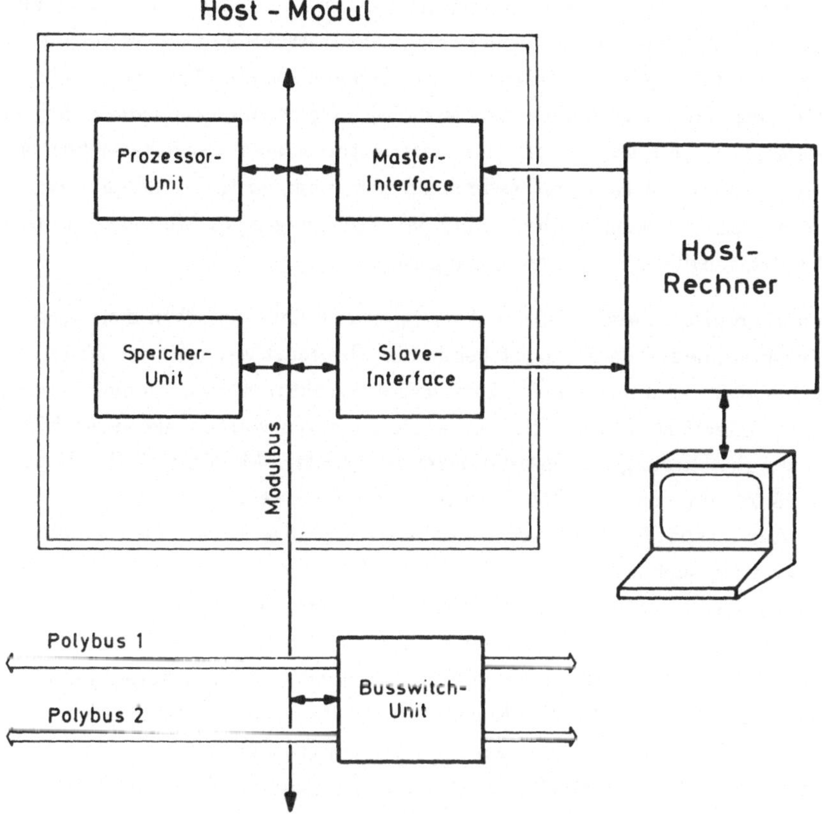

Bild 44: Struktur eines Host-Moduls

Prozessor-Units

Die Prozessor-Unit eines Prozessor-Moduls ist letzlich für die Abarbeitung der Benutzerprogramme verantwortlich. Kann man optimale Verhältnisse bei der Parallelverarbeitung voraussetzen, so ist die totale Leistungsfähigkeit des Polyp-Systems der Leistung dieser Unit proportional.

Diese Leistung ist dadurch gegeben, wie schnell an hand eines gegebenen Programms Operationen an Operanden ausgeführt werden. Aus ökonomischen Gründen kann das die Operationen ausführende Element nur ein Mikroprozessor sein. Zeitbestimmend sind dann

- die Zugriffsgeschwindigkeit auf Instruktionen (Operationen) und auf Daten (Operanden)

- die Komplexität der Instruktionen

- die Ausführungsgeschwindigkeit der Instruktionen.

Diese Kriterien sind nicht unabhängig voneinander. Die Zugriffsgeschwindigkeit auf Instruktionen ist z.B. dann besonders wichtig, wenn nur einfache Instruktionen zur Verfügung stehen und komplexe daraus zusammengesetzt werden müssen. Andererseits erfordert ein komplexer Instruktionssatz relativ lange interne Dekodierzeiten, so daß sich Geschwindigkeitsvorteile gegenüber einfacheren Prozessoren nur einstellen, wenn der ganze Instruktionssatz auch tatsächlich ausgenützt wird. Der Zugriff auf Daten kann zeitbestimmend sein, wenn Instruktionen auf ganzen Datenfeldern operieren. Die enormen Freiheiten bei der Auslegung eines Mikroprozessors haben zu einer Vielfalt unterschiedlichster Konzeptionen geführt.

Die ersten Mikroprozessoren besaßen notwendigerweise einen einfachen Instruktionssatz, weil der für Mikroprogramme zur Verfügung stehende Platz begrenzt war. Mit der Weiterentwicklung der VLSI-Technologie konnten immer komplexere Strukturen und immer umfangreichere Mikroprogramme integriert werden. Bis vor wenigen Jahren wurden die neuen Möglichkeiten hauptsächlich zur Erweiterung des Instruktionssatzes genutzt. Moderne 32-Bit-Prozessoren wie der Motorola 68020 besitzen etwa 150 Instruktionen, die jeweils mit bis zu 20 verschiedenen Adressierungsarten verknüpft werden können. Eine gegenläufige Entwicklung bahnte sich jedoch bereits 1970 an: Untersuchungen von Cocke bei IBM zeigten, daß komplexe Instruktionen oft nicht effektiv ausgenützt werden. Er schlug vor, solche Operationen durch Compiler in einfache Instruktionen auflösen zu lassen und Rechner mit reduziertem Instruktionssatz (RISC) zu bauen [219]. Es wurde argumentiert, daß die Vereinfachung schnellere Ausführungszeiten zur Folge hat und mehr Raum für Register und Cache-Memory zur Verfügung stellt. Beides reduziert die Speicherzugriffe und erhöht die Rechenleistung weiter. Seit einigen Jahren werden Vor- und Nachteile von Rechnern mit komplexem Instruktionssatz (CISC) gegenüber RISC-Architekturen intensiv untersucht [220], ohne daß allgemein akzeptierte Regeln für den Einsatz beider Typen gefunden wurden.

Auch für das Polyp-System ist unklar, welcher Prozessortyp besser geeignet ist. Es ist denkbar, daß die ersten Stufen bei der Ereignis-Filterung am besten durch einen RISC-Prozessor bearbeitet werden. Ein Hinweis darauf ist die in Anhang 1 gegebene Filterroutine, deren zeitkritische innerste Schleife fast nur einfache Instruktionen enthält. Allerdings ist zu erwarten, daß spätere Filterstufen einen CISC-Instruktionssatz wesentlich effektiver benutzen können.

Die Entscheidung zwischen RISC- und CISC-Prozessoren kann für die Weiterentwicklung des Polyp-Systems wesentlich sein. RISC-Mikroprozessoren wurden von verschiedenen Herstellern erstmals 1985 angekündigt [17]. Während der ersten Entwicklungsphase des Polyp-Systems standen nur CISC-Prozessoren zur Verfügung.

Solche Mikroprozessoren unterscheiden sich innerhalb ihrer Familie (16/32 Bit) nur wenig in ihrem Instruktionssatz und in ihren Instruktions-Ausführungszeiten. Dagegen gibt es bei der Art, wie auf Instruktionen und Daten zugegriffen wird, große Unterschiede. Viele 16-Bit-Mikroprozessoren besitzen einen segmentierten Adreßraum, bei dem nur Zugriffe innerhalb einiger Segmente von 64 kBytes Größe schnell möglich sind; andere Zugriffe erfordern das Umladen von Segmentregistern. In vielen Anwendungen mindert diese Einschränkung die Leistungsfähigkeit kaum. Im Polyp-System ist aber ein nicht-segmentierter Adreßraum, wie er von anderen Mikroprozessoren benutzt wird, in zwei Fällen wichtig: Werden Programme durch intensive

Verwendung von Table-Lookup beschleunigt, so muß, wie früher diskutiert, schneller Zugriff auf Speicher in der MByte-Größe möglich sein. Arbeitet das Multiprozessor-System im mäßig oder stark gekoppelten Betrieb, so muß zusätzlich schneller Zugriff auf verschiedene Module möglich sein. Dies schränkt die Zahl der verwendbaren Mikroprozessoren erheblich ein.

Multiprozessor-Systeme sind soft- und hardwaremäßig komplex und damit fehleranfällig. Software-Fehler treten vorwiegend bei der Synchronisation paralleler Prozesse auf, die noch nicht ausreichend durch höhere Sprachen unterstützt wird. Die Wahrscheinlichkeit für Hardware-Fehler wächst mit der Systemgröße stark an. In manchen Fällen ist nicht einmal klar, ob ein unerwartetes Verhalten als Fehler betrachtet werden soll. Antwortet etwa in einem Einzel-Prozessor-System ein existierendes Gerät auf eine Adressierung nicht, so liegt ein Fehler vor. Im Polyp-System ist jedoch möglicherweise nur ein erlaubter Zugriffsengpaß aufgetreten. Um solche Situationen behandeln zu können, ist es wichtig, daß der Prozessor auf fehlerhafte oder verdächtige Situationen reagiert, um eine Behandlung im Programm zu ermöglichen. Fehlerhafte Situationen können zum Teil durch eine semantische Überprüfung der gelesenen Information erkannt werden: Nicht alle Bitkombinationen repräsentieren zulässige Instruktionen oder Operanden; sie müssen zum Aufruf einer Fehlerbehandlung führen. Andere, Multiprozessor-typische Fehler wie Aussperrung und Deadlock führen dazu, daß Operationen nicht abgeschlossen werden können; solche Situationen müssen ebenfalls detektiert und geeignet behandelt werden können.

Die vom Polyp-System gestellten Anforderungen bezüglich Geschwindigkeit, Größe des direkt adressierbaren Adreßraums und Fehlerbehandlung erfüllte bis vor kurzem nur ein Mikroprozessor, der 68000 [221]. Er ist für Integer- und logische Operationen modernen Minicomputern vergleichbar [222]. Sein nicht-segmentierter Adreßraum von 16 MBytes Größe übertrifft zwar um Größenordnungen die seiner Konkurrenten, erfordert aber trotzdem eine Anpassung an den 32-Bit Adreßraum des Polyp-Systems. Auch die semantische Überprüfung des laufenden Programms ist sehr weit getrieben.

Die Anpassung an das Polyp-System erforderte mehrere Schritte. Erster Schritt bei der Anpassung des Prozessors an das Polyp-System ist, ihm Zugriff auf den vollen 32-Bit-Adreß-raum zu ermöglichen, ebenso wie die Wahl von lokalen oder globalen Adressen und von Adressierungsarten. Dabei ist wichtig, daß diese Festlegungen pro Transfer und nicht nur pro Instruktion erfolgen können.

Dies leistet eine Abbildungslogik, die in Bild 45 dargestellt ist. Die CPU-Adresse wird in mehrere Teile aufgespalten. Die untersten beiden Bits selektieren ein Byte innerhalb eines Langworts. Da das Polyp-System Langwort-orientiert aufgebaut ist, tauchen diese Bits nicht in der Busadresse auf. Ihren Platz nimmt die Adressierungsart ein, die nur bei globalen Transfers Bedeutung hat; sie wird aus einem Register entnommen. Die obersten beiden Bits der CPU-Adresse selektieren einen von vier Adreßräumen des Polyp-Systems; sie werden auf die obersten Bits der Modulbus-Adresse abgebildet.

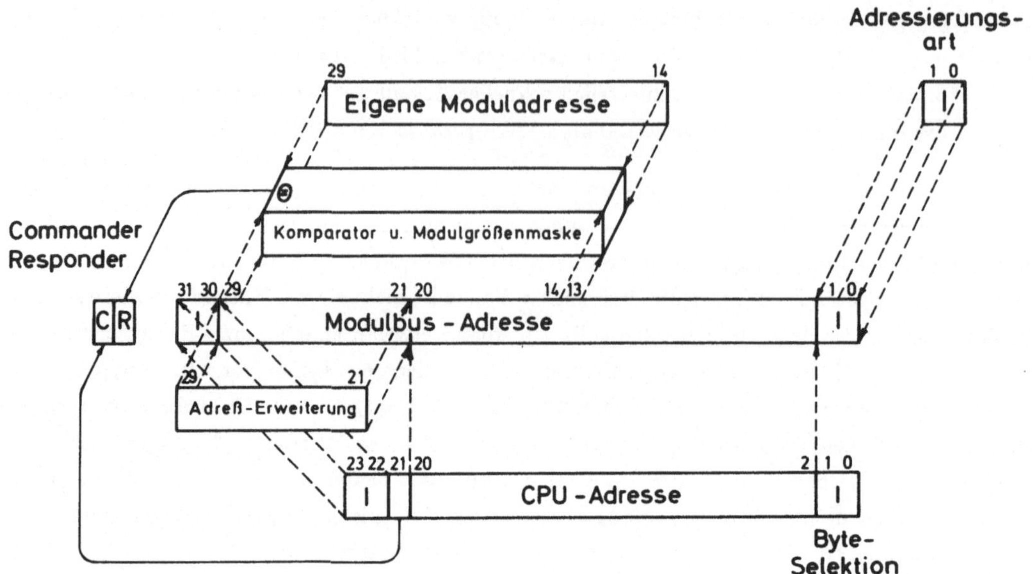

Bild 45: Abbildung des Adreßraums der CPU 68000 auf den des Polyp-Systems

Das nächsthöchste Bits der CPU-Adresse dient zur Unterscheideung zwischen lokalen und globalen Adressen; es wird direkt auf das Commander-Signal des Busses. übertragen. Zur Erweiterung der Adresse auf 32 Bits fehlen nun 9 Bits, die von einem weiteren Register direkt auf den entsprechenden Teil der Modulbus-Adresse abgebildet werden. Die Entscheidung, ob bei globaler Adressierung die eigene Moduladresse verwendet wurde, ergibt sich aus einem Vergleich der erzeugten Modulbus-Adresse mit einem weiteren Register; sein Ergebnis entspricht dem Responder-Signal.

Diese Abbildung erweist sich als sehr flexibel, weil — mit zwei Ausnahmen — alle Parameter einer Adressierung pro Transfer frei gewählt werden können: Da zu einer Instruktion des Prozessors in der Regel mehrere Transfers gehören, können die Adressierungs-Parameter auch während der Ausführung einer Instruktion geändert werden. Ein Beispiel ist das Lesen einer Instruktion (lokaler Instruktionsraum), das Lesen eines Operanden von externer Elektronik (lokaler CSR-Raum) und seine Weitergabe an einen Pool zur Bearbeitung (Broadcast zu globalem pubilc-data-Raum). Die Ausnahmen betreffen die verwendeten Register-Inhalte, die nur durch Beschreiben verändert werden können und deshalb während der Ausführung einer Instruktion einen festen Wert haben. Dies ist keine erhebliche Einschränkung: Ist z.B. ein System mit 30 Modulen so konfiguriert, daß mit globalen Transfers nur die untersten 64 kBytes jeden Moduls erreicht werden können, so braucht das Adreßerweiterungsregister nie verändert zu werden; ein Umschalten von Modul zu Modul ist dann auch während der Ausführung einer einzigen Instruktion über die CPU-Adresse möglich.

Der zweite Schritt in der Adaption der 68000-CPU an das Polyp-System ist eine Protokoll-Umsetzung: Während der Mikroprozessor ein einfaches paralleles Protokoll verwendet, wird auf dem Modulbus ein wesentlich komplexeres Protokoll benötigt, bei dem Adressen und

Daten gemultiplext werden und das ihren Schutz durch Fehlerkorrektur-Kontroller zuläßt. Diese Umsetzung führt eine Standard-Subunit, das Master-Kontroll-Board durch. Die inverse Umsetzung, die den Zugriff auf die Register der Prozessor-Unit erlaubt, ermöglicht eine zweite Standard-Subunit, das Slave-Kontroll-Board. Bild 46 zeigt den Aufbau der Prozessor-Unit mit 68000 CPU und Unterstützungslogik.

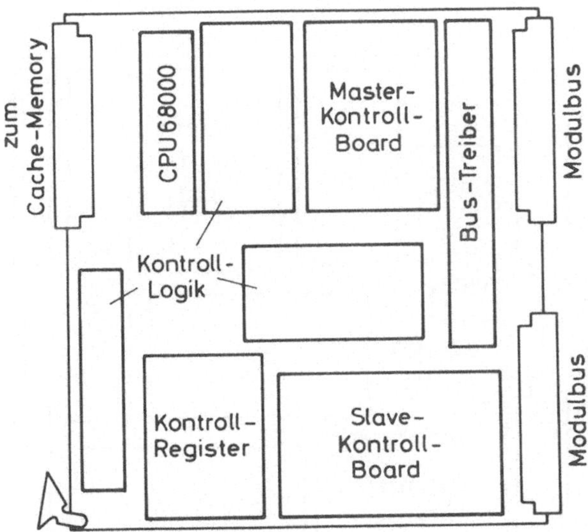

Bild 46: Aufbau der Prozessor-Unit mit 68000 CPU

Seit Mitte 1985 ist eine Nachfolge-CPU verfügbar, der 68020. Dies ist ein 32-Bit-Mikroprozessor, der mit einem Gleitkomma-Koprozessor zusammenarbeiten kann. Eine entsprechende Prozessor-Unit zeigt Bild 47. Sie erlaubt die Parallelverarbeitung von Programmen auf dem Instruktions-Niveau. Da diese CPU eine volle 32-Bit-Adresse generiert, ist die Abbildung auf den Polyp-Adreßraum sehr viel einfacher, weil das Adreßerweiterung-Register entfällt.

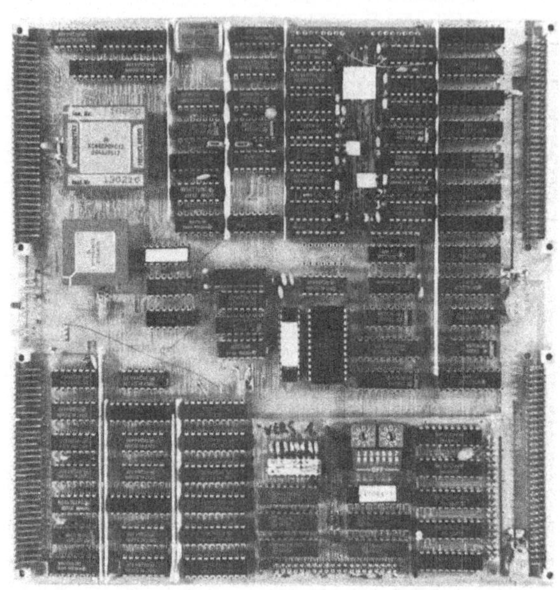

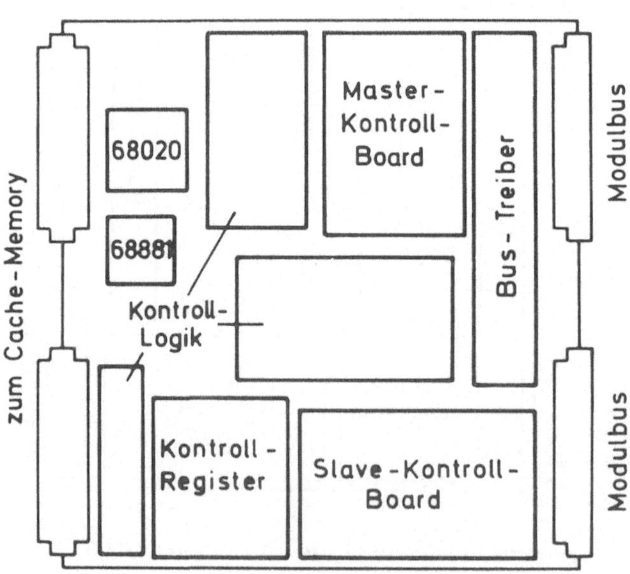

Bild 47: Aufbau der Prozessor-Unit mit 68020 CPU und 68881 Gleitkomma-Prozessor

Speicher-Units

Im Polyp-System existiert eine Speicher-Hierarchie. Sehr häufig benötigte Instruktionen können in einem Cache-Memory, das zusammen mit der CPU integriert ist, gehalten werden. Ein externes Cache-Memory ist als Unit verfügbar und kann häufig benötigte Instruktionen und Daten zwischenspeichern. Als dritte Stufe folgt der eigentliche Hauptspeicher des Polyp-Systems, der auf globale Speicher-Module und lokalen Speicher innerhalb der Prozessor-Module aufgeteilt sein kann.

Dieser Hauptspeicher ist modular aus Speicher-Units aufgebaut. Wie früher ausgeführt, können je nach Anwendung unterschiedliche Anforderungen an die Geschwindigkeit des Hauptspeichers vorliegen. Rechenintensive Anwendungen erfordern im allgemeinen nur langsame Speicher-Units, da der mehrstufige Cache-Mechanismus die Geschwindigkeits-Adaption automatisch vornimmt. Ein/Ausgabe-intensive Anwendungen erfordern dagegen schnelle Speicher-Units, die an die Bus-Geschwindigkeit angepaßt sind. Im Polyp-System werden sowohl schnelle statische Speicher, als auch große dynamische Speicher als Standard-Units eingesetzt.

Ein statischer Speicher kann mit sehr wenig Aufwand realisiert werden. Da der Wert jedes Bits hier durch den Zustand eines Flip Flops repräsentiert wird, erfordert ein solcher Speicher im Lesefall nur das Anlegen einer Adresse, im Schreibfall zusätzlich das der Daten. Im Gegensatz zu dynamischen Speichern sind statische Speicher auch sehr unempfindlich gegenüber Strahlung, z.B. Höhenstrahlung, und damit fehlerunanfällig. Eine statische Speicher-Unit des Polyp-Systems besteht deshalb nur aus der Adressier-Logik und der eigentlichen Speicher-Matrix (Bild 56).

Dynamische Speicher sind wesentlich komplexer aufgebaut. Hier werden die Werte der einzelnen Bits durch Ladungen repräsentiert, die in Kondensatoren gespeichert sind. Diese Kapazitäten werden durch Leckströme entladen; ihr Ladungszustand muß deshalb periodisch aufgefrischt werden. Dies erfolgt durch periodisches Lesen, das typischerweise in Millisekunden-Abständen wiederholt werden muß. Ein ökonomischer innerer Aufbau dieser Speicher-Chips verlangt zudem, daß die Adresse in eine Spalten- und eine Zeilen-Adresse aufgeteilt und beide zeitlich versetzt angelegt werden. Dynamische Speicher erfordern deshalb eine Ablaufsteuerung, eine Refresh-Logik und eine Arbitrierung zwischen normalen und Refresh-Zyklen. In Bild 48 ist die dynamische Speicher-Unit des Polyp-Systems mit diesen Funktionsblöcken, der Adressierungslogik und der eigentlichen Speicher-Matrix gezeigt.

In modernen dynamischen Speichern ist die pro Bit gespeicherte Ladung bereits sehr gering; typisch sind etwa 10^3 bis 10^4 Ladungsträger. Es ist deshalb möglich, daß ionisierende Teilchen Ladungskanäle im Halbleiter des Speicher-Chips erzeugen, über die sich einzelne Zellen entladen können. Solche "Soft-errors" können durch α-emittierende Verunreinigungen der Chip-Materialien selbst oder durch Höhenstrahlung hervorgerufen werden. In großen Speichersystemen wird die totale Fehlerrate dadurch unakzeptabel groß. Es ist notwendig, solche Fehler zu korrigieren [223]. Im Polyp-System können die Speicherung und der Transfer von Informationen durch einen fehlerkorrigierenden Code geschützt werden. Die Erzeugung und Überprüfung dieses Codes und etwa notwendige Korrekturen übernehmen Fehlerkorrektur-Units. Auf den Speicher-Units muß lediglich der entsprechende Code zusammen mit dem Speicherwort abgelegt werden.

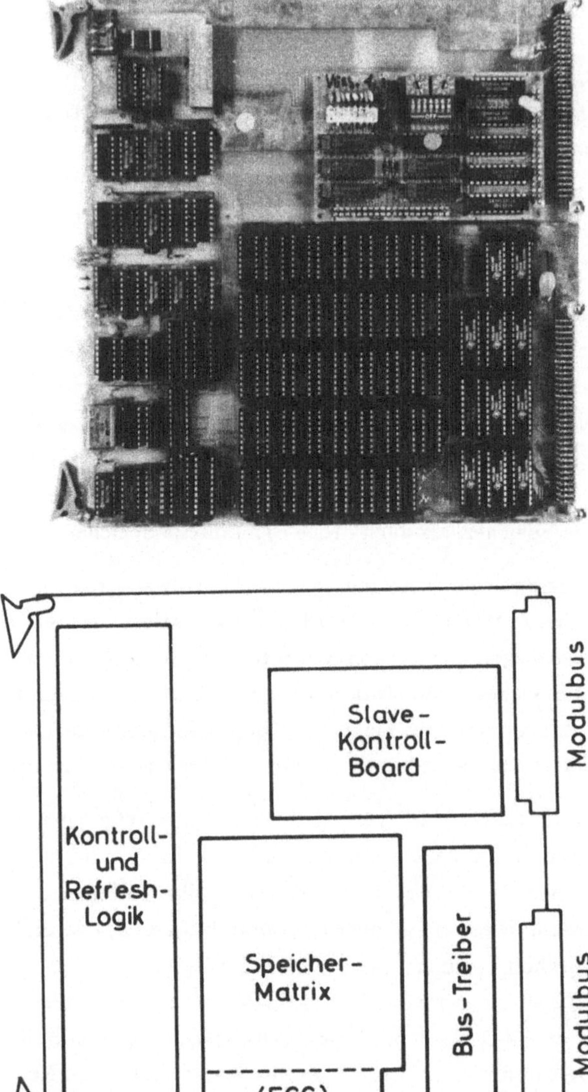

Bild 48: Aufbau der dynamischen Speicher-Unit

Der entsprechende Teil der Speichermatrix ist ebenfalls in Bild 48 gekennzeichnet.

Busswitch-Unit

Die Funktionen von Prozessor- und globalen Speicher-Modulen lassen sich unter Verwendung einer geeigneten Anzahl von Prozessor- und Speicher-Units abdecken. Die Ankopplung von Modulen an das Mehrfach-Bussystem übernehmen Busswitch-Units.

Eine Busswitch-Unit hat zwei zum großen Teil unterschiedliche Aufgaben: Initiiert ein Master, z.B. eine Prozessor-Unit, einen Transfer, der zu einem anderen Modul gerichtet ist, so übernimmt der Busswitch die Aufgabe, den nächsten unbenützten Bus des Polybus-Systems auszuwählen und nach Zuteilung den Master zu veranlassen, den Transfer fortzusetzen. Dies erfordert ein Durchschalten der Modulbus-Signale auf den reservierten Polybus in Übereinstimmung mit dem Busprotokoll.

Ist ein Busswitch nicht in dieser aktiven Rolle, so beobachtet er die Transfers, die auf dem mit ihm verbundenen Polybus durchgeführt werden. Bei Adressen, die sich an das Modul richten, Teil dessen der Busswitch ist, muß die Verbindung vom Polybus zum jeweiligen Modulbus hergestellt werden. Dies erfordert eine Zuteilung des Modulbusses und die anschließende Durchschaltung der Polybus-Signale entsprechend dem Busprotokoll.

Diese Aufgaben lassen sich zusammenfassen in die Funktionen

- Arbitrierung

- Adreßerkennung

- Protokollabwicklung.

Diese Funktionen können in zum Teil unabhängige Teilaufgaben zerlegt werden, die durch Funktionsblöcke ausgeführt werden können. Wie auf anderen Units auch, sind solche Funktionsblöcke als steckbare Subunits realisiert. Ein entsprechend strukturiertes Prinzip-Schaltbild der Busswitch-Unit zeigt Bild 49. Zentraler Funktionsblock ist die Arbitrierungs/Funktions-Subunit, die Anforderungen akzeptiert und Steuersignale weitergibt. Anforderungen können von der Modulbusseite her vorliegen, nämlich auf Transfers zu anderen Modulen, oder umgekehrt von der Polybusseite, nachdem der Adreßdekoder eine für das entsprechende Modul gültige Adresse erkannt hat. Treten beide Anforderungen gleichzeitig auf, so wird der Konflikt in dieser Subunit aufgelöst. Transfers zum Polybus hin können durchgeführt werden, sofern die Polybus-Arbitrierung einen Polybus zugeteilt hat. Da dies auf mehreren Polybussen bzw. Busswitchen gleichzeitig der Fall sein kann, muß unter allen transferbereiten Busswitchen einer durch eine Busswitch-Arbitrierung ausgewählt werden. Nach diesen Entscheidungen kann die Kontroll-Logik Modulbus und Polybus logisch miteinander verbinden. Die Steuerung übernimmt die Treiber-Kontroll-Subunit. Adressen, Daten und verschiedene andere Signale können direkt durchgeschaltet werden; ein Teil der Kontrollsignale passiert eine Subunit zur Protokollanpassung zwischen Modul- und Polybus.

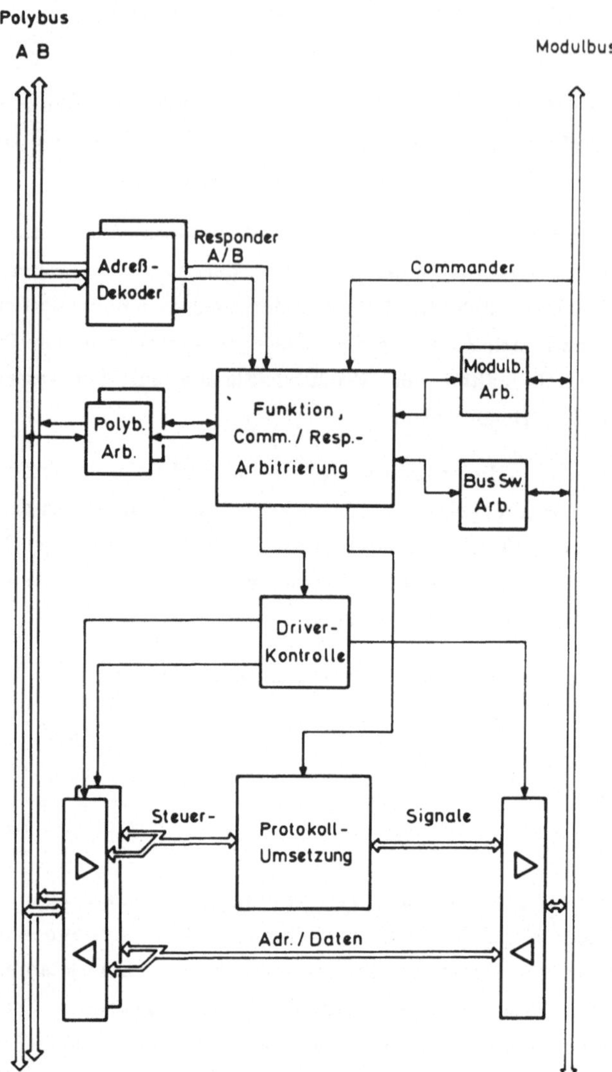

Bild 49: Struktur einer Busswitch-Unit

Im Polybus-System sind standardmäßig mehrere unabhängige Einzelbusse vorhanden. Für die praktische Realisierung wäre es prinzipiell am einfachsten, auch ebensoviele Busswitches einzusetzen. Dies ist jedoch nicht die ökonomischte Lösung: Von den Subunits aller Busswitch-Units würden in diesem Fall nur die Adreßdekoder und die Polybus-Arbitrierung parallel betrieben; da nur ein Modulbus existiert und deswegen jeweils auch nur ein Transfer durchgeführt werden kann, werden die anderen Subunits auch nur ein einziges Mal pro Modul benötigt. Andererseits verbietet die Forderung nach Skalierbarkeit des Bussystems eine Lösung, in der eine zentrale Bus-Kontrolleinheit eine Anzahl von Polybus-spezifischen Subunits ansteuert. Für das Polyp-System wurde als ökonomischer Kompromiß ein Aufbau gewählt, in dem eine Busswitch-Unit die Verbindung vom Modulbus zu zwei Polybussen herstellen kann. Bild 50 zeigt den jetzigen Aufbau der Busswitch-Unit.

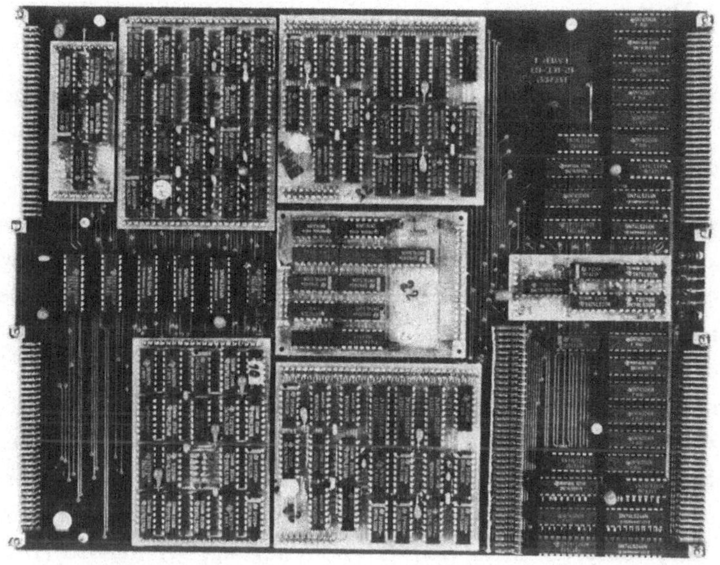

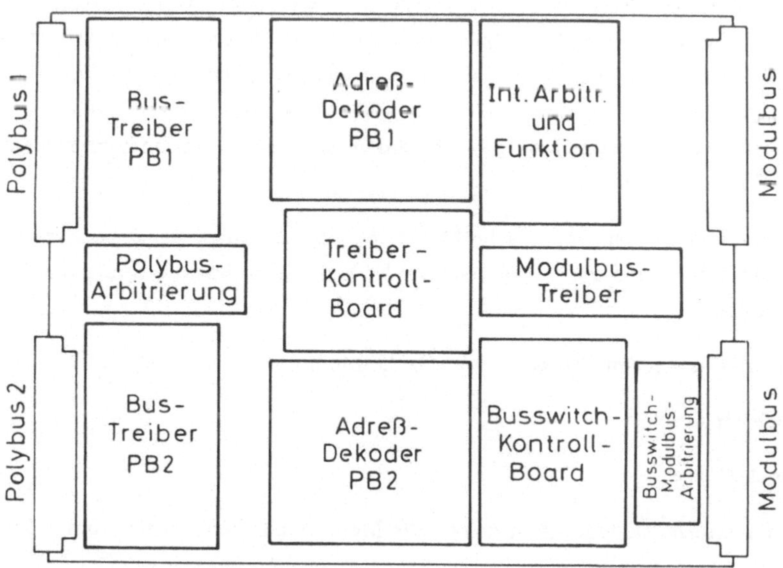

Bild 50: Aufbau der Busswitch-Unit

Modulbus- und Busswitch-Arbitrierung können als Teil der Verwaltung des Verbindungsnetzwerks des Polyp-Systems betrachtet werden. Ihre detaillierte Funktion und ihr Zusammenwirken werden bei der Beschreibung des Datenbus-Systems diskutiert.

Cache-Memory-Unit

Die Prozessor-Module des Polyp-Systems können mit Cache-Memories ausgerüstet werden. In wie weit dies die Leistung des Moduls erhöht, hängt vom verwendeten Prozessor, von Aufbau und Einsatzart des Cache-Memorys und von den verwendeten Programmen ab.

Im Polyp-System werden standardmäßig zwei Typen von Prozessoren eingesetzt, der 68000 und der 68020. Der 68000 besitzt einen 16-Bit Datenbus; auf Instruktionen wird wortweise, auf Daten wort- und byteweise zugegriffen. Arbeitet der Prozessor mit voller Geschwindigkeit, so belegt er seinen Bus zu 80% der Zeit. Der 68020 besitzt dagegen einen 32-Bit Datenbus. Instruktionen werden langwortweise gelesen; Datentransfers sind langwort-, wort- und byteweise möglich. Der Anteil der Busbelegung ist nur unwesentlich höher als beim 68000, jedoch werden die Transfers in kürzerer Zeit abgewickelt. Beide Prozessoren benützen ein asynchrones Busprotokoll; für die volle Arbeitsgeschwindigkeit ist es notwendig, daß ein externer Speicher den Abschluß eines Transfers innerhalb bestimmter Zeit meldet. Setzt man Standard-Taktfrequenzen voraus, so stehen dazu beim 68000 (10 MHz) 150 ns zur Verfügung, beim 68020 (16 MHz) dagegen nur 62 ns. Solche Zugriffszeiten sind mit heutigen dynamischen Speichern nicht zu realisieren. Typische Speicherzugriffszeiten liegen bei 150 ns, zu denen sich noch Verzögerungen durch die Interface- und Kontroll-Logik und die eigentlichen Transferzeiten zum Prozessor addieren. Abhilfe würde hier die Verwendung schneller statischer Speicher schaffen, jedoch können die im Polyp-System benötigten großen Speicher von ca. 30 – 200 MBytes aus elektrischen, thermischen und finanziellen Gründen nicht statisch aufgebaut werden. In dieser Situation können Cache-Memories die Leistungsfähigkeit steigern.

Bei der Implementation von Cache-Memories gibt es einige wichtige Parameter, die die Leistungsfähigkeit beeinflussen. Ihre relative Bedeutung diskutiert Smith [195]. Zu diesen Parametern zählen

- der "Abstand" zwischen Prozessor und Cache-Memory,

- seine Speicher-Größe,

- seine Block-Größe,

- die Art der Informationen, die in das Cache-Memory geladen werden können, und

- seine Ersetzungs-Strategie.

Hier wird vorausgesetzt, daß das Cache-Memory selbst schnell genug ist, um den angeschlossenen Prozessor ohne Wartezeiten mit Daten versorgen zu können. Dies läßt sich bei den gegebenen Anforderungen erreichen.

Der Abstand zwischen Prozessor und Cache-Memory ist für die Effizienz sehr wichtig. In einem Multiprozessor-System wie dem Polyp können Cache-Memories eingesetzt werden

- im CPU-Baustein selbst

- auf der Prozessor-Platine

- auf einer separaten Platine mit eigener Verbindung zum Prozessor

- als eigene Units an dem Modulbus

- auf den lokalen Speicher-Units

- als eigenes Modul an dem Polybus-System

- auf den globalen Speicher-Modulen.

In dieser Reihenfolge steigen die Zugriffszeiten durch die zunehmend komplexer werdende Logik entlang des Verbindungswegs und durch Übertragungsverzögerungen auf Grund der zunehmenden Leitungslänge. Für Cache-Memories ist deshalb Nähe zum Prozessor anzustreben. Umgekehrt sinkt mit dem Abstand zum Prozessor der Platz, der für die Realisierung des Cache-Memorys zur Verfügung steht. Dies schränkt seine Größe und damit seine Leistungsfähigkeit ein. Hier ein Optimum zu finden, ist nur durch Simulation möglich, die aber nur dann zuverlässige Aussagen liefert, wenn die Struktur der Software bekannt ist. Die Situation wird noch wesentlich unübersichtlicher durch die Möglichkeit, eine Speicher-Hierarchie mit mehr als zwei Ebenen zu verwenden. Im Prinzip könnten an allen oben genannten Stellen gleichzeitig Cache-Memories eingesetzt werden. Eine Optimierung der Gesamtleistung würde dann bei gegebener Software-Struktur die Optimierung aller Parameter jedes einzelnen Cache-Memorys verlangen. Dies ist praktisch nicht möglich.

Auf der obersten Ebene der Speicher-Hierarchie entscheidet der CPU-Hersteller bzw. die CPU-Auswahl, ob ein On-Chip-Cache-Memory eingesetzt wird und welche Charakteristik es besitzt. Die Notwendigkeit für solche Cache-Memories steigt mit zunehmender Taktfrequenz, da die Leistungsfähigkeit moderner Prozessoren erheblich durch die Speicherzugriffe eingeschränkt wird. Die Weiterentwicklung der VLSI-Technologie, die die höheren Taktraten möglich macht, stellt auch zunehmend mehr Platz für On-Chip-Cache-Memories zur Verfügung. Dies ist an der Entwicklung der im Polyp zur Zeit einsetzbaren CPUs abzulesen.

Während der Prozessor 68000 über kein eigenes Cache-Memory verfügt, besitzt sein kompatibler Nachfolger 68010 bereits ein 4-Byte Cache-Memory und der neueste Typ 68020 eines der Größe 256 Bytes. Sachs [224] untersuchte den Effekt der Cache-Größe auf den Anteil der Speicherzugriffe, die vom Cache-Memory bedient werden können, d.h. die Trefferquote. Bild 51 zeigt diesen Zusammenhang für ein reines Instruktions-Cache. Auf Grund der nahezu logarithmischen Abhängigkeit kann selbst ein relativ kleines On-Chip-Cache-Memory von 256 Bytes Größe bereits etwa die Hälfte aller Instruktionszugriffe ersetzen. Eine wesentliche Steigerung der Trefferquote, z.B. auf 90%, kann mit Cache-Größen von 16 kBytes aufwärts erreicht werden. Noch größere CPU-nahe Cache-Memories für Instruktionen sind nicht effizient.

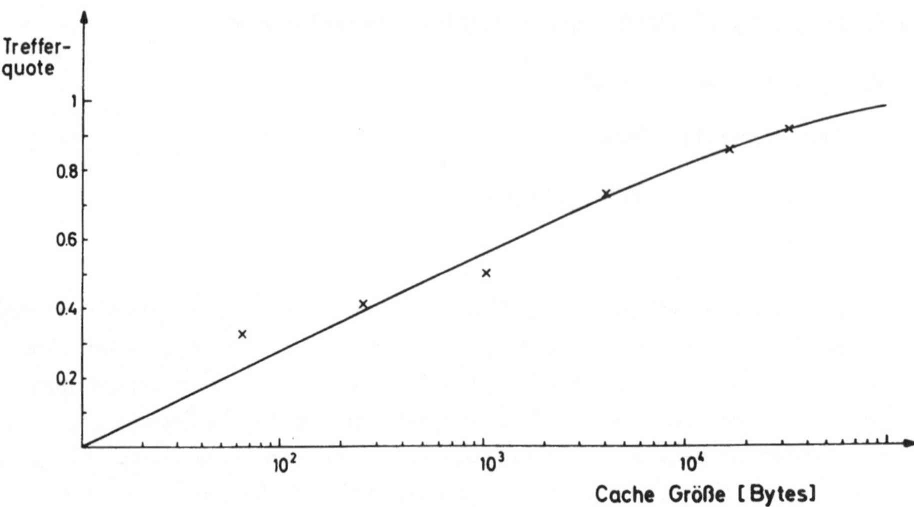

Bild 51: Trefferquote eines Cache-Memorys als Funktion seiner Größe

Tabelle 9: Mittlere Häufigkeiten von Speicherzugriffen

	Instruktion	Daten	Mittel
Read	50 - 80%	15 - 30%	87%
Write		5 - 20%	13%
Mittel	65%	35%	

Instruktions-Caches sind für die Leistung eines Computers wichtiger als Daten-Caches. Dies zeigen Messungen an verschiedenen Prozessoren mit unterschiedlichsten Anwendungen und Programmiersprachen, die von Smith [225] detailliert zusammengestellt wurden. Die Ergebnisse dieser Messungen sind in Tabelle 9 zusammengefaßt.

Sie zeigen, daß Instruktionszugriffe im Mittel doppelt so häufig auftreten, wie Datenzugriffe. Deshalb lassen bereits Cache-Memories, die ausschließlich Instruktionen laden können, hohe Geschwingigkeitssteigerungen erwarten. Die Beschränkung auf Instruktions-Caches, die z.B. beim On-Chip-Cache des 68020 gemacht wird, vereinfacht die Cache-Verwaltung erheblich, weil bei ihnen beliebig viele Kopien ohne Kohärenzprobleme angelegt werden können; Rückschreiben ist ebenfalls nie erforderlich.

Bezieht man die mit einem Instruktions-Cache von 16 kBytes Größe erreichbare Trefferquote von ca. 90% auf den Anteil der Instruktionen an allen Speicherzugriffen von ca. 65% (Tabelle 9), so gelangt man zu einer totalen Trefferquote von ca. 50%. Sachs [224] betrachtet jedoch auch den Fall, daß sowohl Instruktionen, als auch Daten in das Cache-Memory geladen werden können. Bei gleicher Größe läßt sich dann die totale Trefferquote von 50% auf 80% steigern. Dieser erhöhten Effizienz steht aber der größere organisatorische Aufwand gegenüber: Da Daten im allgemeinen modifizierbar sind, muß ihre Kohärenz sichergestellt werden. Dies erfordert zusätzlichen Zeitaufwand im Falle von Schreibvorgängen zu Daten, die im Cache-Memory gespeichert sind. Andererseits geht aus Tabelle 9 hervor, daß die mittlere Zahl aller Schreibzugriffe etwa siebenmal kleiner ist als die der Lesezugriffe. Damit fällt die reine Bearbeitungszeit für Rückschreibvorgänge nicht sehr ins Gewicht.

Für das Polyp-System wurde deshalb ein Cache-Memory von 16 kBytes Größe vorgesehen, das sowohl auf den Instruktions-Adreßraum, als auch auf die Daten-Adreßräume abgebildet werden kann. Im Falle von Schreibvorgängen zu Daten im Cache-Memory wird sowohl der Cache-Inhalt, als auch das Original im Speicher verändert (write-through). Zusammen mit der Kontroll-Logik nimmt allerdings das Cache-Memory so viel Platz in Anspruch, daß es nicht auf der Prozessor-Unit selbst untergebracht werden konnte. Die benötigten kurzen Antwortzeiten von < 62 ns sind dann nur realisierbar, wenn die Kommunikation Prozessor $\leftrightarrow$ Cache-Memory nicht über den Modulbus, sondern über eine separate Verbindung erfolgt.

Werden Informationen in das Cache-Memory geladen, so müssen andere dafür gelöscht werden. Die Auswahl wird nach einer geeigneten Ersetzungs-Strategie durchgeführt. Kaplan und Winder [226], Streker [227] und Rao [197] untersuchten die Abhängigkeit der Effizienz von Cache-Memories u.a. von der Blockgröße und der Ersetzungs-Strategie. Eine der gebräuchlichsten ist die last-recently-used Methode. Konsequent angewendet verlangt sie, aus dem Cache-Memory das Element mit neuen Informationen zu überschreiben, auf das am längsten nicht mehr zugegriffen wurde. Ebenfalls gebräuchlich ist das first-in-first-out (FIFO) Verfahren, bei dem das Cache-Element ersetzt wird, das — unabhängig von seiner Benutzungshäufigkeit — am längsten im Cache-Memory gespeichert ist. Beide Verfahren setzen voraus, daß jede auf das Cache-Memory abgebildete Adresse an jeder beliebigen Stelle im Cache gespeichert werden kann. Jeder Zugriff des Prozessors verlangt dann ein Durchsuchen des gesamten Cache-Inhalts nach der gerade benötigten Adresse. Dies ist aus Geschwindigkeitsgründen nur assoziativ möglich.

Der Aufwand für den Suchvorgang kann verringert werden oder ganz wegfallen, wenn eine Abbildungsvorschrift existiert, die die Freiheit bei der Wahl eines zu ersetzenden Cache-Elements einschränkt. Im Extremfall gibt es zu jeder Speicheradresse eine eindeutige Stelle im Cache-Memory; dies bezeichnet man als direkte Abbildung. Dieses Verfahren ist sehr einfach zu implementieren, läßt jedoch auf Grund seiner Starrheit nur mäßige Ergebnisse erwarten. Smith und Goodman [228] zeigten jedoch, daß direkt abgebildete Instruktions-Cache-Memories erheblich effizienter arbeiten als voll-assoziative Cache-Memories mit LRU- oder FIFO-Strategie. Noch etwas höhere Trefferquoten sind nach ihren Ergebnissen mit zufälliger Ersetzung möglich, die jedoch wieder assoziative Speicher und damit hohen Implementierungsaufwand verlangt.

Im Polyp-System wurde deshalb die direkte Abbildung gewählt. Die dabei erwarteten Trefferquoten von ca. 80% rechtfertigen keinen zusätzlichen Aufwand mehr.

Die optimale Blockgröße wurde auch von verschiedenen Autoren untersucht. Dies ist die Anzahl der Speicherworte, die vom Cache-Memory selbständig konsekutiv geladen werden, sobald eine Ersetzung stattfindet. Die Verwendung von Blocks erhöht im allgemeinen die Trefferquote des Cache-Memorys, wenn die Programme Lokalität besitzen; dies kann immer vorausgesetzt werden. Dann ist die Wahrscheinlichkeit hoch, daß nach einem Speicherzugriff auch die direkt folgenden Speicherworte benötigt werden, die durch das Cache vorausgeladen wurden. Dies gilt aber nur bis zu einer maximalen Blockgröße. Darüber werden häufig Cache-Inhalte, auf die noch zugegriffen werden würde, durch weniger oft benötigte Informationen ersetzt. Smith [196] untersuchte die Trefferquote von Cache-Memories in Abhängigkeit von der Blockgröße. Er kommt zu dem Ergebnis, daß für Hochleistungs-Mikroprozessoren wie 68000 und 68020 Blockgrößen von 16 Bytes bis 64 Bytes optimal sind. Sachs [224] erhielt wesentlich niedrigere Werte für Cache-Memories, die auf Instruktionen, auf Daten oder auf beide zugleich abgebildet sind. Bild 52 zeigt, daß sich die Effizienz eines Cache-Memorys im Bereich oberhalb 80% durch eine Blockgröße > 4 Bytes noch gesteigert werden kann und daß die Art der abgebildeten Information dabei unwesentlich ist. Goodman [229] erhielt ähnliche Ergebnisse für die Trefferquote, untersuchte jedoch auch die resultierende Busbelastung als Funktion der Blockgröße. Die in Bild 53 dargestellten Ergebnisse lassen erkennen, daß die Busbelastung bei Blockgrößen > 100 Bytes höher sein kann als ohne Cache-Memory.

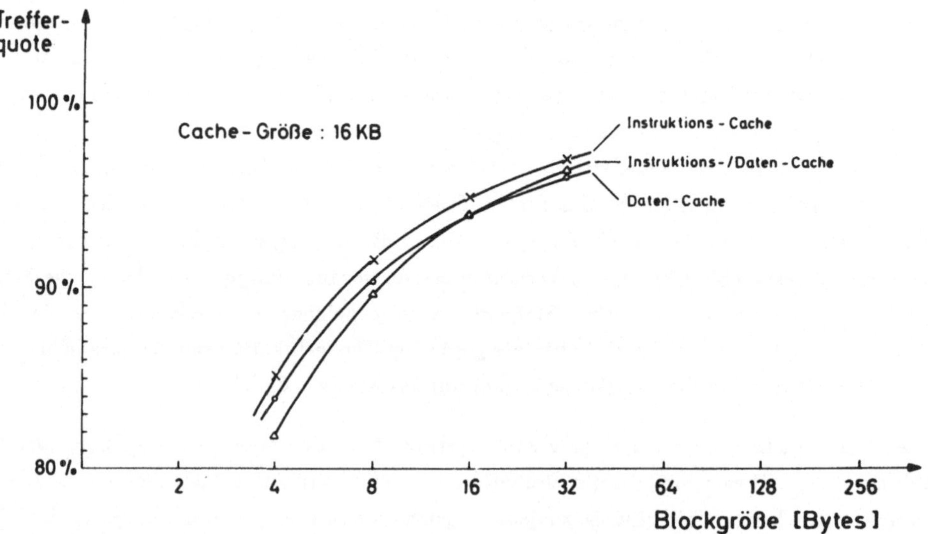

Bild 52: Trefferquote als Funktion der Cache-Blockgröße und der Abbildung

Im Polyp-System ist eine Erniedrigung der Busbelastung durch den Einsatz eines Cache-Memorys jedoch leistungssteigernd. Sie erlaubt den gleichzeitigen Betrieb mehrerer aktiver Einheiten auf dem Modulbus. Dies ist z.B. notwendig, wenn mehrere Prozessoren pro Prozessormodul eingesetzt werden (Task-Pipelining) oder wenn einem Prozessor über das Polybus-System neue Daten zugewiesen werden, während noch die alten bearbeitet werden. Da andererseits auch eine Leistungssteigerung im Bereich oberhalb 90% unwesentlich ist, wurde beim Polyp-System eine Cache-Blockgröße von 4 Byte implementiert. Das Cache-Memory ist also Langwort-orientiert. Dies erlaubt es, die ebenfalls 32 Bit breiten Busse und Speicher des Systems effizient zu nutzen, und zwar auch mit einem 16-Bit-Prozessor wie dem 68000: Selbst in dem für den Einsatz von Cache-Memories ungünstigsten Fall totaler Programm-Nichtlokalität führt nur jeder zweite Instruktionszugriff des 68000 zu einem Bustransfer. Analog werden alle

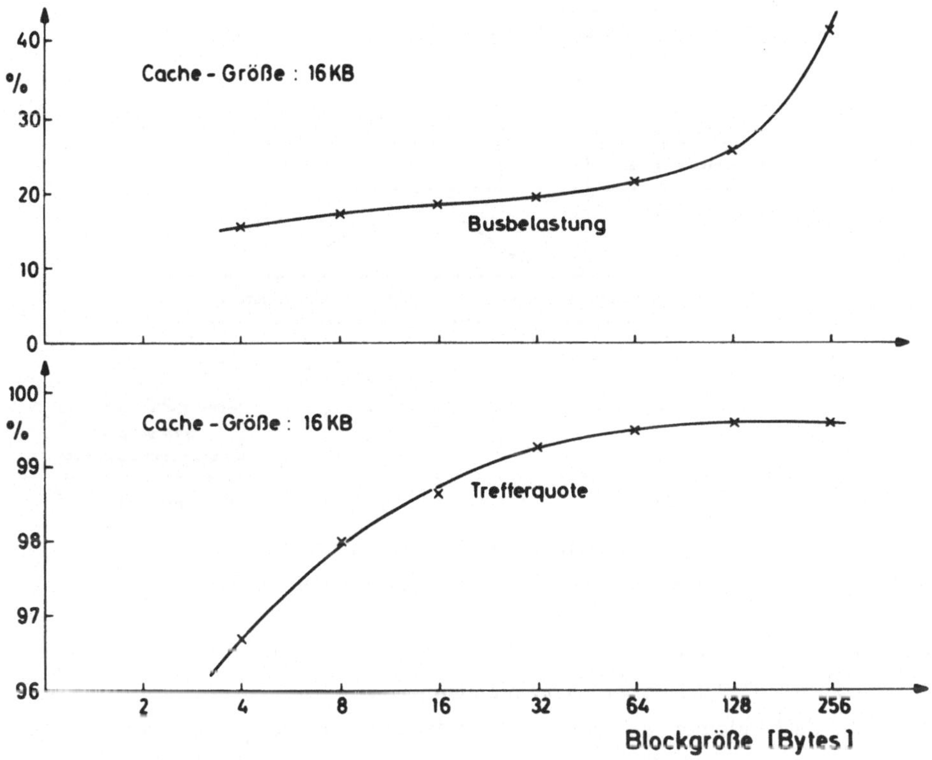

Bild 53: Trefferquote und Busbelastung als Funktion der Cache-Blockgröße

konsekutiven Lesezugriffe auf Worte oder Bytes durch CPUs wie 68000 und 68020 mit Hilfe des Cache-Memorys um den Faktor 2 bzw. 4 reduziert.

Im Schreibfall werden Daten, die im Cache-Memory gespeichert sind, dort und gleichzeitig im Hauptspeicher verändert. Im Polyp-System wandelt in diesem Fall das Cache-Memory aktiv Byte- oder Wort-Schreiboperationen in Langwort-Transfers um, wobei es die vom Prozessor nicht geschriebenen Bytes mit ihrem gerade gültigen Wert substituiert. Dies erlaubt im Zusammenhang mit Fehlerkorrektur-Kontrollern höhere Schreibgeschwindigkeiten: Wenn Daten über einen Hammingcode geschützt sind, so bezieht sich dieser immer auf das ganze Langwort. Das Schreiben von Teilen davon erfordert deshalb zunächst das Auslesen des alten Werts mit darauffolgender Überprüfung und eventueller Korrektur von Fehlern. Daran anschließend muß der Fehlerkorrektur-Kontroller alte und neue Informationen kombinieren und mit neuem Hammingcode zurückschreiben. Dieser aufwendige read-modify-write-Zyklus entfällt für Daten, die im Cache-Memory gespeichert sind.

Die Cache-Memories des Polyp-Systems können alle Informationen speichern, auf die die Prozessoren zugreifen. Es wurde gezeigt, daß eine Abbildung auf Instruktionen besonders wichtig ist. Sollen auch Daten in das Cache geladen werden, so ist eine Klassifizierung unter Kohärenz-Gesichtspunkten wichtig (Bild 54).

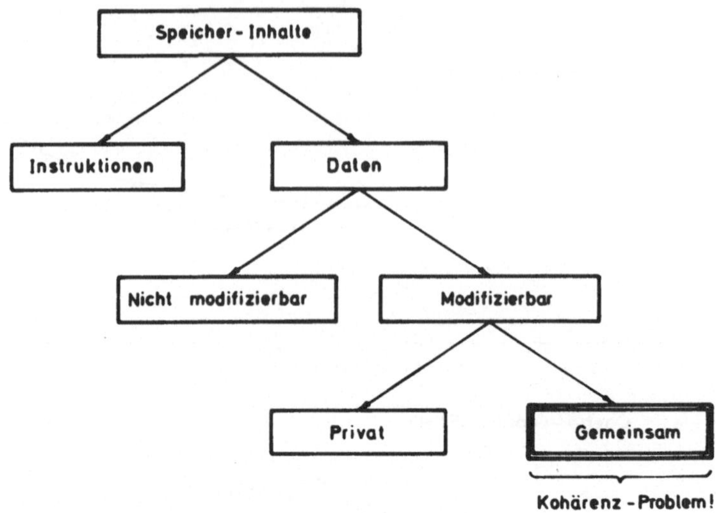

Bild 54: Klassifikation von Speicherin-
halten unter Kohärenz-Gesichtspunkten

Keine Kohärenzprobleme existieren bei unveränderlichen Informationen wie Instruktionen oder Festwerttabellen. Solche Speicherinhalte können von mehreren Prozessoren bedingungslos in ein privates Cache-Memory geladen werden. Ebenfalls problemlos sind modifizierbare Daten, die nur von einem einzigen Prozessor benutzt werden. Solche privaten Daten sind z.B. der jeweilige Stackbereich, der für andere Prozessoren keine unmittelbar verwendbare Information enthält. Solche Daten können vom zugehörigen Prozessor in sein Cache-Memory abgebildet werden. Kohärenzprobleme treten bei gemeinsam benutzten, modifizierbaren Daten auf. Zur Sicherstellung der Kohärenz wurden verschiedene Hardware-Mechanismen entwickelt, die bereits früher diskutiert wurden. Ein gemeinsames Merkmal dieser Mechanismen ist, daß systemweit über einen Bus die Veränderung aller Daten angezeigt wird, die in einem beliebigen Cache-Memory geladen sind. Dies ist jedoch nur in Einzelbus-Systemen möglich. Im Polyp-System ist es für die privaten Cache-Memories unmöglich, gleichzeitig alle Busse des Mehrfach-Bussystems auf das Auftreten solcher Anzeigen hin zu überwachen. Dies gilt um so mehr, als das Bussystem skalierbar ist und die Zahl der Busse damit beliebig. Es muß hier also durch Software sichergestellt werden, daß gemeinsame, modifizierbare Daten nicht in Cache-Memories abgebildet werden. Dies entspricht der Cache-Memory-Implementation im System C.mmp [22].

Die Abbildung des Cache-Memorys auf bestimmte Adreßbereiche ist im Polyp-System einfach möglich durch Wahl eines oder mehrerer Adreßräume, nämlich Instruktionen, private Daten oder gemeinsam benutzte Daten, einer Basisadresse und einer Adreßfensterbreite. Das Adreßfenster kann im gesamten Adreßraum beliebig plaziert werden; auch die Inhalte globaler Speichermodule können in private Cache-Memories abgebildet werden. Dies ist etwa sinnvoll, wenn im globalen Speicher umfangreiche, aber selten benutzte Routinen oder Daten gehalten werden.

Die Abbildung globaler Daten in private Cache-Memories wurde von vielen Autoren vorgeschlagen, meist im Zusammenhang mit stark gekoppelten Multiprozessoren. Archibald und

Baer [230], Frank und Inselberg [231], Rudolph und Segall [232] und Papamarcos und Patel [233] untersuchten detailliert das Kohärenzproblem und schlagen unterschiedliche Lösungen dazu vor. Briggs und Dubois [234] untersuchten die Effizienz eines Multiprozessor-Systems mit privaten Cache-Memories, aber ohne lokale Speicher. Ihre Ergebnisse lassen sich auf das Polyp-System anwenden, wenn hier eine effektive Anzahl von Prozessoren verwendet wird. In diesem Fall ist dies die Anzahl vorhandener Prozessoren, multipliziert mit einem Faktor, der dem Anteil der globalen Speicherzugriffe an allen Speicherzugriffen entspricht. Briggs und Dubois diskutierten den Einfluß der Blockgröße, der Speichersegmentierung und der Verzögerungen im Verbindungsnetzwerk auf die Systemeffizienz. Ein Ergebnis ist, daß die Effizienz in Systemen mit kleiner Anzahl von Speichersegmenten in etwa linear mit steigender Blockgröße sinkt. Dieses Problem existiert im Polyp-System auf Grund der minimalen Blockgröße von 4 Bytes nicht. Yeh, Patel und Davidson [235] untersuchten Multiprozessor-Systeme, bei denen Cache-Memories auf globalen Speichermodulen implementiert sind. Sie zeigten, daß die Systemleistung unter diesen Umständen im wesentlichen von der Parallelität des Verbindungsnetzwerks bestimmt ist. Auf das Polyp-System übertragen gilt dies für die Effizienz der globalen Speicherzugriffe. Da hier zudem globale Daten in private Cache-Memories abgebildet werden können, erübrigen sich zusätzliche Cache-Memories auf globalen Speichermodulen völlig.

Das im Poly-System verwendete Cache-Memory ist in Bild 55 als stark vereinfachtes Prinzipschaltbild dargestellt.

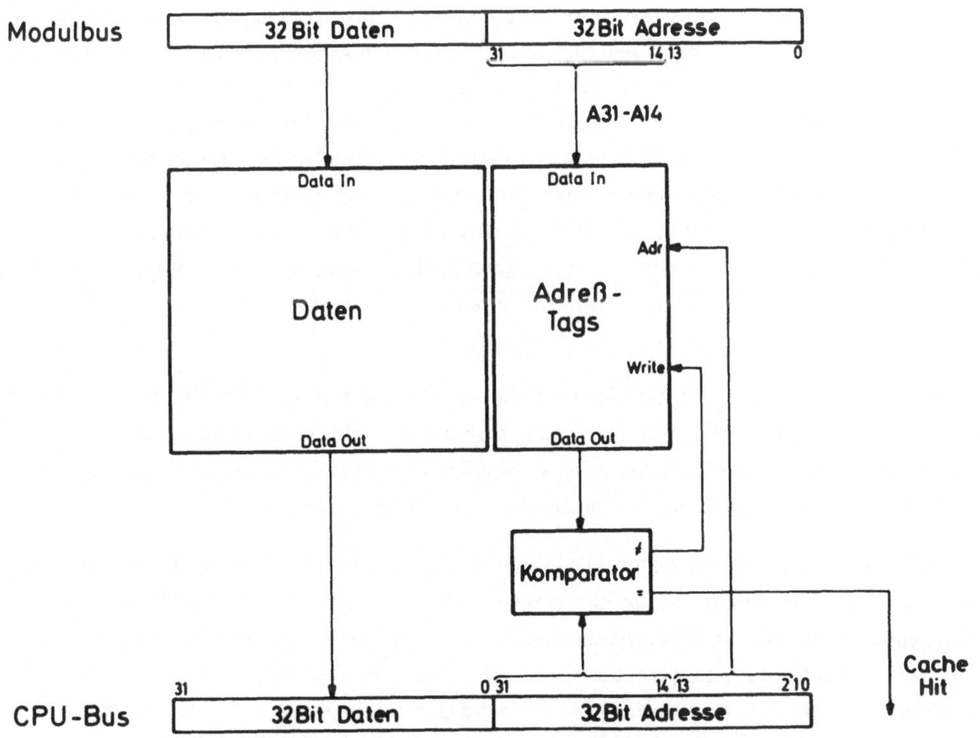

Bild 55: Prinzipielle Struktur des Cache-Memorys

Speicher-Unit mit Ereignis-Sortierung

Die bisher beschriebenen Units besitzen so allgemeine Funktionen, daß sie in allen Anwendungen des Polyp-Systems eingesetzt werden können. Speziell zur Unterstützung der Ereignisfilterung wurde dagegen die statische Speicher-Unit erweitert. Die Notwendigkeit dazu ergibt sich aus der Art, in der Ereignisse in das Polyp-System übertragen werden.

Ereignisse, die aus dem Kristallkugel-Spektrometer ausgelesen werden, bestehen aus 10^2 bis 10^3 Parametern. Bei anderen Detektoren kann diese Zahl noch um eine bis zwei Größenordnungen höher sein. Da bei jedem Ereignis nur Teile des Detektors ansprechen, ist jeweils nur ein Teil der Parameter belegt. Der Anteil (Füllfaktor) liegt beim Kristallkugel-Spektrometer bei 10%. Die frühzeitige Unterdrückung nicht belegter Parameter erlaubt es daher, den Umfang der Digitalisierungs-Elektronik und die Datenübertragungsrate zum Polyp-System erheblich zu reduzieren. Dies erfordert jedoch, daß digitalisierte Parameter zusammen mit ihrer Parameternummer ausgelesen werden, um später identifiziert werden zu können.

Das zum Polyp-System übertragene Ereignis besteht deshalb aus einer Folge von 32-Bit-Daten, in denen jeweils ein Wort die Parameternummer und das andere Wort den Parameter selbst enthält. Wird das Ereignis in dieser Form abgespeichert, so können zur Filterung leicht globale Größen berechnet werden, bei denen die Parameternummer ohne Bedeutung ist. Solche Größen sind etwa die Gesamtenergie oder die Multiplizität eines Ereignisses. Andere Filter erfordern jedoch die Kenntnis der Parameternummern, z.B. wenn Winkelkorrelationen ausgewertet werden sollen. In diesem Fall muß auf jeden Parameter direkt zugegriffen werden können. Dies ist nur möglich, wenn jeweils im Ereignis nach dem benötigten Parameter gesucht oder wenn das Ereignis vor der Bearbeitung sortiert wird. Becker [236] zeigte für die Anwendungen am Kristallkugel-Spektrometer, daß in der für die Filterung zur Verfügung stehenden Zeit mit wiederholtem Suchen nur auf drei Parameter zugegriffen werden kann und daß ein Sortieren per Programm die Leistungsfähigkeit des Polyp-Systems auf 20% reduziert. Um diesen Engpaß zu umgehen, wurde eine Subunit entwickelt, die das Sortieren der Parameter eines Ereignisses während der Übertragung zum Speicher per Hardware vornimmt. Ein analoges Verfahren wird auch am FAMP-System eingesetzt [237].

Die Subunit zur Ereignis-Sortierung kann zusammen mit einer statischen Speicher-Unit eingesetzt werden (Bild 56). Werden beide zusammen verwendet, so kann die Speicher-Unit (Ereignis-Speicher) als gewöhnlicher oder als sortierender Speicher betrieben werden. Dies wird beim Schreiben und Lesen durch eine unterschiedliche Adresse angewählt.

Ereignisse werden von der Digitalisierungs-Elektronik zu den Ereignis-Speichern von I/O-Prozessoren im Blocktransfer-Mode übertragen; dabei folgen auf die Basisadresse des Speichers die einzelnen Datenpaare von Parameter und Parameternummer. Mit der Basisadresse wählt der I/O-Prozessor das Modul und darin die Speicher-Unit, zu der das Ereignis übertragen werden soll, und selektiert gleichzeitig den Sortier-Mode. Nachdem sich ein Ereignis-Speicher als Slave erkannt hat, bleibt die Verbindung zum I/O-Prozessor während des ganzen Block-Transfers bestehen.

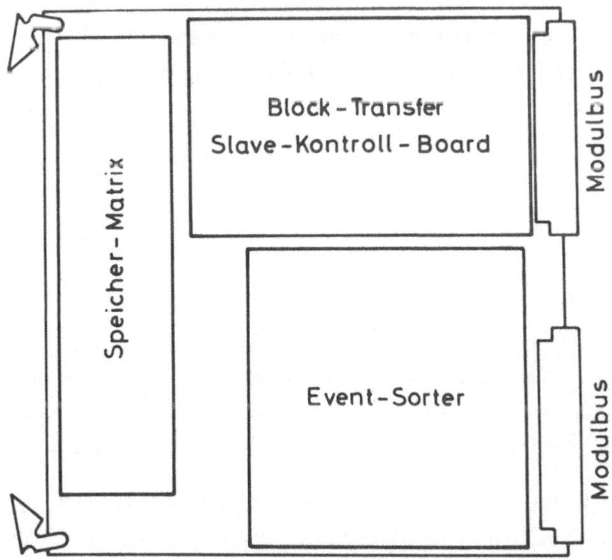

Bild 56: Aufbau der statischen
Speicher-Unit mit Ereignis-Sortierer

Während bei einem gewöhnlichen Block-Transfer die auf die Basisadresse folgenden Daten konsekutiv im Speicher abgelegt werden, wird beim Sortieren die Basisadresse nicht weiter verwendet. Zur Anwahl eines Speicherworts im Ereignisspeicher dient hier die Parameternummer, die als Langwort-Offset relativ zur Basisadresse verwendet wird. In dem adressierten Langwort wird der zugehörige Parameter gespeichert, zusammen mit einem Ereigniszähler, der den Platz der weiter nicht benötigten Parameternummer einnimmt. Diese Ereignisnummer ist wichtig, weil mit jedem Ereignis nur ein Teil aller Parameter übertragen wird und beim Lesen festgestellt werden muß, ob der gelesene Parameter zum aktuellen Ereignis gehört. Dieser Ereigniszähler wird bei jeder neuen Übertragung inkrementiert.

Die Überprüfung auf Zugehörigkeit zum aktuellen Ereignis wird ebenfalls von der Sortier-Subunit vorgenommen, wenn sie unter Verwendung "sortierender" Adressen ausgelesen wird. Stimmt dann die abgespeicherte Ereignisnummer nicht mit dem Ereigniszähler überein, so gehört der ausgelesene Parameter nicht zu dem gerade bearbeiteten Ereignis. In diesem Fall wird das komplette Langwort gelöscht. Der Zugriff auf einzelne Parameter ist damit vom Prozessor sehr schnell möglich, z.B. durch eine Instruktionsfolge der Art

```
MOVE.L    Parameter_Nr(AO),DO
BEQ       Old_Event
```

Dabei enthält AO die Basisadresse des Ereignis-Speichers bei Verwendung der Sortierfunktion.

Ein Sonderfall tritt auf, wenn der 16-Bit-Ereigniszähler überläuft. In diesem Fall muß die Eindeutigkeit der Ereignisnummer dadurch sichergestellt werden, daß alle alten Ereignisse aus dem Speicher entfernt werden. Dazu generiert der Ereignis-Speicher einen Interrupt bei dem Prozessor, der den gesamten Ereignis-Speicher löscht. Da diese Operation nur jedes 2^{16}-te Mal erforderlich ist, begrenzt sie die Leistungsfähigkeit des Ereignis-Speichers nicht.

Die realisierte Subunit verzögert Schreib- und Lesezugriffe nur minimal: Mit bzw. ohne Verwendung der Sortiereigenschaften werden Einzeltransfers um ca. 60 bzw. 40 ns verlängert, Blocktransfers um ca. 30 ns pro Datenwort. Dies ist gegenüber der totalen Transferzeit vernachlässigbar.

Fehler-Korrektur-Unit

Das Polyp-System kann wahlweise mit Fehlerkorrektur-Möglichkeiten betrieben werden. Die notwendigen Funktionen werden durch Fehlerkorrektur-Units bereitgestellt, von denen jeweils eine pro Modul eingesetzt werden kann. Auch teilweiser Einsatz ist möglich.

Fehlerkorrektur-Units haben zwei unterschiedliche Funktionen, die Generierung eines Schutzcodes für ungeschützte und die Überpfüfung und eventuelle Korrektur geschützter Adressen und Daten. Dabei muß zwischen Transfers innerhalb eines Moduls und zwischen Modulen unterschieden werden: im ersten Fall ist an der Übertragung nur ein Fehlerkorrektur-Kontroller beteiligt, im anderen normalerweise zwei. Bei lokalen Transfers ist deshalb nur der Schutz der Daten sinnvoll, weil mit ihnen zusammen der Schutzcode abgespeichert werden kann, der eine spätere Überprüfung und Korrektur erlaubt. Bei globalen Transfers kann dagegen der Fehlerkorrektur-Kontroller auf dem adressierten Modul sowohl die übertragenen Adressen, als auch Daten prüfen und eventuell korrigieren. Im Korrekturfall muß zusätzlich zwischen Lese- und Schreibzugriffen unterschieden werden. Werden Daten korrigiert, die von einer Speicher-Unit auf den Bus gelegt wurden, so muß der Fehlerkorrektur-Kontroller die korrekten Daten in den Speicher zurückschreiben. Besonders komplex sind Operationen, die beim Schreiben von

Teilen eines Langworts notwendig werden. Wie früher diskutiert, ist dabei zunächst eine Prüfung und eventuelle Korrektur der übertragenen Adressen und Daten notwendig, dann ein Auslesen des alten Speicherinhalts mit Prüfung und eventueller Korrektur; daraufhin muß der neue Speicherinhalt aus den alten und den übertragenen Daten zusammengesetzt, mit Schutzcode versehen und letzlich in den Speicher übertragen werden.

Um diese verschiedenen Funktionen einfach realisieren zu können, wurde ein Prototyp einer Fehlerkorrektur-Unit als Zustandsmaschine aufgebaut [189]. Das Mikroprogramm, das die Abläufe steuert, wurde zunächst in einem EPROM abgelegt, um Änderungen leicht vornehmen zu können. Im endgültigen Aufbau wird dieser Speicher durch ein schnelles PROM ersetzt werden.

Simulator-Unit

Während der Entwicklungsphase des Polyp-Systems wurde eine letzte Unit intensiv benutzt. Sie erlaubt im wesentlichen, alle Bussignale per Programm zu lesen oder am Bus anzulegen. Je nach verwendetem Programm kann diese Unit Transfers als Master durchführen, von anderen Mastern als Slave adressiert werden oder Transfers als Kontroller überwachen. Dabei wird jeweils die Operation der entsprechenden Standard-Unit simuliert. Diese Simulation war besonders wichtig, solange die entsprechenden Units nicht hardwaremäßig verfügbar waren.

Auch nach Fertigstellung des Polyp-Systems können Simulator-Units für viele Zwecke eingesetzt werden. Eine davon ist die Bestimmung der Zugriffshäufigkeiten zu bestimmten Adressen, die ohne Eingriffe in das Systemverhalten durchgeführt werden kann; dies erlaubt es, System- und Anwenderprogramme zu optimieren.

4.1.3. Datenbus

Als Verbindungsnetzwerk der Systemebene wurde ein Mehrfach-Bussystem gewählt. Eine Implementierung setzt voraus, daß aus den Anforderungen an das System Spezifikationen hergeleitet werden und daß geprüft wird, ob die Spezifikationen mit Standard-Bussystemen realisierbar, bzw. welche Veränderungen gegenüber Standards notwendig sind. Dies wird im folgenden diskutiert. Der abschließende Hauptteil dieses Kapitels ist eine detaillierte Beschreibung der Realisierung des Datenbus-Systems im Polyp-System.

4.1.3.1. Anforderungen

Wie früher diskutiert, bieten Mehrfach-Bussysteme eine Reihe von Vorzügen, zu denen gehören:

- Hohe Geschwindigkeit

Bezogen auf das Gesamtsystem ist eine hohe Geschwindigkeit erreichbar, wenn eine genügend große Anzahl von Bussen eingesetzt werden kann. Da der einzelne Bus an die Geschwindigkeit der verwendeten Mikroprozessoren angepaßt sein muß, ist die Zahl der Busse auch der einzige Parameter, mit dem sich die totale Buskapazität festlegen läßt. Heutige Mikroprozessoren haben Busbandbreiten von ca. 10 MBytes/s. Die für die Ereignis-Filterung als Maximum abgeschätzte Bandbreite von 100 MBytes/s setzt daher eine Ausbaubarkeit des Systems auf bis zu 10 Busse voraus.

Die Übertragungszeiten für einzelne Transfers hängen von zwei Anteilen ab, der Zeit, die zum Durchschalten des Verbindungswegs benötigt wird (Arbitrierung), und der Zeit für die eigentliche Informationsübermittlung. Dieser zweite Anteil ist bei Adaption von Bus- und Prozessor-Geschwindigkeit im wesentlichen fixiert. Ob die Arbitrierungzeit zu einer Verminderung der Übertragungsbandbreite führt, hängt deshalb nur davon ab, ob sie gegenüber der Übertragungsdauer für einen Informationsblock mittlerer Länge vernachlässigbar ist. Im Polyp-System kann diese mittlere Länge sehr klein sein: Wird ein globaler Speicher für Table-Lookup benützt, so wird nur ein einzelnes Langwort übertragen. Dann muß die Arbitrierungszeit klein sein gegenüber der typischen Buszykluszeit eines Prozessors; diese liegt etwa bei 300 – 400 ns.

- Hohe Flexibilität

Die Flexibilität eines Mehrfach-Bussystems kommt vor allem darin zum Ausdruck, daß die Zahl der angeschlossenen Module und die Zahl der verwendeten Busse im Prinzip frei wählbar sind. In der Praxis existieren jedoch Grenzen, die zu überschreiten nicht praktikabel ist. Für das Polyp-System ist die Zahl der Module auf ca. 100 begrenzt, die Zahl der Busse auf ca. 10. Ob sich eine Systemkonfiguration innerhalb dieser Grenzen frei variieren läßt, ist in erster Linie eine Frage des mechanischen Aufbaus, aber auch der elektrischen Eigenschaften der verwendeten Komponenten.

- Fehlertoleranz

Da in homogenen Mehrfach-Bussystemsn je zwei Module durch jeden Bus verbunden werden können, sind redundante Verbindungswege vorhanden. Das System kann daher fehlertolerant aufgebaut werden. Dies setzt eine Möglichkeit zur Fehlererkennung voraus. Da modulintern Fehlerkorrektur-Kontroller als Units auf dem Modulbus operieren und dort Adressen und Daten mit einem Hamming-Code geschützt sind, ist es naheliegend, dies auf den Bussen des Mehrfach-Bussystems fortzusetzen.

Da Übertragungsfehler durch Wiederholung korrigiert werden können, muß eine Wiederholung im Bedarfsfall angefordert werden können. Die zum Schutz gegen Übertragungsfehler getroffenen Maßnahmen sollen die Leistung des Systems möglichst wenig verringern.

Fehlertoleranz ist auch nur bei dezentraler Verwaltung des Bussystems realisierbar, am einfachsten, wenn alle Busse des Systems als Pool mit einer Poolgrößen-transparenten Hardware-Verwaltung betrachtet werden .

- Hohe Effizienz

Hohe Effizienz ist gleichbedeutend mit hoher Auslastung des Systems. Erste Voraussetzung dazu ist die Geschwindigkeitsanpassung zwischen Bus und Busteilnehmern, die im wesentlichen die verwendete Technologie bestimmt, aber auch die Breite des Bussystems. Für das Polyp-System sind TTL-kompatible 32-Bit-Prozessoren vorgesehen, die einen Adreß-raum von bis zu 4 GBytes adressieren können. Auch die Daten, die vom Experiment geliefert werden, sind 32 Bits breit. Jeder Bus des Mehrfach-Bussystems muß deshalb eine Adreß- und Datenbreite von 32 Bits aufweisen. Adressen und Daten können unter Umständen auf dem gleichen Satz von Leitungen nacheinander übertragen, d.h. gemultiplext werden. Da Effizienz auch von der Kompaktheit des Systems abhängt, ist ein gedrängter Aufbau wünschenswert.

Bei verschiedenen Anwendungen des Polyp-Systems kann den einzelnen Prozessen und damit ihren Busanforderungen eine Priorität zugeordnet werden. Bei entsprechender Prioritätsverteilung kann die Zahl der Busse bei einer gegebenen Leistung minimiert, d.h. die Effizienz maximiert werden. Bei den geplanten Anwendungen ist eine geringe Zahl von Prioritäten, z.B. 8 ausreichend. Auf gleicher Prioritätsebene sollen Anforderungen fair, d.h. gleichberechtigt behandelt werden, um Aussperrungen zu verhindern.

4.1.3.2. Beurteilung von Standard-Bussen

In den letzten Jahren ist eine Reihe von 32-Bit-Bussen entwickelt worden, die als Standard-Busse angesehen werden können. Dies sind, geordnet nach ihren jetzigen Marktanteilen, VME-Bus [238], MultibusII [162], Fastbus [210] und Future-Bus (P896) [163]. Bis auf das Fastbus-System haben alle die Unterstützung von Mikroprozessor-Systemen zum Ziel, insbesondere die von Multimikroprozessor-Systemen. Fastbus wurde als Front-End-Elektronik-System für große Experimente in der Hochenergiephysik konzipiert, kann aber von seinen Eigenschaften her in vieler Hinsicht in Konkurrenz zu den anderen Bussen treten.

Die Entwicklung eines Bus-Standards ist sehr zeitaufwendig. An den Spezifikationen von Fastbus oder Futurebus wurde z.B. jeweils über fünf Jahre gearbeitet. Es liegt deshalb nahe, neue Systeme auf einem dieser Standards aufzubauen, um das enorme Know-How, das sich in ihren Spezifikationen ausdrückt, nutzen zu können. Obwohl die Zielsetzung bei der Entwicklung dieser Bussysteme vergleichbar war, unterscheiden sie sich in Implementierungsdetails, die sie für verschiedene Anwendungen unterschiedlich geeignet erscheinen lassen. Solche Detailinformationen sollen im folgenden im Hinblick auf die geplante Anwendung gegeben und diskutiert werden. Sie sind zum größten Teil einer Zusammenstellung von Borrill [239] entnommen.

Einer der wichtigsten Gesichtspunkte für Multiprozessoranwendungen ist die totale erreichbare Bandbreite des Bussystems. Sie ist nur bei synchronen Bussen exakt festzulegen; hier erfolgen Transfers in einem festen Zeitraster. Bei asynchronen Bussen ist die Bandbreite durch Signalverzögerungen an logischen Bauelementen, durch Einschwingzeiten und durch Signallaufzeiten auf dem Bus bestimmt; dieser letzte Anteil macht die Bandbreite hier von der Größe des Systems abhängig. Als Vergleichsbasis wurde eine mittlere Systemgröße von 16 Modulen gewählt. Tabelle 10 faßt die Ergebnisse zusammen.

Tabelle 10: Übertragungs-Bandbreiten von Standard-Bussen

		VME-Bus	MultibusII	Fastbus	Futurebus
Übertragungsart		Asynchron	Synchron	Asynchron	Asynchron
Maximale Bandbreite	MB/s	50	40	170	110
für Einzel-Transfer	MB/s	25	20	37	37
für Block-Transfer	MB/s	28	40	170	95
für μP-Einzel-Transfer	MB/s	6	5.7	6.6	6.6
für DMAC-Block-Transfer	MB/s	6.3	6.6	7.6	7.3

Die Werte für maximale Bandbreite, für Einzel- und Block-Transfers wurden unter der Annahme gewonnen, daß der Bus selbst das zeitbestimmende Element in der Übertragungskette ist. Es zeigt sich, daß die maximale Bandbreite — bei gleicher Systemgröße — offenbar wenig davon abhängt, ob eine synchrone oder asynchrone Übertragung gewählt wird. Während allerdings ein synchrones Protokoll immer auf die maximale Systemgröße abgestimmt sein muß und deshalb immer worst-case-Transferzeiten aufweist, erhöht sich die Bandbreite eines asynchronen Systems mit abnehmender Systemgröße. Wie aus der Tabelle ersichtlich, wird die maximale Bandbreite annähernd für Blocktransfers erreicht, während sie bei Einzel-Transfers um einen Faktor 2 bis 4 niedriger liegt; dies ist durch den höheren Protokollaufwand bedingt. Vergleicht man diese Zahlen mit der Zielvorstellung von 10 bis 100 MBytes/s, so erscheinen diese Standard-Busse zunächst als Übertragungsmedium für das Polyp-System geeignet. Allerdings deuten die z.T. erheblichen Unterschiede zwischen den Maximal- und Einzel-Transfer-Bandbreiten darauf hin, daß die Ansteuerung des Bussystems entscheidenden Einfluß auf die Übertragungsbandbreite haben kann.

Dies ist dann der Fall, wenn das Bussystem selbst nicht mehr den Übertragungsengpaß darstellt, sondern die Geschwindigkeit von Bus-Master oder Slave zeitbestimmend ist. Diese Situation ist gegeben, wenn an solche Bussysteme Mikroprozessoren angeschlossen werden, wie es bei Parallelrechnern üblicherweise der Fall ist. Prozessoren wie der Motorola 68000 (10 MHz) benötigen für einen Transfer 400 – 500 ns. Dies ist erheblich länger als die Übertragungszeit auf jedem der betrachteten Standard-Busse. Geht man deshalb von einer Situation aus, in der das Bussystem durch Mikroprozessor-Transfers gesättigt wird, so ergeben sich erheblich niedrigere Bandbreiten. Dies gilt ebenso für Blocktransfers, falls diese unter Verwendung integrierter DMA-Kontroller wie dem 68440 [240] durchgeführt werden. Die dann gültigen Werte für Einzel- und Blocktransfer-Bandbreiten sind ebenfalls in Tabelle 10 aufgeführt.

Offensichtlich sind alle betrachteten Standardbusse für die derzeitige Mikroprozessortechnik zu schnell. Ihre Leistungsfähigkeit wird nur zu etwa 4% bis 15% ausgenutzt. Borrill schlägt als Ausweg vor, vorwiegend Blocktransfers durchzuführen; dies ist jedoch bei vielen Anwendungen, auch z.B. bei Table-Lookup in globalen Speichern, nicht möglich. Wegen der ineffizienten Benutzung durch Mikroprozessoren ist die mit allen vier Standard-Bussen erreichbare totale Bandbreite völlig unzureichend. Dies war einer der Gründe, im Polyp-System ein Mehrfach-Bussystem zu implementieren. Für den einzelnen Bus eines solchen Systems sind die Übertragungsraten der Standard-Busse mehr als ausreichend.

Bisher wurden die Übertragungsraten verglichen, die ein einzelner Master erreichen kann, nachdem er das Zugriffsrecht zum Bus erhalten hat. Diese Zugriffszeit hängt jedoch selbst wieder von vielen Faktoren ab und kann im Extremfall unendlich groß werden. Sie bestimmt, wie schnell ein bestimmter Transfer im Mittel vor seiner Ausführung verzögert wird. Die unterschiedlichen Charakteristika bezüglich der Busarbitrierung zeigt Tabelle 11.

Es werden zwei verschiedene Arbitrierungsverfahren verwendet. Bei VME-Bus kommt die lange als Standard betrachtete Daisy-Chain-Methode zum Einsatz, bei der ein zentraler Arbiter auf Anforderung hin ein Zuteilungssignal erzeugt und sequentiell jedem Modul anbietet. Dies kann auf mehreren Prioritätsebenen geschehen. Die anderen Busse verwenden eine dezentrale parallele Arbitrierung, in der jedes Modul lokal bestimmt, ob es die augenblicklich höchste Priorität besitzt. Auf keinem der vier Busse sind daher Module exakt gleicher Priorität möglich. Bei MultibusII, Fastbus und Futurebus ist dies durch die Parallelität des Verfahrens ausgeschlossen. Beim VME-Bus können zwar beliebig viele Module die gleiche Prioritätsebene benutzen, sind aber durch die geometrische Priorität der Daisy-Chain unterschieden.

Alle Busse sehen vor, daß eine Gruppe von Modulen fair auf das Bussystem zugreift. Da auf allen vier Bussen identische Prioritäten nicht auftreten können, muß die Fairness anders ermöglicht werden. Dies geschieht dadurch, daß Module nach einem Buszugriff keine weiteren Anforderungen an den Bus mehr stellen, bis alle Module der fairen Gruppe Buszugriff hatten. Das Arbitrierungsverfahren ermöglicht beim VME-Bus Fairness auf allen Prioritäten, bei den anderen Bussen nur auf der niedrigsten Priorität.

In der einfachsten Anwendung ist das Polyp-System völlig homogen. Dies ist der Fall, wenn alle Prozessor-Module identische Programme auf verschiedenen Daten ausführen. Dann existieren keine Prioritätsunterschiede. Ein fairer Zugriff auf das Bussystem würde von den Arbitrierungsverfahren aller vier Standard-Busse abgedeckt. Im konkreten Anwendungsfall der Ereignis-Filterung ist das Polyp-System bereits nicht mehr homogen. Hier existieren zusätzlich I/O-Prozessoren, die Daten von der Frontend-Elektronik in das Multiprozessor-System transportieren. Zur Vermeidung von Totzeiten ist deshalb ein priorisierter Zugriff auf

Tabelle 11: Arbitrierungseigenschaften von Standard-Bussen

	VME-Bus	MultibusII	Fastbus	Futurebus
Verfahren	Zentral, sequentiell	Dezentral, parallel	Dezentral, parallel	Dezentral, parallel
Prioritäten	dynamisch, geometrisch	dynamisch, disjunkt	dynamisch, disjunkt	dynamisch, disjunkt
Fairness	alle Prioritäten	kleinste Priorität	kleinste Priorität	kleinste Priorität
Busfreigabe	wenn fertig auf Anforderung	wenn fertig auf Anforderung	wenn fertig auf Anforderung	wenn fertig auf Anforderung
T_{arb} (typisch) [ns] T_m (max) [Xfers]	300 256	300 32	150 unbegrenzt	250 unbegrenzt
max T_{get} (Prio) max T_{get} (fair)	$T_{arb}+T_m$ $T_{arb}+(N-1)T_m$	$T_{arb}+2T_m$ $T_{arb}+(N-1)T_m$	$T_{arb}+2T_m$ $T_{arb}+(N-1)T_m$	$T_{arb}+T_m$ $T_{arb}+(N-1)T_m$
T_{get} (Prio) T_{get} (fair)	$T_{arb}+T_m$ $T_{arb}+\frac{(N-1)}{2}T_m$	$T_{arb}+2T_m$ $T_{arb}+\frac{(N-1)}{2}T_m$	$T_{arb}+2T_m$ $T_{arb}+\frac{(N-1)}{2}T_m$	$T_{arb}+T_m$ $T_{arb}+\frac{(N-1)}{2}T_m$
max T_{get} (Prio) [µs] max T_{get} (fair) [µs]	9.6 70.8	9.9 72.3	5.7 41.7	3.3 46.3
T_{get} (Prio) [µs] T_{get} (fair) [µs]	9.6 35.4	9.9 36.1	5.7 20.8	3.3 23.1

das Bussystem notwendig. Die VME-Bus-Arbitrierung würde es hier ermöglichen, alle I/O-Prozessoren fair zugreifen zu lassen; die der anderen Standard-Busse würde die Festlegung einer Prioritätsreihenfolge erfordern. Bei starker Auslastung hätte dies die Aussperrung einzelner Module zur Folge.

Werden mehrere dieser Standard-Busse zu einem Mehrfach-Bussystem zusammengefaßt, so tritt ein zusätzliches Arbitrierungsproblem auf: Sind Zugriffsprioritäten implementiert, so kann die Anzahl der Busse in der Regel so klein gewählt werden, daß das System im Mittel etwa ausgelastet ist. Im Grenzfall exakter Übereinstimmung von mittlerer benötigter und vorhandener Übertragungskapazität sind immer alle Busse belegt, bei leichter Überdimensionierung meistens. Hier erweist sich eine Eigenschaft, die bei Einzelbussen durchsatzfördernd wirkt, als Nachteil: Bei allen Standard-Bussen wird die Busarbitrierung durchgeführt, noch während die letzte Übertragung läuft; damit kann die Master-Eigenschaft nach Transferende ohne Verzögerung übergeben werden. Dies ist möglich, weil immer die Beendigung des laufenden Transfers abgewartet werden muß, bevor der Bus erneut vergeben werden kann.

In Mehrfach-Bussystemen ist die Situation anders: Welcher Bus als nächster frei wird, ist nicht bekannt, da Busse für unterschiedlich lange Dauer belegt werden können. Eine während eines Transfers durchgeführte Arbitrierung muß deshalb eine zufällige Auswahl treffen. Wird sie dagegen erst nach Freigabe durchgeführt, so kann zwischen freien und belegten Bussen unterschieden und damit ein freier Bus zugeteilt werden. Eine Lösung bei der Verwendung von Standard-Bussen wäre, Anforderungen erst bei Freiwerden eines Busses zuzulassen. Dann mindert allerdings die Arbitrierungszeit, die hier den Einzeltransferzeiten vergleichbar ist, die Leistungsfähigkeit. Im Falle starker Kopplung kann dies bis zu 50% betragen.

Auf allen vier Standard-Bussen identisch geregelt ist das Verhalten eines Masters nach der Busbenutzung. Er hat die Möglichleit, den Bus sofort freizugeben oder ihn belegt zu lassen, bis andere Anforderungen vorliegen. Das letztere kann bei Modulen mit intensiver Busbenutzung zeitliche Vorteile bringen.

Die Geschwindigkeit des Arbitrierungsverfahrens spiegelt sich in folgenden Größen wider: T_{arb} ist die reine Arbitrierungszeit des Busses, d.h. die Zeit, die benötigt wird, um den Bus zuzuteilen, wenn er unbenützt ist. Sie ist beim VME-Bus durch die mittlere Laufzeit des Daisy-Chain-Signals bestimmt, bei den anderen Bussen durch das "Einschwingen" der höchsten Priorität auf dem Bus. Die kurze Arbitrierungszeit bei Fastbus ist auf die verwendete ECL-Logik zurückzuführen.

T_m ist die Zeit (hier gemessen in Bustransfers), für die ein Busmaster den Bus belegt. Während diese Zeit bei allen Bussen prinzipiell unbegrenzt ist, gibt es bei normalen Anwendungen "vernünftige" Grenzen. Dies wird von Borrill [239] diskutiert; Tabelle 11 enthält die dort angegebenen Werte.

Für Echtzeitanwendungen besonders wichtig ist die maximale Zeit, die ein Master höchster Priorität benötigt, um Zugriff auf den Bus zu erhalten (max T_{get} (Prio)). Dies setzt eine Arbitrierung voraus (T_{arb}); zusätzlich muß immer noch der laufende Transfer beendet werden (T_m). Da jedoch bei allen Bussen die Arbitrierung den nächsten Busmaster bereits während des laufenden Transfers bestimmt, muß unter Umständen auch noch der Transfer dieses neuen Masters abgewartet werden. Nur VME-Bus und Future-Bus sehen eine Möglichkeit vor, einen bereits selektierten neuen Master zu verdrängen.

Für einen realistischen Vergleich müssen Annahmen über die Verteilung der Zeiten T_m, d.h. der Transferlänge gemacht werden. Geht man von Blocktransfers aus, die auf 16 Zyklen beschränkt sind, so können die Zugriffszeiten auf einen gesättigten Bus berechnet werden. Tabelle 11 enthält diese Zeiten für Zugriffe hoher Priorität (max T_{get} (Prio)) und solche niedriger Priorität (max T_{get} (fair)). Diese Zeiten gelten auch, wenn ein Mehrfach-Bussystem unter der Verwendung dieser Standard-Busse aufgebaut würde. Der Fall der maximalen Wartezeit ist jedoch mit zunehmender Anzahl der Busse immer unwahrscheinlicher; er setzt voraus, daß auf allen Bussen gleichzeitig ein Blocktransfer maximaler Dauer begonnen wird.

Bei der Ereignis-Filterung ist eine andere Situation gegeben: Steht einem I/O-Prozessor, der ein Ereignis abgeben möchte, kein Bus zur Verfügung, so wird ein Einlese-Kanal blockiert. Dies wirkt sich als Totzeit des Datenaufnahmesystems aus. Da Ereignisse nicht voreinander ausgezeichnet sind, ist es unwesentlich, welche Ereignisse verzögert werden. Die Wartezeit eines bestimmten I/O-Prozessors beim Buszugriff ist deshalb unwichtig. Der einlesbare Datenstrom hängt dagegen von der Summe aller Totzeiten ab. Diese sind aber durch die mittlere Wartezeit eines priorisierten Masters (T_{get} (Prio)) gegeben.

Hohe Übertragungsgeschwindigkeiten und kurze Arbitrierungzeiten sind vor allem in Multiprozessor-Systemen wichtig. Alle genannten Busse unterstützen solche Anwendungen. Die Maximalleistung eines solchen Systems ist von der Systemgröße abhängig. Tabelle 12 enthält Parameter, die für die maximale Systemgröße wichtig sind.

Tabelle 12: Maximale Systemgrößen bei Standard-Bussen

	VME-Bus	MultibusII	Fastbus	Futurebus
frei verwendbare Steckplätze	20	19	26	21
spezielle Steckplätze	1	1	0	0
logische Module	unbegrenzt	32	26	32
Selbstkonfiguration	-	Power up	jederzeit	jederzeit
Bus-Repeater	nicht spezifiziert	beschränkt unterstützt	nicht notwendig	voll unterstützt

Einer davon ist die Anzahl der Module, die durch den Bus verbunden werden können. Hier ist zu unterscheiden zwischen physischen Modulen, d.h. steckbaren Einheiten, und logischen Modulen, d.h. adressierbaren Einheiten. Die Anzahl beider ist vollständig unabhängig voneinander: Ein physisches Modul kann mehrere logische Module enthalten; ein logisches Modul kann aber auch mehrere Steckplätze belegen. Die Zahl der Steckplätze ist bei allen vier Bussystemen zunächst auf ein Crate zugeschnitten und vergleichbar groß. Während bei Fastbus und Futurebus alle Steckplätze identische Funktion haben, ist bei VME-Bus und MultibusII je ein Steckplatz besonders ausgezeichnet und kann nicht frei verwendet werden. Die Zahl der logischen Module ist beim VME-Bus nicht beschränkt; bei den anderen drei Bussen ist sie der Zahl der Steckplätze vergleichbar. Beim Fastbus gelten diese Aussagen für ein Segment; es können jedoch praktisch beliebig viele Segmente miteinander verbunden werden. Die Anzahl der physischen und logischen Module ist dann nur durch den 32-Bit Adreßraum eingeschränkt. Die anderen Busse benötigen zur Erweiterung eine Kopplung zwischen zwei Standard-Anordnungen, d.h. einen Bus-Repeater. Grundsätzlich kann jeder Bus durch entsprechende Logik expandiert werden. Dies wird jedoch nur vom Futurebus standardmäßig voll unterstützt. MultibusII bietet nur eine eingeschränkte Unterstützung, VME-Bus keine. Ein Bus-Repeater für den VME-Bus wurde inzwischen realisiert [241].

Mit der Systemgröße steigen auch die Probleme, das System auf gewöhnliche Weise zu handhaben: Dies betrifft u.a. die Festlegung einer Konfiguration, die üblicherweise durch Schalterstellungen definiert wird, und die Wartung einzelner Komponenten. Wie früher diskutiert, ist eine manuelle Konfiguration in großen Systemen nicht praktikabel. Deshalb unterstützen alle verglichenen Bussysteme außer VME-Bus eine Selbstkonfiguration des Systems. Beim MultibusII wird sie während der Einschaltphase durchgeführt; Konfigurationsänderungen während des

Betriebs sind nicht möglich. Fastbus und Futurebus erlauben eine Selbstkonfiguration per Software zu jedem beliebigen Zeitpunkt. Dies ist auch die Voraussetzung dafür, daß Module während des Betriebs aus dem System entfernt oder zum System hinzugefügt werden können, was z.B. bei Defekten notwendig sein kann. Das Fastbussystem erlaubt dies, wenn während der Änderung der Hardware-Konfiguration alle Busoperationen angehalten werden; beim Futurebus ist es ohne Einschränkungen möglich.

Moderne Mikroprozessoren belegen auf Grund ihrer internen Pipeline-Struktur ihren Bus zu ca. 80% der Zeit. Multiprozessor-Systeme, die für alle Übertragungen einen Standardbus verwendet, überlasten deshalb den Bus bereits mit zwei Prozessoren und sind daher ineffektiv. Selbst ein On-Chip Cache-Memory reduziert die Buszugriffe nur um ca. 50%. Für Multiprozessorsysteme ist es deshalb unerläßlich, den größten Teil der Zugriffe nicht über den gemeinsamen Bus, sondern lokal auszuführen. Die meisten Prozessoren besitzen dazu lokalen Speicher oder ein separates Cache-Memory direkt auf der Platine. Da die Größe solcher Speicher aber auf Grund der Platzverhältnisse beschränkt ist, wird oft dazu übergegangen, mehrere Platinen durch Stecker zu verbinden. Eine systematische Lösung stellen jedoch nur standardisierte Erweiterungen der Standard-Busse dar, wie sie für VME-Bus und für MultibusII definiert wurden. Einige wichtige Eigenschaften sind in Tabelle 13 zusammengestellt.

Tabelle 13: Lokale Erweiterung von Standard-Bussen

Busstandard	VME-Bus	MultibusII
lokale Erweiterung	VMX	LBX
Steckplätze	bis 6	bis 6
Master	bis 2	bis 2
Adreßraum	24 Bit	26 Bit
Datenbreite	Byte, Wort, Langwort	Byte, Wort, Langwort
Organisation	Adresse: 2×12 Bit multiplex Daten: 32 Bit parallel	Adresse: 26 Bit parallel Daten: 32 Bit parallel

Sie unterscheiden sich nur im Detail. Beide lokalen Busse erlauben es, bis zu sechs Steckplätze zu einem Modul zu verbinden. Es ist jeweils vorgesehen, daß neben dem eigentlichen Master nur noch ein weiterer aktiv den Bus benützen kann. Entsprechend den lokalen Bedürfnissen sind die Adreßräume eingeschränkt. Der VMX-Bus erlaubt, bis zu 16 MBytes lokal zu adressieren, der LBX-Bus bis zu 64 MBytes. Beide können Daten in der vollen Breite von 32 Bits mit vergleichbarer Rate von bis zu 50 MBytes/s übertragen.

Wie früher diskutiert, lassen sich Multiprozessor-Systeme besonders flexibel organisieren, wenn eine Möglichkeit existiert, identische Module zu Pools zusammenzufassen und Pools als Einheit zu behandeln. Soll das Bussystem solche Operationen unterstützen, so muß zunächst ein Broadcast-Mechanismus vorhanden sein, der den Zugriff auf den gesamten Pool erlaubt. Dies ist bei Futurebus und Fastbus möglich, bei MultibusII nur eingeschränkt; der VME-Bus unterstützt solche Operationen nicht. Eine Möglichkeit zur Poolgrößen-unabhängigen Adressierung kann nur im Fastbus implementiert werden, und zwar unter Verwendung einer standardmäßig nicht belegten Daisy-Chain, die bei Broadcast-Transfers die Auswahl eines Pool-Mitglieds übernehmen kann.

In großen Systemen ist auch Zuverlässigkeit ein wichtiger Gesichtspunkt, weil die Wahrscheinlichkeit, daß alle Systemkomponenten gleichzeitig fehlerfrei arbeiten, exponentiell mit der Systemgröße sinkt. Die Zuverlässigkeit kann durch Maßnahmen zum Erkennen von Fehlern verbessert werden. Dabei kann Fehlererkennung bei jedem Transfer durchgeführt werden oder auf Diagnose- und Wartungsfälle beschränkt sein. Die vier Standard-Busse unterstützen diese Möglichkeiten unterschiedlich (Tabelle 14).

Tabelle 14: Fehlererkennung und Wartungsunterstützung bei Standard-Bussen

	VME-Bus	MultibusII	Fastbus	Futurebus
Paritäts-Bits	-	6	1	7
Fehlerkorrektur-Bits	-	-	-	-
Busüberwachung	-	-	Wait-Line	Adreßinspektion
Fehlersuche	-	-	Einzelzyklen, Abschalten von Timeout	-

Beim VME-Bus wird Fehlererkennung generell nicht unterstützt. Fastbus und Futurebus erlauben die Verwendung von Parität für verschiedene Signalgruppen; bei MultibusII wird sie immer benutzt. Keiner der vier Busse unterstützt Fehlerkorrektur. Treten permanente Busfehler auf, so muß das System in allen Fällen abgeschaltet werden. Auch die Fehlersuche bzw. Überwachung des normalen Betriebs ist unterschiedlich gut unterstützt. Fastbus erlaubt, alle Transfers beliebig zu verlangsamen oder in jedem Zyklus anzuhalten, so daß vollständige Inspektionsmöglichkeiten gegeben sind; Futurebus erlaubt die Inspektion von Adreßzyklen. MultibusII und VME-Bus besitzen keine Diagnoseunterstützung.

Die unterschiedliche Unterstützung der Behandlung von Fehlersituationen durch die vier Standard-Busse deutet auf eine Unsicherheit darüber hin, wie häufig Fehler in der Praxis auftreten und wie ernst sie sich auswirken. Dies bezieht sich insbesondere auf größere Multiprozessor-Systeme, die von diesen Bussen unterstützt werden, zu denen aber noch keine Erfahrungen vorliegen. Zuverlässigkeitsabschätzungen für einzelne Komponenten sind relativ genau, wenn ihre Einsatzbedingungen bekannt sind [242]. Eine reine Extrapolation auf zusammengesetzte Systeme ist jedoch nur bedingt möglich, da hier u.U. völlig neue Fehlerursachen berücksichtigt werden müssen, etwa die diskutierte Metastabilität bei der Synchronisation asynchroner Signale. Trotz der resultierenden Unsicherheit über adäquate Methoden zur Unterstützung von Fehlersicherheit läßt sich ein Trend feststellen: Während Fastbus nur ein Paritätsbit für Adressen/Daten besitzt, werden beim neueren Standard MultibusII bereits vier verwendet; zusätzlich sind die Kontroll-Leitungen mit zwei Paritätsbits geschützt. Futurebus, der sich noch im Spezifikationsstadium befindet, sollte ursprünglich Fehlerkorrektur unterstützen [243]; dies wurde aber vor allem wegen Problemen bei der Behandlung von Wort- und Byte-Transfers fallengelassen. Er sieht jetzt 4 Paritätsbits für Adressen/Daten und je eines für Kontroll-Leitungen, Adreßtags und Arbitrierungsleitungen vor. Für das Polyp-System wurden Abschätzungen für die Häufigkeit von permanenten Fehlern auf Grund von Bauteile-Ausfällen durchgeführt. Stucky [189] berechnete für ein System aus 50 Prozessoren und 8 Bussen eine Fehlerhäufigkeit 1/Tagen. Da dabei temporäre Fehler nicht berücksichtigt sind, liegt der wirkliche Wert wahrscheinlich erheblich höher. Eine gute Unterstützung der Behandlung von Fehlersituationen ist daher wesentlich.

Die Busse eines Mehrfach-Bussystems müssen koordiniert werden. Die Auswahl eines freien Busses verlangt z.B. eine Arbitrierung, die natürlich auf den Standard-Bussen nicht existiert. Bei ihrer Verwendung sind deshalb zusätzliche Steuerleitungen nötig. Ob sie realisiert werden können, hängt von der Auslegung der Steckverbindung zwischen Busteilnehmer und Bus und vom verfügbaren Platz für seperate Stecker ab. Die relevanten Parameter zeigt Tabelle 15.

Tabelle 15: Stecker/Signal-Verwendung bei Standard-Bussen

	VME-Bus	MultibusII	Fastbus	Futurebus
Stecker	2	1	1	1
aktive Signale	107	67	60	67
freie Busleitungen	64	-	10	-
freie Stichleitungen	-	-	4	-
freie Daisy-Chains	-	-	2	-
min Platinengröße [mm^2]	233×160	233×220	367×400	233×280
Standardgröße [mm^2]	233×160	233×220	367×400	367×280

Freie Leitungen, die über die Standard-Schnittstelle weitergegeben werden, sehen nur VME-Bus und Fastbus vor; beim VME-Bus wird dabei von Modulen mit vollständigem Bus-Interface ausgegangen. Die hohe Zahl an freien Leitungen erlaubt hier die Implementierung einer Ansteuerung für das Mehrfach-Bussystem. Nur Fastbus besitzt allerdings frei verwendbare Daisy-Chain-Leitungen, mit denen z.B. eine dezentrale Arbitrierung realisiert werden könnte. MultibusII und Futurebus verlangen, daß alle nicht-standardisierten Leitungen über separate Stecker geführt werden. Bei allen vier Standard-Bussen ist die Verwendung solcher Leitungen nur bei Verwendung von Platinen mit der in Tabelle 15 angegebenen Mindestgröße möglich, obwohl MultibusII ohne Zusatzleitungen auch die Verwendung von Platinen etwa der halben Größe erlauben würde. Die Platinengröße ist jedoch ein wesentlicher Parameter: Die maximale Leistung des Polyp-Systems ist von der Zahl der einsetzbaren Module abhängig und damit davon, wie kompakt es aufgebaut werden kann. Es wurde deshalb angestrebt, auch wesentlich kleinere Platinen z.B. der Größe 100×160 mm mit dem vollen Satz von Bussignalen versorgen zu können; dies ist bei den betrachteten Standard-Bussen nicht möglich.

Wie früher diskutiert, erfüllt ein einzelner Bus die Anforderungen des Polyp-Systems bezüglich maximaler Buskapazität, Flexibilität und Fehlertoleranz nicht. Dagegen ist es prinzipiell möglich, das als Verbindungsnetzwerk ausgewählte Mehrfach-Bussystem aus Standard-Bussen aufzubauen. Gegen diese Lösung sprechen sprechen allerdings die angeführten Argumente, die hier noch einmal zusammengefaßt werden:

- Die Busbandbreite ist nicht den verwendeten Mikroprozessoren angepaßt. Die Busse werden nur zu einem geringen Anteil ausgelastet. Andererseits schränkt ihre mögliche hohe Übertragungsgeschwindigkeit die Zahl der Busteilnehmer erheblich ein. Für Polyp-Systeme mittlerer Größe würden jeweils ca. 10 Bus-Repeater benötigt werden, die die Systemtopologie inhomogen machen. Schränkt man dagegen die Busbandbreite auf den benötigten Wert ein, so können Systeme der geplanten Größe in homogener Weise realisiert werden.

- Die Busarbitrierung aller Standard-Busse ist nicht an die Verhältnisse des Mehrfachbusbetriebs angepaßt: Wird sie parallel zu Transfers durchgeführt, so kann nicht der nächste freie Bus zugewiesen werden; wird sie zwischen Transfers durchgeführt, so mindert sie die Busbandbreite erheblich.

- Keiner der vier Standard-Busse sieht die Übertragung von Fehlerkorrektur-Codes vor und Signale zur zusätzlichen Synchronisation zwischen Fehlerkorrektur-Kontrollern und Master und Slave.

- Zur Realisierung eines Mehrfach-Bussystems werden bei allen Standard-Bussen Platinen der Größe 233×160 mm^2 bis 367×400 mm^2 benötigt. Dies verhindert einen kompakten Aufbau.

- Viele für das System benötigte Eigenschaften besitzt jeweils nur ein Teil der betrachteten Standard-Busse. Dies bezieht sich etwa auf Möglichkeiten zum fairen Buszugriff, zur Selbstkonfiguration, darauf, mehr als zwei Master auf einem lokalen Bus betreiben zu können, auf Möglichkeiten zur poolgrößenunabhängigen Adressierung und zur Diagnose.

Aus diesen Gründen wurde versucht, ein Bussystem zu entwickeln, das optimal auf die Anforderungen in großen Mehrfach-Bussystemen ausgelegt ist. Dieses Bussystem — der Polybus — wird im folgenden beschrieben. Weitergehende Informationen finden sich in [244].

4.1.3.3. Realisierung des Polybus-Systems

Bis vor wenigen Jahren wurde ein Bus als ein Satz von Leitungen betrachtet, über den eine Information an Hand eines einfachen Protokolls transportiert wird. Bestes Beispiel ist etwa der UNIBUS [245], bei dem im wesentlichen die Lage der Signale auf dem Stecker, ihre elektrischen Kenngrößen und die relative zeitliche Lage der Signale während Transfers spezifiziert sind. Mit zunehmender Komplexität der durch einen Bus verbundenen Systeme wurde erkannt, daß eine vollständige Spezifikation viel allgemeiner sein muß. Spezifiziert werden muß, wie Information ausgetauscht werden soll. Die früheren hardwarenahen Festlegungen werden heute als die tiefstliegenden einer Vielzahl von Schichten aufgefaßt, auf denen jeweils Funktionen zunehmender Komplexität spezifiziert sind.

Zu einer Beschreibung der Kommunikation zwischen Rechnern wird heute meist das ISO 7-Schichten-Modell herangezogen [246], nach dem jede Kommunikation, auch die über Busse, klassifiziert werden kann. Um als Spezifikationsgrundlage für einen Bus zu dienen, müssen allerdings die tiefliegenden, hardwarenahen Schichten des ISO-Modells stärker strukturiert werden. Dies wurde bisher nur bei der jüngsten Bus-Entwicklung, dem Future-Bus, versucht [247]. Das von Borrill/Del Corso vorgeschlagene Schichten-Modell für Busse (Tabelle 16) soll hier kurz erläutert werden. An Hand dieses Modells soll dann das Bussystem des Polyp-Systems spezifiziert werden.

Tabelle 16: Schichtenmodell für Busse

Präsentation
Bus-Verwaltung
Konfiguration
Speicher-Verwaltung
Adreß-Verwaltung
Cache-Kontrolle
Platinen-Kontrolle
Master-Eigenschaft
Gruppe
Verbindung
Sequenz
Transfer
Handshake
Synchronisation
Elektrik
Mechanik

Schichten-Modell für Busse

Die tiefstliegende Schicht eines Bussystems spezifiziert seinen mechanischen Aufbau. Dies umfaßt die Definition der Abmessungen der Platinen, die mit dem Bus verbunden werden sollen, die Art und Lage der Steckverbindungen und die Steckerbelegung.

Auf der darüberliegenden Schicht werden die elektrischen Eigenschaften des Bussystems spezifiziert. Dazu gehört, welche Versorgungsspannungen mit welchen Stromstärken das

Bussystem für angeschlossene Platinen bereitstellt, wie die Welleneigenschaften des Übertragungsmediums sind und Amplitude und Form der Signale, mit deren Hilfe die Information letztlich übertragen wird.

Werden verschiedene Signale zusammengefaßt, z.B. zu Adressen, Daten etc., so muß die zeitliche Korrelation zwischen ihnen durch Synchronisation sichergestellt werden. Auf der Synchronisationsschicht wird daher definiert, ob eine Übertragung synchron oder asynchron durchgeführt wird, wie lange die Einschwingzeiten bei synchroner Übertragung dauern und an welcher Stelle sie abzuwarten sind.

In der darauffolgenden Handshake-Schicht wird festgelegt, wie Adressen, Daten etc. von einem Bus-Master an einen Slave (oder umgekehrt) übertragen werden. Die Übertragung solcher Informationen beinhaltet das Anlegen der Information an den Bus, das Erklären ihrer Gültigkeit unter Berücksichtigung des Einschwingens und eine Bestätigung über den Empfang. Kann eine Information von mehreren Sendern angelegt oder von mehreren Empfängern akzeptiert werden, so definiert diese Schicht die Art der Koordinierung zwischen ihnen.

Die Transferschicht spezifiziert, wie eine einzelne Informationseinheit zwischen Master und Slave übertragen wird. Dies erfordert die Festlegung der maximalen Informationsbreite, die ohne besondere Schutzmechanismen ununterbrechbar übertragen werden kann.

Eine Aneinanderreihung von Transfers bildet eine Sequenz. Die Sequenz-Schicht spezifiziert, welche Transfers in welcher Reihenfolge durchgeführt werden können und wie sie zu interpretieren sind. Bekannte Beispiele sind aufeinanderfolgende Adreß- und Datentransfers (Multiplexing), aufeinenderfolgende Adreßtransfers (Extended Address Cycles [210]) oder aufeinanderfolgende Datentransfers (Blocktransfer).

Die Übertragung einer Sequenz setzt eine Verbindung zwischen einem Master und einem oder mehreren Slaves voraus. Auf der Verbindungs-Schicht ist definiert, wie eine solche Verbindung hergestellt wird. Ebenfalls wird definiert, wie eine Situation zu behandeln ist, in der eine Verbindung nicht zustande kommt oder vorzeitig abbricht.

Mehrere Sequenzen bilden eine Gruppe. Auf der zugehörigen Schicht ist spezifiziert, wie aufeinander folgende Sequenzen, die an den gleichen oder an verschiedene Slaves gerichtet sind, abgewickelt werden. Dazu gehört ein eventuelles Aufrechterhalten einer Verbindung über mehrere Sequenzen hinweg und ihre Auflösung am Ende der Gruppe.

Die Übertragung einer Gruppe setzt die Erlaubnis zum Zugriff auf den Bus voraus. Die zu der Schicht der Bus-Master-Eigenschaft gehörenden Spezifikationen legen fest, wie ein Master den Bus anfordern kann und unter welchen Umständen er ihn wieder freizugeben hat.

Mit den bisherigen Schichten wurden Mechanismen festgelegt, die es erlauben, Informationen zwischen am Bus angeschlossenen Einheiten zu übermitteln. Die höher liegenden Schichten sind eher dem System selbst zugeordnet, in das der Bus eingebettet ist. Sie legen fest, was eine übermittelte Information bedeuten kann.

Diese Ebenen beinhalten — weiterhin in aufsteigender Reihenfolge — die Definition von gemeinsamen Funktionen, die am Bus angeschlossene Platinen ausführen können, von Mechanismen zur Sicherstellung der Eindeutigkeit mehrfach gespeicherter Informationen (Cache-Kohärenz), der Belegung des Adreßraums, der Abbildung von Adressen aufeinander im Falle mehrstufiger Adreßumsetzungen, der Konfiguration der am Bus angeschlossenen Einheiten etc.. Diese Festlegungen regeln die Kooperation auf dem System-Nivaeu und sind von der reinen Informationsübertragung unabhängig.

Bus-Schnittstelle

Die oberste Ebene zur Beschreibung eines Bussystems ist die Präsentationsebene, die die Schnittstelle zwischen der Bus-Hardware und ihrer Benutzung, d.h. der Software des Systems repräsentiert. Auf dieser Ebene besteht das Polybus-System aus Modulen, die über ein Verbindungsnetzwerk kommunizieren. Eine Kommunikation setzt voraus, daß ein Modul die Übertragung von Informationen veranlaßt. Dieses aktive Modul wird als Commander bezeichnet. Mindestens ein Modul wird vom Commander zur Teilnahme an der Übertragung ausgewählt. Jedes dieser passiven Module wird als Responder bezeichnet. Da die Module unterschiedlicher Art sein können, ist es möglich, daß manche davon nur als Commander an Übertragungen teilnehmen können, etwa DMA-Interfaces, oder nur als Responder, etwa globale Speicher. Andere Module können beide Rollen übernehmen. Es ist sogar möglich, daß während einer Übertragung ein Modul sowohl als Commander, als auch als Responder auftritt. In diesem Fall ist eine Informationsübertragung über das Verbindungsnetzwerk nicht notwendig.

Betrachtet man eine Übertragung von einem etwas tieferen Niveau aus, so muß die innere Struktur der Module selbst in Betracht gezogen werden. Module bestehen aus Units, z.B. Prozessoren, Speichern etc.. In einem Commander-Modul muß deshalb eine der Units für die Initiierung einer Übertragung verantwortlich sein. Diese Unit wird als Master bezeichnet. In einem Responder-Modul wird pro Transfer genau eine Unit angesprochen, der Slave. Eine erfolgreiche Übertragung erfordert mindestens einen Master und einen Slave. Im Polybus-System kann zusätzlich eine dritte Art von Unit an Transfers beteiligt sein, ein Kontroller. Kontroller können dazu dienen, Übertragungen zwischen Master und Slave zu überwachen und unter Umständen den zeitlichen Ablauf der Übertragung oder die übertragene Information zu verändern. Eine Kontroller-Unit kann auf dem Commander-Modul, auf dem Responder-Modul oder auf beiden an einer Übertragung teilnehmen.

Nicht unter den Systemaspekt fallen Übertragungen, die lokal in einem Modul durchgeführt werden. In diesem Fall befinden sich Master und Slave, unter Umständen auch ein Kontroller, als Units in dem selben Modul.

Jedes Modul ist an das Verbindungsnetzwerk über einen eigenen Übertragungskanal, den Modulbus, angeschlossen und kann deshalb jeweils nur an höchstens einer Polybus-Übertragung teilnehmen. Das Polybus-System selbst ist dagegen ein skalierbares Verbindungsnetzwerk. Seine Übertragungskapazität kann im Prinzip beliebig erweitert werden. Dies ist nur möglich, wenn mehrere, im Prinzip beliebig viele Übertragungen parallel durchgeführt werden können.

Deadlock-Behandlung

Ein vollständiger Übertragungsweg besteht demnach aus der nur einfach vorhandenen Verbindung Commander ↔ Polybus, einem der im Polybus-System verfügbaren parallelen Verbindungswege und den Verbindungen Polybus ↔ Responder, die jeweils wieder nur einfach vorhanden sind. Die Notwendigkeit, mehrere Ressourcen (Teilverbindungen) für eine Operation (Übertragung) belegen zu müssen, und die Parallelität dieser Operationen birgt die Gefahr von Deadlocks in sich. Eine typische Deadlock-Situation tritt auf, wenn von zwei Commander-Modulen jeweils eines auf das andere als Responder-Modul zugreifen möchte und bereits den ersten Teil der Verbindungswege, nämlich die jeweilige Verbindung Modul ↔ Polybus belegt hat. Diese Situation ist relativ einfach festzustellen, so daß der Deadlock durch Zuweisung unterschiedlicher Prioritäten aufgehoben werden könnte. Es können jedoch auch komplexere Deadlock-Situationen auftreten, in denen sich mehrere Commander zyklisch als Responder aufrufen. Die Zahl der Beteiligten ist dabei nur durch die mögliche Parallelität des Polybus-Systems beschränkt.

Wie früher diskutiert, können Deadlocks können entweder vermieden oder erkannt und aufgelöst werden. Eine Vermeidung durch gleichzeitige Belegung des gesamten Verbindungswegs ist im Polybus-System nicht möglich, da ja die Anforderung auf den Modulbus des Responders nur über das Bussystem selbst übertragen werden kann. Aus dem gleichen Grund ist auch die Belegung der drei Teile des Verbindungswegs in einer systemweit einheitlichen Reihenfolge nicht möglich. Prinzipiell möglich ist dagegen eine Koordination der Zugriffe von Modulen aufeinander durch Software. Der hohe Zeitaufwand ist jedoch nur bei sehr schwach gekoppelten Systemen vertetbar. Für das Polybus-System wurde deshalb darauf verzichtet, Deadlocks hardwaremäßig zu vermeiden.

Auch die Feststellung eines Deadlocks durch direkte Überprüfung, ob ein zyklischer Zugriff mehrerer Module aufeinander vorliegt, ist aufwendig, da in einem Verbindungsnetzwerk mit n parallelen Übertragungswegen bis zu $n/2$ Deadlocks gleichzeitig auftreten können. Dabei können alle Commander-Responder-Kombinationen mit zusammen bis zu n Modulen am Deadlock beteiligt sein. Deadlocks können statt durch direkte Überprüfung jedoch auch daran erkannt werden, daß Übertragungen zwischen Modulen nicht abgeschlossen werden können. Dies ist einfach durch einen Timeout-Mechanismus feststellbar.

Module, die an das Polybus-System angeschlossen sind, müssen deshalb in der Regel Übertragungen abbrechen, wenn sie nicht in "vernünftiger" Zeit beendet werden können. Mit dieser Festlegung werden sämtliche Deadlock-Situationen aufgelöst, aber auch solche, in denen ein Modul auf Grund einer Bus-Sättigung keinen Zugriff zum Bussystem erhält (Aussperrung). Die asynchrone Operation des Polyp-Systems macht es sehr wahrscheinlich, daß dann allein die Wiederholung eines abgebrochenen Transfers zu einer erfolgreichen Übertragung führt. Timeouts von Prozessormodulen können jedoch auch durch Software behandelt werden.

Die Wahl einer geeigneten Timeout-Zeit ist nicht universell möglich. Kurze Werte führen zum häufigen unnötigen Abbruch und zur Wiederholung von Übertragungen. Lange Timeout-Zeiten blockieren Teile des Verbindungsnetzwerks im Falle von echten Deadlocks. Im Polybus-System entspricht die Timeout-Zeit etwa der Zeit für 10^4 Einzelübertragungen. Damit ist eine effiziente Nutzung des Polybus-Systems dann gegeben, wenn die Wahrscheinlichkeit für das Auftreten echter Deadlocks klein ist gegenüber 10^{-4}; dies wird bei allen geplanten Anwendungen erwartet.

Struktur des Polybus-Systems

Das Polybus-System ist ein Mehrfach-Bussystem. Schnittstelle zu den Modulen sind die Modulbusse; jedes Modul ist über genau einen Modulbus mit dem Polybus-System verbunden. Alle Modulbusse sind untereinander durch eine beliebige Anzahl identischer Busse, Polybusse genannt, verbunden. Die Eigenschaften des Polybus-Systems können nach dem angeführten Schichtenmodell spezifiziert werden. Dies umfaßt die detaillierte Struktur des Systems und seine Benutzung. Beide Punkte werden im folgenden diskutiert. Nicht im Schichtenmodell enthalten ist die Struktur der systeminternen Busverwaltung, die im Anschluß dargestellt wird.

Mechanische Schicht

Das Polyp-System ist modular aufgebaut. Auf der Systemebene verbindet das Polybus-System Module, auf der Modulebene der Modulbus Units. Die mechanische Definition des Polybus-Systems unterstützt diese Modularität.

Vom Bussystem her gesehen sind die Grundbausteine des Systems die Units. Jede Unit ist in der Regel mit einer Platine gleichzusetzen, die mit dem Bus durch Stecker verbunden wird. Ein wichtiger Parameter ist die Größe dieser Platinen: Kleine Platinenformate sind ineffizient, weil ein großer Teil des verfügbaren Platzes für die Busansteuerung verlorengeht. Große Platinenformate können nicht von allen Units ausgenützt werden und vergrößern damit unnötigerweise das Gesamtsystem. Dies macht sich in längeren Übertragungszeiten und damit als Leistungsreduktion bemerkbar. Zur Optimierung bieten alle Standardbusse außer Fastbus zwei Platinengrößen an, wobei allerdings die kleinere Platine meist nur auf einen Teil der Bussignale zugreifen kann und damit eingeschränkte Fähigkeiten hat. Auch im Polyp-System existeren zwei Platinengrößen. Es wird das verlängerte Europakarten-Format verwendet, und zwar in einfacher Höhe (100×221 mm^2) mit einem und in doppelter Höhe (223×221 mm^2) mit zwei Busanschlüssen. Im Gegensatz zu den Vergleichsbussen sind beide Anschlüsse jedoch vollständig und identisch belegt, so daß ein kompakter Aufbau möglich ist.

Der Modulbus, der alle Units verbindet, ist als Backplane realisiert, auf die die Platinen aufgesteckt werden. Diese Backplanes können bis auf 96 Steckplätze ausgebaut werden. Im Polyp-System werden jedoch pro Modul nur etwa 8 bis 14 davon standardmäßig verwendet; Standard-

Backplanes sind deshalb auf 16 Steckplätze ausgelegt. Um die beiden Platinenformate realisieren zu können, sind je zwei Steckpätze übereinander angeordnet. Jede Backplane ist schließlich noch U-förmig gefaltet (Bild 57), so daß ein Teil der Units von vorne, ein Teil von der Rückseite her gesteckt werden kann.

Bild 57: Aufbau einer
Modulbus - Backplane

Die nächstgrößere Baueinheit setzt sich aus sechs solchen Backplanes zusammen, die in der Mitte zweier Crates montiert sind. Bild 58 zeigt ein 6-Prozessor-System, das so aufgebaut ist, daß alle Busswitches von der Rückseite her, alle anderen Units, hier Prozessoren, Speicher und Host-Interface, von vorne bestückt sind. Diese Anordnung bietet den Vorteil, daß das eigentliche Polybus-System kompakt montiert werden kann (s.u.). Jedes Doppel-Crate besitzt vier separate Stromversorgungen und zwei Lüfter.

Die einzige bisher noch realisierte nächstgrößere Baueinheit setzt sich aus zwei bis fünf solcher Doppel-Crates zusammen; sie können gemeinsam in einem Standard-Rack untergebracht werden. Das am Kristallkugel-Spektrometer installierte 30-Prozessor-System zeigt Bild 59. Ein weiterer Ausbau auf mehrere Racks setzt dann eine elektrische Aufbereitung der Bussignale (Bus-Repeater) voraus.

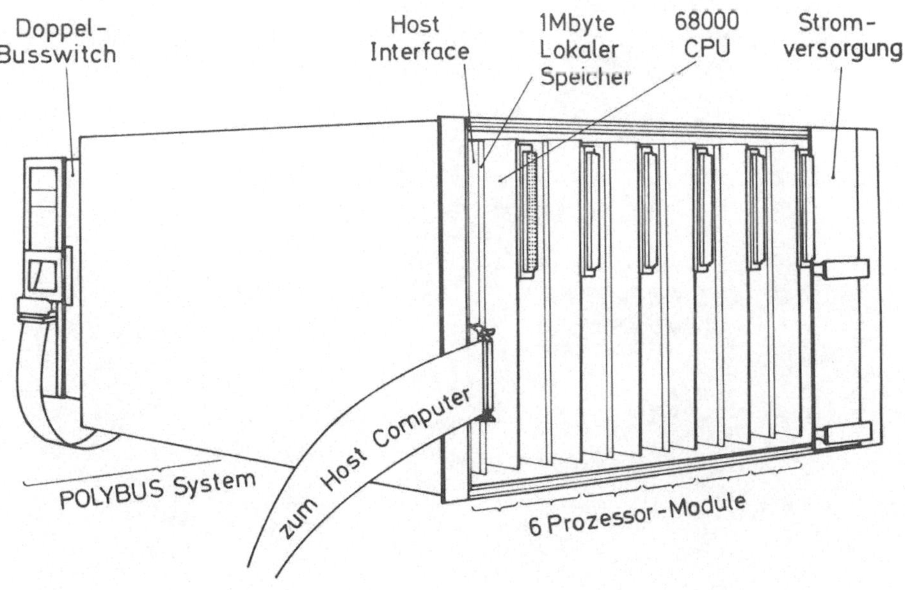

Bild 58: Aufbau eines 6-Prozessor-Systems im Doppel-Crate

Für das Mehrfach-Bussystem selbst wurden in der Testphase und im Endaufbau unterschiedliche Anordnungen gewählt. Während der Testphase war die gute Zugänglichkeit jeder Unit wichtig. Die Busse wurden deshalb mit je zwei Flachbandkabeln realisiert, die so angeordnet waren, daß alle Units einzeln gesteckt oder entnommen werden konnten. Das topologische

Bild 59: 30-Prozessor-System am Kristallkugel-Spektrometer

Problem, das Bussystem sowohl horizontal und vertikal, als auch in der Zahl der Busse variieren zu können, wurde durch eine spezielle Anordnung der Busse gelöst, wie sie in Bild 60 für ein 9-Prozessorsystem mit je 4 Bussen gezeigt ist. Im Endaufbau wurden die Flachbandkabel durch Multilayer-Platinen ersetzt, in denen die benötigte Anzahl von Bussen auf verschiedenen Ebenen liegt. Da auf der Rückseite der Doppel-Crates bis zu vier Busswitches pro Modul eingesetzt werden können, enthält jede der Busplatinen bis zu vier komplette Polybusse. Die einzelnen Crates werden in der Vertikalen mit analog aufgebauten Busbrücken verbunden. Bild 61 zeigt Testaufbau des Polybus-Systems des 30-Prozessor-Systems am Kristallkugel-Spektrometer.

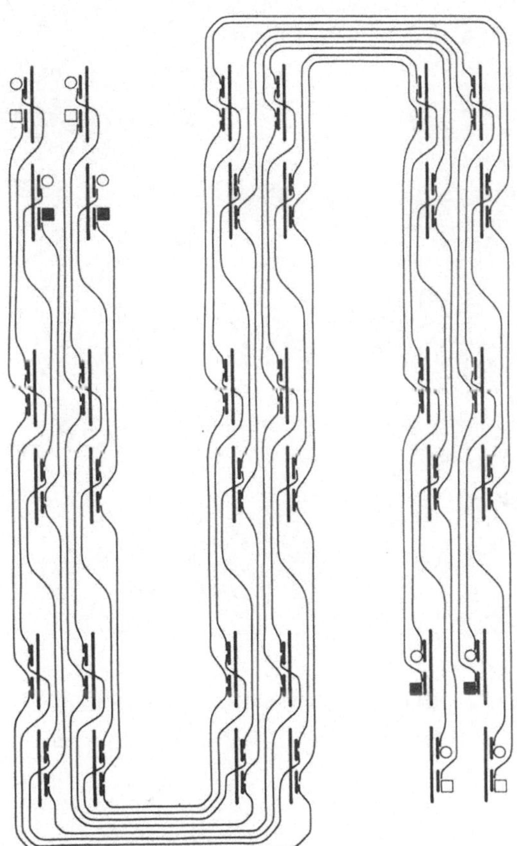

Bild 60: Polybus-Aufbau bei Verwendung von Flachbandkabeln

Bild 61: Polybus-System im Testaufbau an einem 30-Prozessor-System

Elektrische Schicht

Das Polybus-System wurde zur Geschwindigkeitsanpassung an die verwendeten Mikroprozessoren mit TTL-Technologie aufgebaut. Dies gilt ebenso für nahezu alle Busse, die in Mikro-
computern und Minicomputern eingesetzt werden, z.B. auch für die zum Vergleich herangezo-
genen Standardbusse. Ausnahmen sind Fastbus, der als Frontend-Elektroniksystem auf höchste
Geschwindigkeiten ausgelegt ist und in ECL-Technologie realisiert ist, und Futurebus, bei dem
ein lange Zeit ungelöstes Problem durch die Verwendung neuartiger Technologie beseitigt wurde.

Dies ist das Bustreiber-Problem, das dadurch zustande kommt, daß die kapazitive Last,
die Busteilnehmer treiben müssen, sehr hoch sein kann. Der typische Wellenwiderstand eines
Busses liegt bei 100 Ω. Er wird jedoch durch an den Bus angeschlossene Platinen erniedrigt.

In großen Systemen kann der Wellenwiderstand auf unter 20 Ω sinken. Für Bustreiber, die sich in der Mitte des Busses befinden, halbiert sich dieser Wert noch durch Spannungsteilung. Unter diesen Umständen kann ein Pegelwechsel nur mit hohen Strömen durchgeführt werden, die wieder nur mit starken Bustreibern erzielt werden können; solche Bustreiber stellen jedoch wieder eine entsprechend höhere kapazitive Belastung dar. Zudem erzeugen hohe Ströme auf dem Bus Störungen durch Übersprechen. Diese Schwierigkeiten führen dazu, daß die Übertragungsgeschwindigkeit auf Bussystemen mit TTL-Technologie erheblich mit der Systemgröße sinkt.

Seit Ende 1985 steht jedoch eine neue Technologie zur Verfügung, die diese Probleme großenteils eliminiert. Für das Futurebus-System wurde ein neues Bustreiber-Konzept entwickelt [248], das die kapazitive Last minimiert, sehr kleine Pegelunterschiede aufweist und damit die benötigten Umschaltströme wesentlich verringert und das schließlich eine trapezförmige Signalform aufweist, deren limitierte Anstiegszeit Störungen minimiert. Zur Entwurfszeit des Polybus-Systems stand diese Technologie noch nicht zur Verfügung. Es ist deshalb in der alten TTL-Technologie aufgebaut. Augenblicklich werden jedoch die Möglichkeiten eines Wechsels untersucht.

Ein anderes, noch ungelöstes Problem ist die Verwendung von open-collector-Leitungen auf langen Bussen. Die meisten Signale auf dem Polybus-System benutzen Tristate-Logik; einige verwenden die wired-OR-Technik zur systemweiten Synchronisierung mehrerer Busteilnehmer und sind deshalb in open collector-Logik realisiert. Die begrenzte Signalausbreitungsgeschwindigkeit führt jedoch dazu, daß nach jeder Zustandsänderung eines beliebigen Treibers entlang der Leitung das Ergebnis der OR-Verknüpfung erst nach mehreren Buslaufzeiten stabil ist, wie Gustavson und Theus [249] an Hand vieler Beispiele und Messungen demonstrierten. Dieses Problem tritt in nahezu allen Bussystemen auf, auch bei den erwähnten Standardbussen. Zur Lösung schlug Taub ein Schema vor, das die Buslaufzeiten explizit berücksichtigt und zu einer vollständigen Beseitigung des Problems [250] führt. Bei dieser systematischen Lösung wird jedoch pro Busteilnehmer eine eigene Leitung benötigt; sie ist deshalb in größeren Systemen nicht anwendbar.

In der Praxis werden diese Probleme durch genügend lange Integration der Störungen umgangen, so etwa bei Futurebus [248] und Fastbus [249]. Dieses Verfahren findet auch beim Polybus Anwendung.

Synchronisations-Schicht

Das Polybus-System ist asynchron aufgebaut. Alle Informationen mit mehr als 1 Bit Breite werden durch Strobe-Signale synchronisiert und so als gültig erklärt. Dies erfordert, daß derjenige Busteilnehmer, der eine zu synchronisierende Information an den Bus anlegt, ihre Stabilität auf dem Bus garantieren muß.

Dieses Verfahren ist in vielen Fällen, z.B. bei der Verwendung asynchroner Mikroprozessoren, nicht zeitoptimal, weil hier der Empfang des Strobe-Signals eine Mikroprogramm-Routine startet, in der die angelegten Informationen dann übernommen werden. Die Zeit zwischen Strobe und

Übernahme steht im Prinzip noch zur Stabilisierung der Information zur Verfügung. Deshalb ist es möglich, Strobe-Signale vorzeitig anzulegen.

Im Polybus-System wurde aus zwei Gründen auf diese Möglichkeit verzichtet. Einmal ist der mögliche Zeitgewinn direkt mit den speziellen Eigenschaften bestimmter Busteilnehmer gekoppelt, z.B. ihrem Mikroprogramm oder ihrer Taktfrequenz. Eine Festlegung müßte aber systemweit erfolgen und würde deshalb die Implementierung neuer und schnellerer Bausteine unmöglich machen. Zum anderen schafft die direkte Synchronisation der Information dort, wo sie erzeugt wird, übersichtliche Verhältnisse. Dies ist insbesondere für Systemtests sehr wichtig. Die nicht ausgenutzte Zeit beläuft sich je nach Baustein auf 0 bis 100 ns mit sinkender Tendenz und ist damit noch klein gegenüber der totalen Transferzeit.

Handshake-Schicht

Das Polybus-System ist auch in Bezug auf die Koordination eines Masters und eines oder mehrerer Slaves asynchron aufgebaut. Die Synchronisation zwischen den Teilnehmern einer Übertragung erfolgt über ein Handshake-Protokoll, d.h. durch Anzeigen einer Aktion und ihrer Quittierung. Der exakte Ablauf ist über Busprotokolle spezifiziert.

In einfachen Bussystemen nehmen an einer Übertragung nur ein Master und ein Slave teil. Analoge Übertragungen auf dem Polybus-System folgen diesen Standard-Protokollen. Manche moderneren Bussysteme erlauben zusätzlich Transfers zwischen einem Master und mehreren Slaves (Broadcast, Broadcall). Das Polybus-System unterstützt ebenfalls Broadcast-Transfers auf der Systemebene. Die Synchronisation der Teilnehmer an einer Broadcast-Übertragung erfolgt über open-collector-Leitungen ähnlich einem von Taub [251] vorgeschlagenen Protokoll. Die Handshake-Abläufe für normale und Broadcast-Transfers bilden die Basis-Protokolle des Polybus-Systems.

Zur Unterstützung von Fehlerkorrektur-Kontrollern wurden diese Basis-Protokolle erheblich erweitert. Sie erlauben es, Übertragungen zwischen einem Master und einem Slave zusätzlich noch mit einem oder zwei Fehlerkorrektur-Kontrollern zu synchronisieren, von denen einer im Module des Master, der andere im Module des Slaves arbeitet. Bei Broadcast-Transfers können ein zusätzlicher Fehlerkorrektur-Kontroller im Master-Modul und mehrere in Slave-Modulen synchronisiert werden. Die Busprotokolle sind so ausgelegt, daß Fehlerkorrektur-Kontroller nach Bedarf eingesetzt werden können; auch eine teilweise Verwendung ist möglich. Beim Betrieb sind dann verschiedene Fälle zu unterscheiden:

- Lokale Transfers

An lokalen Transfers kann nur ein einziger Fehlerkorrektur-Kontroller beteiligt sein. Wird eine Information an den Bus angelegt, die nicht durch Hamming-Code geschützt ist, so wird dieser Code durch den Fehlerkorrektur-Kontroller generiert. Das erweiterte Protokoll muß sicherstellen, daß der Übertragungsablauf so lange verzögert wird, bis Information und Code gemeinsam verwendet werden können. Wird umgekehrt eine geschützte Information an den Bus angelegt, so wird sie vom Fehlerkorrektur-Kontroller überprüft. Sind korrigierbare Fehler aufgetreten, so wird die korrekte Information auf den Bus gelegt und gleichzeitig an Master und Slave übertragen. Dies erlaubt es z.B., fehlerhafte Speicherinhalte während des Auslesens zu korrigieren. Treten nicht korrigierbare Fehler auf, so wird der Transfer abgebrochen. Das zugehörige Protokoll stellt sicher, daß solche Übertragungen erst nach Überprüfung und eventueller Korrektur abgeschlossen werden.

- Globale Transfers

Übertragungen zwischen verschiedenen Modulen des Polyp-Systems sind noch komplexer, wenn auf der Master- bzw. der Slave-Seite Fehlerkorrektur-Kontroller eingesetzt werden. Grundsätzlich könnten hier die gleichen Protokolle wie bei lokalen Transfers Verwendung finden. Eine globaler Lesezugriff würde dann etwa wie folgt ablaufen:

- Anlegen der Adresse durch den Master

- Verzögerung des Transfers, bis der Hamming-Code durch den Fehlerkorrektur-Kontroller beim Master generiert ist

  Durchschalten eines Verbindungswegs durch das Polybus-System und Übertragung der geschützten Adresse

- Verzögerung des Transfers, bis die Adresse durch den Fehlerkorrektur-Kontroller beim Slave überprüft und eventuell korrigiert ist

- Adressierung des Slaves

- Anlegen geschützter Daten durch den Slave

- Verzögerung des Transfers, bis die Daten überprüft und eventuell korrigiert und rückgeschrieben sind

- Übertragung der korrekten, geschützten Daten

- Verzögerung des Transfers, bis die Daten durch den Fehlerkorrektur-Kontroller beim Master überprüft und eventuell korrigiert sind

- Beendigung des Transfers durch den Master.

Da die Zeiten für das Generieren des Hamming-Codes und seine Überprüfung (je ca. 100 ns) nicht vernachlässigbar sind gegenüber den eigentlichen Transferzeiten, würden sich nach diesem Schema alle Übertragungszeiten mehr als verdoppeln. Dies ist nicht akzeptabel. Die erheblich längeren Korrekturzeiten spielen dagegen keine Rolle, da Korrekturn nur in einem verschwindend kleinen Teil aller Transfers notwendig sind.

Um die Buskapazität des Polybussystems durch die Fehlerschutzmaßnahmen nur minimal zu verringern, wurde ein Busprotokoll implementiert, das maximal überlappende Operationen von Master und zugehörigem Fehlerkorrektur-Kontroller und Slave und zugehörigem Fehlerkorrektur-

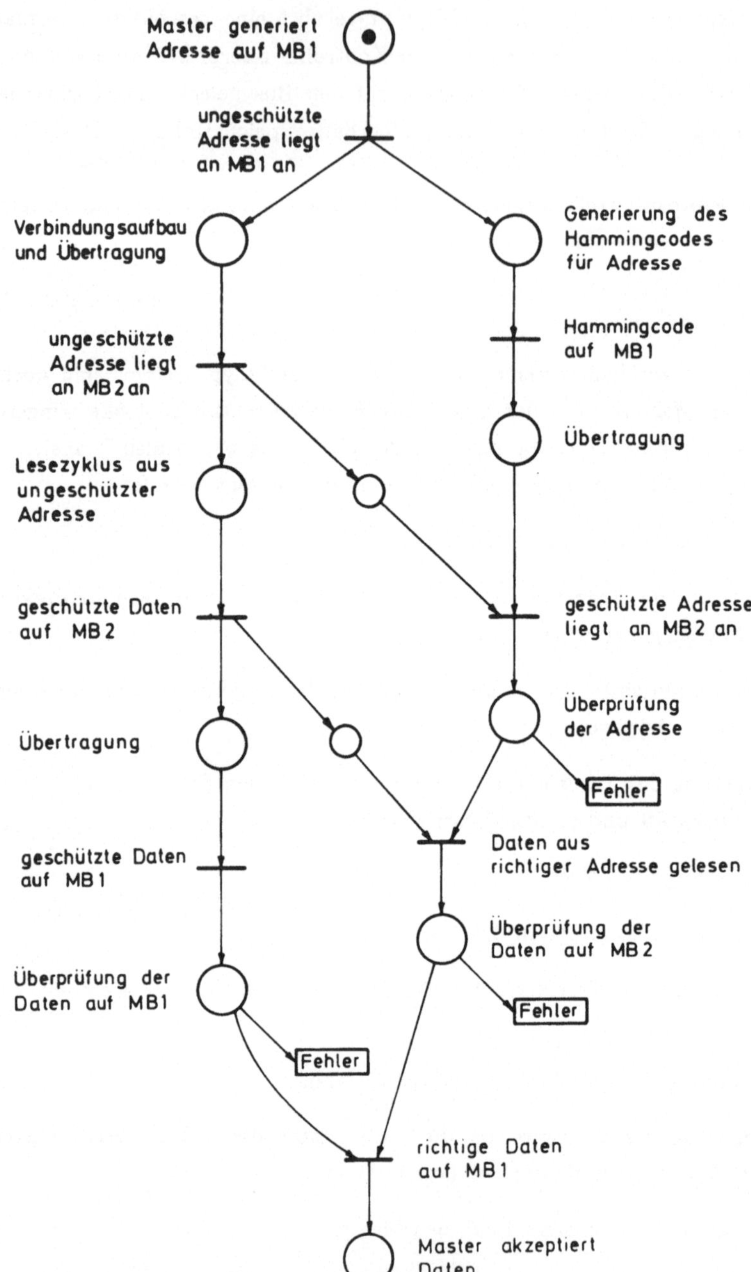

Bild 62: Petri-Netz einer Polybus-Übertragung mit Fehlerkorrektur-Kontrollern

Kontroller erlaubt. Die oben beschriebene Übertragung läuft deshalb tatsächlich wie folgt ab (Bild 62):

Der Master leitet den Transfer ein, indem er die ungeschützte Adresse auf seinen Modulbus (MB 1) legt. Dies veranlaßt den Fehlerkorrektur-Kontroller, zur Adresse einen Hamming-Code zu erzeugen. Gleichzeitig wird mit der ungeschützten Adresse ein Weg durch das Polybus-System geschaltet und auf dem Modulbus des Slaves (MB 2) ein Lesezyklus gestartet. Dies ist möglich, obwohl noch nicht bekannt ist, ob die Adresse korrekt übertragen wurde. Diese Überprüfung wird parallel zum Lesevorgang durchgeführt, nachdem der Hamming-Code für die Adresse generiert und von Modulbus 1 auf Modulbus 2 übertragen wurde. Ist kein Fehler aufgetreten, so wurde oder wird noch die Leseoperation auf der richtigen Adresse ausgeführt. Im Fehlerfall muß dagegen die laufende Operation abgebrochen werden. Kann die Adresse korrigiert werden und liegt die korrekte Adresse in dem gleichen Modul, so wird ein neuer Lesezyklus mit der korrekten Adresse gestartet. Liegt die korrekte Adresse in einem anderen Modul oder liegt ein nicht korrigierbarer Fehler vor, werden alle Aktivitäten im falsch adressierten Modul eingestellt. Ist der Lesevorgang beendet, so werden vom Slave geschützte Daten auf Modulbus 2 gelegt und über den Polybus zum Master übertragen. Ist auch die Adreßüberprüfung abgeschlossen, so werden parallel zur Übertragung diese Daten überprüft, im Falle korrigierbarer Fehler durch die korrekten Daten ersetzt und dann zurückgeschrieben. Bei nicht-korrigierbaren Fehlern erfolgt wieder ein Abbruch des Transfers. Sobald die geschützten Daten auf dem Modulbus 1 anliegen, wird dort ebenfalls eine analoge Überprüfung mit eventueller Korrektur durchgeführt. Im Fall nicht-korrigierbarer Fehler wird der Transfer aber nicht abgebrochen, sondern eine Wiederholung angefordert. Erst wenn die parallele Überprüfung der Daten durch beide Fehlerkorrektur-Kontroller abgeschlossen ist, werden sie vom Master akzeptiert und der Transfer beendet. Diese parallele und asynchrone Operation von Master/Slave und beiden Fehlerkorrektur-Kontrollern ermöglicht minimale Übertragungszeiten. Die Busprotokolle, die die Kooperation zwischen Master, Slave und Fehlerkorrektur-Kontrollern regeln, sind in [252] definiert.

Transfer-Schicht

Das Polybus-System ist ein 32-Bit-System. Die grundlegenden Informationseinheiten sind Adressen und Daten. Adressen werden immer in einer Breite von 32 Bits übertragen. Für Daten steht ebenfalls eine Breite von 32 Bits zur Verfügung. Bei Schreibzugriffen kann sie kann ganz oder teilweise ausgenutzt werden durch die Übertragung von Langworten, Worten oder Bytes; Lesezugriffe werden immer 32 Bit breit ausgeführt.

Sequenz-Schicht

Auf dem Polybus-System ist nur eine Art von Sequenz möglich: Es wird immer eine Adresse der Breite 32 Bits übertragen, auf die auf den gleichen Leitungen Daten folgen. Mehrfache konsekutive Adreßübertragungen, die den Adreßraum auf über 4 GBytes vergrößern würden, sind nicht vorgesehen.

Wird nur ein einziges Datum übertragen, so handelt es sich um einen Einzeltransfer, andernfalls um einen Blocktransfer. Aus Effizienzgründen sind Blocktransfers nur in einer Datenbreite von 32 Bits möglich.

Verbindungs-Schicht

Eine Verbindung eines Masters des Polybus-Systems mit einem Slave erfordert, daß ein vollständiger Weg durch das Bussystem geschaltet ist und der Slave die Adresse erkannt hat. Bei lokalen Transfers ist dazu nur die Belegung es Modulbusses durch den Master erforderlich. Bei globalen Übertragungen sind jedoch Zwischenschritte notwendig.

Hier ist der Verbindungsaufbau ein mehrstufiger Vorgang: Der Master muß neben seinem eigenen Modulbus auch einen polybus und den Modulbus des oder der Slaves belegen, bevor die Verbindung hergestellt werden kann. Dieser Verbindungsaufbau muß konsekutiv erfolgen. Bereits belegte Verbindungs-Teilstücke müssen belegt bleiben, bis die Verbindung aufgelöst wird. Dies wird durch ein Bus-Lock-Signal erreicht, das vom Master erzeugt und über alle Verbindungs-Teilstücke bis zum Slave weitergeleitet wird. Es verhindert eine Freigabe belegter Ressourcen.

Im Normalfall wird Bus-Lock während einer einzelnen Sequenz, d.h. während eines Einzel- oder Blocktransfers, gesetzt. Diese sind deshalb immer ununterbrechbar. In Multiprozessor-Systemen besteht jedoch die Notwendigkeit, auch komplexere Übertragungen ununterbrechbar ablaufen lassen zu können. Wie früher diskutiert, ist eine Minimalanforderung für die Synchronisierung von parallelen Prozessen die Möglichkeit, Semaphorenoperationen ausführen zu können. Diese setzen zumindest eine ununterbrechbare Test-and-Set-Operation voraus. Die Prozessoren des Polyp-Systems führen diese Operation hardwaremäßig so aus, daß eine Unterbrechung der Verbindung mit Hilfe von Bus-Lock verhindert wird. Die Blockierung einer Verbindung kann jedoch auch per Programm angefordert werden. Sie bleibt dann so lange bestehen, bis sie wieder explizit aufgelöst wird. Dies gilt auch im Fall von Deadlocks und Transferwiederholungen, die daraufhin oder aus anderen Gründen ausgelöst werden. Selbst bei Eintritt in eine Fehlerroutine bleiben alle belegten Verbindungsstücke blockiert. Die Möglichkeit, eine ununterbrechbare Verbindung herzustellen, erlaubt die Ausführung kritischer Operationen, die aus mehreren Einzel- oder Blocktransfers zusammengesetzt sind.

Wird eine nicht-existente Adresse verwendet, so kann keine Verbindung zustande kommen. Wie in anderen asynchronen Bussystemen auch, werden solche Situationen im Polybus-System über Timeouts gelöst, die die begonnene Übertragung mit einer Fehlermeldung abbrechen. Die Auflösung von Deadlocks wurde bereits diskutiert. Auch andere Situationen, etwa nicht-korrigierbare Fehler, führen zu einem Abbruch. Wird eine Verbindung normal oder mit Fehler abgebrochen, so werden der Slave und alle Verbindungs-Teilstücke freigegeben, sofern dies nicht per Programm verhindert wurde.

Gruppen-Schicht

Hat ein Master eine Verbindung aufgelöst, so belegt er in der Regel weiterhin seinen lokalen Modulbus. Dann kann er weitere Verbindungen zum gleichen oder zu anderen Slaves aufbauen, d.h. eine Gruppe von Sequenzen übertragen.

Bus-Master-Eigenschafts-Schicht

Die Übertragung einer Gruppe wird spätestens beendet, wenn der Modulbus an einen anderen Bus-Master abgegeben werden muß; dies setzt eine Busanforderung voraus.

Die Modul- und Polybusse des Polybus-Systems sind für Multimaster-Betrieb ausgelegt und müssen deshalb vor Benutzung angefordert und von einer Busarbitrierung zugeteilt werden. Dies geschieht an hand von Prioritäten, wobei mehrere Anforderungen auch gleiche Priorität haben dürfen. Liegen unterschiedliche AnforderungsPrioritäten vor, so werden generell nur solche höchster Priorität berücksichtigt. Auf einer Prioritätsebene werden die Anforderungen fair behandelt.

Im Polybus-System werden Anforderungen auf globale Busse und lokale Busse unterschiedlich gehandhabt. Die globalen Busse stellen wichtige System-Ressourcen dar, die sich durch eine priorisierte Busvergabe effizient nutzen lassen. Im Polybus-System sind 8 Anforderungs-Prioritäten möglich, die jedes Modul dynamisch anwählen kann. Damit hängt die Prioritätsverteilung vom bearbeiteten Problem ab.

Die Möglichkeiten zur Benutzung der Modulbusse sind dagegen viele enger: Der größte Anteil aller Übertragungen geht normalerweise auf Verbindungen Prozessor $\leftrightarrow$ Speicher zurück, der Rest auf Transfers zu oder von anderen Modulen. Unter diesen Umständen reichen praktisch immer drei Prioritäten aus, die statisch vergeben sein können.

Höchste Priorität besitzen Übertragungen, die von anderen Modulen initiiert wurden. Tritt eine solche Anforderung auf, dann ist bereits der Modulbus des anfordernden Moduls und ein Polybus belegt. Um diese wichtige System-Ressource schnell wieder freigeben zu können, müssen solche Anforderungen bevorzugt behandelt werden. Zweithöchste Priorität besitzen Übertragungen, die an andere Module gerichtet sind. Die Hardware-Verwaltung des Polybus-Systems unterbricht solche Transfers und gibt den Modulbus frei, bis ein Polybus zugewiesen wurde. Ist dies der Fall, dann muß der globale Transfer schnellstmöglich begonnen werden. Niedrigste Priorität besitzen lokale Übertragungen, die keine System-Ressourcen belegen.

Die faire Bearbeitung gleich priorisierter Anforderung stellt sicher, daß ein zugeteilter Modulbus nach Beendigung eines Transfers spätestens dann abgegeben wird, sobald ein anderer Master gleicher Priorität den Bus anfordert.

Verwaltung des Polybus-Systems

Im Polybus-System besitzen Polybusse und Modulbusse unterschiedliche Funktion; sie sind deshalb teilweise unterschiedlich ausgelegt.

Die Zahl der Module, die durch einen Polybus verbunden werden können, hängt von der verwendeten Technologie ab. Zur Zeit können Systeme mit bis zu 60 Modulen aufgebaut werden. Da die Zahl der Polybusse in der Regel wesentlich kleiner ist als die Zahl der vorhandenen Module, muß jeder Polybus vor seiner Verwendung auf Anforderung hin zugeteilt werden.

Das Gleiche gilt für jeden Modulbus: Ein Modul kann eine oder mehrere Units enthalten, die Transfers über den Modulbus ausführen können. Minimal ist pro Modul immer ein Busswitch, d.h. die Verbindung zum Polybus-System, vorhanden. Bei einem Transfer zwischen Modulen ist der Busswitch des adressierten Moduls der Bus-Master auf diesem Modulbus. In den meisten Fällen kommen noch ein Prozessor oder ein DMA-Kontroller in Frage. Deshalb kann auch der Modulbus nur auf Anforderung hin zugeteilt werden.

Da das Polyp-System asynchron arbeitet, können Anforderungen von Units eines Moduls auf den Modulbus bzw. Anforderungen von Modulen auf einen Polybus zu beliebiger Zeit, d.h. auch gleichzeitig, auftreten. Aufgabe der Busarbitrierung ist es, genau eine Anforderung pro Bus unter Prioritäts- und Fairness-Gesichtspunkten auszuwählen und dem Anfordernden den Bus zuzuteilen.

Die Busarbitrierung des Polyp-Systems muß den generellen Anforderungen an das Gesamtsystem genügen. Sie muß auf hohe Geschwindigkeit, Flexibilität und Fehlertoleranz hin ausgelegt sein. Daraus leiten sich gewisse Eigenschaften ab, die die Arbitrierung aufweisen muß und die im folgenden diskutiert werden. Alle Busarbitrierungsaufgaben können im Polyp-System nach dem gleichen Verfahren behandelt werden. Infolgedessen existiert nur eine Arbitrierungseinheit, die an verschiedenen Stellen eingesetzt wird. Der Aufbau dieser Einheit und das Zusammenspiel verschiedener Einheiten zur Verwaltung des Polybus-Systems werden anschließend dargestellt.

Anforderungen

Arbeitet das Polyp-System lose gekoppelt, so greifen die Prozessor-Units der einzelnen Module zum größten Teil nur auf lokalen Speicher zu. Sie belegen den jeweiligen Modulbus fast ausschließlich. In dieser Situation spielt die Geschwindigkeit der Busarbitrierung keine Rolle. Anders ist die Situation, wenn innerhalb eines Moduls mehrere Prozessor-Units eingesetzt werden oder wenn das Polyp-System mäßig oder stark gekoppelt arbeitet. Im ersten Fall muß der Modulbus praktisch alternierend den verschiedenen Prozessor-Units zugeteilt werden, im zweiten Fall die verfügbaren Polybusse den Prozessor-Modulen. Dann muß die Arbitrierungszeit klein sein gegenüber der Einzeltransferzeit. Bei Polybus-Transfers gilt dies einschließlich der Zeit für das Durchschalten eines Wegs. Typische Transferzeiten betragen einige Hundert Nanosekunden; die benötigten Arbitrierungszeiten sollen deshalb < 50 ns sein.

Wie früher diskutiert, existieren im Polyp-System Prioritäten für den Buszugriff. bezüglich des Modulbusses wird zwischen lokalen, zu anderen Modulen gerichteten oder von anderen
Modulen initiierten Übertragungen unterschieden. Zugriffsprioritäten auf dem Polybus-System
können nach Belieben eingesetzt werden. Liegen Busanforderungen verschiedener Priorität vor,
so darf die Arbitrierung nur die jeweils höchste Priorität berücksichtigen. Anforderungen gleicher
Priorität müssen fair behandelt werden. Darunter ist zu verstehen, daß auf einer Prioritätsebene
alle Anforderungen bedient werden müssen, bevor ein Busteilnehmer den Bus ein zweites Mal
zugeteilt bekommt.

Das Polyp-System ist modular aufgebaut. Innerhalb eines Moduls sind mehrere Units an
den Modulbus angeschlossen. Ihre Anzahl hängt von der jeweiligen Anwendung ab. Auf der
Systemebene ist die Zahl der Module variabel. Realistisch sind Zahlen bis zu 100 Module. Das
Polybus-System enthält eine beliebige Anzahl von einzelnen Bussen, in der Praxis bis zu ca.
zehn. Die Arbitrierungsmethode muß es gestatten, die Zahl der Units, der Module und der Busse
frei wählen zu können. Setzt man Skalierbarkeit voraus, so muß die Zahl der pro Zeiteinheit
durchführbaren Arbitrierungsvorgänge proprotional zu Systemgröße wachsen.

Schließlich soll die Fehlertoleranz des Gesamtsystems unterstützt werden. Ausfälle sollen
immer nur zu einer teilweisen Leistungsabnahme führen. Voraussetzung für die Korrektur von
Übertragungsfehlern durch Wiederholung, die früher diskutiert wurde, ist auch, daß die Auswahl
eines Polybusses quasi-zufällig erfolgt.

Arbitrierungsverfahren

Die genannten Anforderungen schränken die Zahl der möglichen Arbitrierungsverfahren
stark ein. Insbesondere schließen die geforderte Fehlertolereanz und Skalierbarkeit jede zentrale
Arbitrierungsmethode völlig aus.

In Systemen mit dezentraler Arbitrierung besitzt jeder Busteilnehmer die gleiche Arbitrierungseinheit. Um eine korrekte Busarbitrierung zu erreichen, müssen diese Einheiten koordiniert
werden. Verschiedene Verfahren dazu wurden von Thurber [253] untersucht. Sie lassen sich
danach klassifizieren, ob die einzelnen Einheiten sequentiell oder ob alle parallel arbeiten.

Bei dezentraler, paralleler Arbitrierung muß jeder Busteilnehmer selbst entscheiden können,
ob er auf Grund der augenblicklichen Prioritätsverhältnisse der nächste Busmaster sein wird.
Dazu muß er die jeweilige Prioritätsverteilung im System kennen und beurteilen (parallel polling).
Diese Information kann leicht bereitgestellt werden, wenn die Zahl der möglichen Prioritäten
klein ist. Dann kann für jede eine eigene Busleitung reserviert werden, auf denen das Vorliegen
entsprechender Anforderungen angezeigt wird. Färber [254] schlug ein solches Verfahren vor,
zusammen mit Methoden Fehler zu detektieren, bei denen der Bus keinem oder mehr als einem
Busteilnehmer zugewiesen wurde. Da bei dieser Art der Arbitrierung jedes Modul an hand eines
Vergleichs zwischen der eigenen Priorität und der höchsten im System vorkommenden Priorität entscheidet, darf jede Priorität nur ein einziges Mal belegt sein. Damit ist hier die Zahl der

benötigten Leitungen der Zahl der Busteilnehmer N proportional; die Methode ist nur bei kleinen Systemen verwendbar.

Taub [255] entwickelte ein paralleles Verfahren, bei dem die Zahl der Leitungen nur mit $O(\log N)$ steigt. Hier wird ausgenutzt, daß systemweit nicht die gesamte Prioritätsverteilung bekannt sein muß, sondern nur die augenblicklich höchste Priorität, die auf $\log_2(N)$ Leitungen codiert werden kann. Er schlug ein Synchronisationsverfahren vor, das dezentral durchgeführt wird und garantiert, daß nach Ablauf der Arbitrierungsphase alle Busteilnehmer höchster Priorität sich als solche identifizieren können. Taub zeigte, daß der Synchronisationsvorgang, der nach jeder Änderung der Prioritätsverteilung im System durchgeführt werden muß, die vierfache Signallaufzeit entlang des Busses benötigt. Wie bei Färber dürfen auch hier die Prioritäten nur einfach belegt sein, damit die Buszuteilung eindeutig erfolgen kann. Diese Methode der Busarbitrierung wurde in MultibusII, Fastbus und Futurebus realisiert. Obwohl hier die Beschränkung der Systemgröße auf Grund der beschränkten Anzahl der Prioritätsleitungen wesentlich unkritischer ist, mindert der Synchronisationsprozeß in einem großen System die Leistung; Skalierbarkeit ist ebenfalls nicht gegeben.

Sequentielle dezentrale Verfahren sind dagegen in der Zahl der Teilnehmer beliebig ausbaubar. Ein solches Verfahren ist die dezentrale Version der üblichen Daisy-Chain-Methode, bei der ein zentraler Arbiter auf Anforderung hin ein Zuteilungssignal (Token) erzeugt. Da hier der Arbiter nur eine triviale Funktion hat, läßt es sich leicht dezentralisieren, indem der Token nicht auf Anforderung hin erzeugt wird, sondern immer auf dem Bus existiert. Liegt keine Anforderung vor, so durchläuft der Token die gesamte Kette der Module, um nach dem Passieren des letzten Moduls wieder am Anfang gestartet zu werden; er rotiert. Module, die eine Anforderung vorliegen haben, können den Token festhalten und damit den Bus belegen. Diese Lösung wurde im Polybus-System realisiert [256]. Da nur ein einziger Token vorhanden ist, ist eine lokale Entscheidung über die Buszuteilung immer eindeutig, auch wenn Prioritäten mehrfach belegt sind.

Das Verfahren, für jede Priorität eine eigene Daisy-Chain zu verwenden, ist aufwendig. Eine priorisierte Arbitrierung über einen rotierenden Token läßt sich jedoch auch erreichen, wenn eines der beiden erwähnten parallel-polling-Verfahren mit eingesetzt wird. Dann entscheidet jeder Busteilnehmer an hand der systemweiten Prioritätsverteilung, ob er zur augenblicklich höchsten Priorität gehört. Der Token der Daisy-Chain bestimmt dann, welches Modul höchster Priorität den Bus zugeteilt bekommt. Für das Polybus-System wurde die Polling-Methode gewählt, bei der jeder Priorität eine eigene Leitung zugewiesen ist, weil die Zahl der erforderlichen Prioritäten klein und die Implementierung einfacher ist und deshalb eine höhere Arbitrierungsgeschwindigkeit erlaubt.

Das beschriebene Verfahren ist bei wenigen Busteilnehmern sehr schnell, da ein Token pro Busteilnehmer nur ein einziges Gatter passieren muß. Diese Situation ist auf dem Modulbus gegeben. Es ist jedoch nicht skalierbar, da die Arbitrierungszeit mit der Systemgröße wächst. Es ist auch nicht fehlertolerant: Kann ein Teilnehmer den Token nicht mehr weiterreichen, so ist die Arbitrierung gestoppt. Beides gilt allerdings nicht bei der Verwendung in einem Mehrfach-Bussystem, wie im folgenden gezeigt wird.

Verbindungsaufbau

Adressiert ein Master einen Slave in einem anderen Modul, so muß ein Weg durch das Mehrfach-Bussystem aufgebaut werden. Dazu müssen mehrere Teilstücke belegt werden.

In der naheliegenden Reihenfolge würde zunächst der lokale Modulbus belegt, dann ein Polybus ausgewählt und schließlich der Modulbus des Zielmoduls belegt. Für die Systemeffizienz günstiger ist es jedoch, die drei Teilstücke in der Reihenfolge ihrer mittleren Zugriffszeiten zu belegen. Im Polybus-System wird deshalb zunächst ein Polybus angefordert. Während der Zuteilungszeit können beide Modulbusse von anderen Master belegt werden. Erst nach Zuteilung eines Polybusses belegt der Master seinen Modulbus und schließlich den des adressierten Moduls.

Die Zuteilung eines Polybusses kann erst erfolgen, wenn der Token des Busses an dem anfordernden Modul eintrifft. Da lokal keine Information darüber existiert, wo sich der Token befindet, und auch nicht, ob er zwischen seiner augenblicklichen Position und der des anfordernden Moduls gestoppt werden wird, kann lokal nicht entschieden werden, welcher Polybus als nächster verfügbar sein wird. Aus Geschwindigkeitsgründen muß deshalb eine Busanforderung an allen Polybussen erzeugt werden. Die Anforderungen werden jeweils an die Standard-Arbitrierungseinheit gerichtet, die sich auf dem zugehörigen Busswitch befindet. Sobald der nächste Token eintrifft, wird er festgehalten; die Anforderungen an den anderen Polybussen werden zurückgenommen.

Da das Polybus System asynchron arbeitet, besteht eine gewisse Wahrscheinlichkeit, daß zwei oder mehr Token gleichzeitig an dem Busswitch des anfordernden Moduls eintreffen und gestoppt werden, bevor die Anforderung zurückgenommen werden kann. Dann muß unter allen diesen Busswitches einer ausgewählt werden. Dies ist Aufgabe der Busswitch-Arbitrierung, die wieder die gleiche Standard-Logik verwendet. Die Entscheidung dieser Arbitrierung selektiert eindeutig einen Polybus zur Zuweisung an den Master.

Nach der Arbitrierung auf dem eigenen und dem fremden Modulbus findet die Übertragung statt. Sie kann einen oder mehrere Einzel- oder Blocktransfers umfassen. Nach der beliebig langen Übertragungsdauer wird die Verbindung aufgelöst und damit alle Tokens dort wieder freigegeben, wo sie festgehalten worden waren. Da das Polyp-System asynchron arbeitet und die einzelnen Prozessoren unterschiedliche Instruktionsströme ausführen, sind die Zeitpunkte der Polybusanforderungen und die Dauer ihrer Belegung nicht synchronisiert. Dies hat zur Folge, daß die räumliche Verteilung der Tokens entlang der Polybusse homogen wird. Die homogene Verteilung wird nach dem synchronen Start der Tokens beim Einschalten bereits nach wenigen Polybus-Zugriffen erreicht.

Diese Eigenschaft garantiert die Skalierbarkeit des Polybussystems: Besteht es aus M Modulen, die durch eine Anzahl von Bussen verbunden sind, von denen im Mittel B verfügbar sind, so ist die mittlere Wartezeit W zwischen einer Anforderung und dem Eintreffen des nächsten Tokens

$$W = \frac{1}{2}\frac{M}{B}t,$$

wenn t die Zeit ist, die ein Token zum Passieren eines Moduls benötigt. Bei einer Skalierung des Systems wird die Zahl aller Komponenten, hier M und B mit dem gleichen Faktor multipliziert; daher bleibt die mittlere Wartezeit W konstant.

Die statistische Verteilung der Tokens ist auch wesentlich für die Fehlertoleranz des Bussystems; diese stützt sich einerseits auf die Korrektur von Einzelbitfehlern über den Hamming-Code, andererseits aber auf die Korrektur temporärer Mehrbitfehler über Wiederholungen des Transfers. Eine solche Wiederholung bezieht sich jedoch auf den kompletten Zyklus einschließlich der Arbitrierungen und des Verbindungsaufbaus. Da die Zuteilung von Polybussen an anfordernde Module zufällig erfolgt, ist die Wahrscheinlichkeit, daß ein defekter Verbindungsweg während n Wiederholungen immer wieder aus einer Anzahl B von Bussen ausgewählt wird, gleich $(1/B)^n$. Selbst wenn man von nur zwei verfügbaren Bussen ausgeht, ist die Wahrscheinlichkeit, einen detektierbaren permanenten Fehler im Polybus-System mit bis zu 16-facher Wiederholung korrigieren zu können, bereits 99.999%. Stehen sechs Busse zur Verfügung, so steigt diese Wahrscheinlichkeit auf ca. $1 - 10^{-13}$. Im Polybus-System ist deshalb eine bis zu 16-fache Wiederholung fehlerhaft abgeschlossener Bustransfers implementiert. Erst nachdem diese Anzahl von Übertragungen konsekutiv nicht korrekt durchgeführt werden konnte, erfolgt eine Unterbrechung des laufenden Programms, so daß die Situation per Software behandelt werden kann. Bei Verwendung von Fehlerkorrektur-Kontrollern ist das Polybus-System also sehr unempfindlich gegen Fehler.

Eigenschaften des Polybus-Systems

Die Eigenschaften des Polybus-Systems, die sich auf Grund des beschriebenen Entwurfs und seiner Realisierung ergaben, sind in den folgenden Tabellen zusammengestellt. Diese Tabellen beziehen sich auf die gleichen Situationen, wie sie für die Beurteilung der vier diskutierten Standard-Busse angenommen wurden; die entsprechenden Werte sind deshalb direkt vergleichbar. Obwohl das Polybus-System skalierbar entworfen wurde und daher in seiner Leistungsfähigkeit prinzipiell nicht begrenzt ist, wurde für den Vergleich nur eine realistische Anzahl von 1 bis 10 Bussen vorausgesetzt.

Tabelle 17 enthält die Bandbreiten des Polybus-Systems unter verschiedenen Bedingungen. Die Vergleichswerte finden sich in Tabelle 10.

Die Werte des Polybus-Systems bezüglich maximaler Bandbreite, Einzel- und Blocktransfer-Bandbreite sind durch Wahl einer geeigneten Anzahl von Bussen an die Vergleichswerte der Standard-Busse anpaßbar. Große Unterschiede ergeben sich nur dann, wenn das Bussystem vorwiegend von Mikroprozessoren oder ähnlich aufgebauten DMA-Kontrollern verwendet wird. Hier übertrifft erwartungsgemäß das Polybus-System die Standard-Busse um bis zu einen Faktor 15. Unter den gegebenen Umständen ist es als einziges in der Lage, die für die Ereignisfilterung benötigte totale Transferrate von bis zu 100 MBytes/s bereitzustellen.

Die Arbitrierungseigenschaften des Polybus-Systems zeigt Tabelle 18; sie sind zu vergleichen mit den Angaben in Tabelle 11.

Tabelle 17: Bandbreiten des Polybus-Systems

Polybus-System mit B Bussen		
Übertragungsart	Asynchron	
Maximale Bandbreite MB/s	$B \times 12.0$	(12.0 - 120)
für Einzel-Transfer MB/s	$B \times 6.7$	(6.7 - 67)
für Block-Transfer MB/s	$B \times 13.3$	(13.3 - 133)
für μP-Einzel-Transfer MB/s	$B \times 5.0$	(5.0 - 50)
für DMAC-Block-Transfer MB/s	$B \times 12.0$	(12.0 - 120)

Tabelle 18: Arbitrierungseigenschaften des Polybus-Systems

Polybus-System mit B Bussen und M Modulen	
Verfahren	Dezentral, sequentiell
Prioritäten	dynamisch, beliebig oft belegt
Fairness	alle Prioritäten
Busfreigabe	wenn fertig oder auf Anforderung
T_{arb} (typisch) [ns]	$\frac{M \cdot 5ns}{(B+1)}$ + 50 ns (00 - 60 ns)
T_m (max) [Xfers]	unbegrenzt
max T_{get} (Prio)	$T_{arb} + T_m$
max T_{get} (fair)	$T_{arb} + (N-1)T_m$
T_{get} (Prio)	$T_{arb} + \frac{T_m}{2(B+1)}$
T_{get} (fair)	$T_{arb} + \frac{(N-1)}{2(B+1)}T_m$
max T_{get} (Prio) [μs]	5.8
max T_{get} (fair) [μs]	85.0
T_{get} (Prio) [μs]	1.9 - 0.4
T_{get} (fair) [μs]	21.3 - 3.9

Im Gegensatz zu den Vergleichsbussen besitzt das Polybus-System eine dezentrale, sequentielle Arbitrierung, die skalierbar ist. Sie läßt es auch zu, mehreren Busteilnehmern eine völlig identische Priorität, d.h. auch ohne zusätzliche geometrische Prioritäten, zuzuweisen. Diese können ohne die aktive Mitarbeit der Busteilnehmer fair verwaltet werden. Die typischen Arbitrierungszeiten hängen hier von der Zahl der verwendeten Busse ab; in kleinen Systemen ($M/(B+1) < 10$) dominiert die Verzögerung durch die Arbitrierungslogik, in großen Systemen ($M/(B+1) > 10$) die Verzögerung des Tokens pro Modul. Die Arbitrierungszeit ist generell kleiner als auf Standard-Bussen; selbst in unrealistischen Situationen ($M = 100, B = 1$) bleibt sie vergleichbar zu den Arbitrierungszeiten der Standard-Busse. Der angegebene Ausdruck für die maximale Zugriffszeit eines hochpriorisierten Masters ist identisch zu dem solcher Standard-Busse, bei denen eine bereits durchgeführte Arbitrierung wieder rückgängig gemacht werden kann. Die

Ausdrücke für die maximale Zugriffszeit innerhalb einer Gruppe von N fair behandelten Modulen sind ebenfalls identisch. Diese Übereinstimmung gilt allerdings nur für den Fall, daß auf allen Bussen des Polybus-Systems gleichzeitig Blocktransfers maximaler Dauer begonnen werden. Dies ist bei mehreren Bussen extrem unwahrscheinlich. Für die Praxis interessanter sind deshalb die gemittelten Zugriffszeiten. Sowohl für priorisierten, als auch für fairen Zugriff liegen diese Zeiten um bis zu einen Faktor 10 unter den Vergleichswerten, was natürlich wieder auf eine entsprechende Parallelität des Bussystems zurückzuführen ist.

Große Unterschiede existieren auch bezüglich der unterstützten Systemgrößen. Dabei ist zu unterscheiden zwischen der Größe, bis zu der das System galvanisch ausgebaut werden kann, und der, die eine Zwischenschaltung von Logik erfordert. Die Werte für galvanische Kopplung, wie sie in Tabelle 12 für die Standard-Busse und in Tabelle 19 für das Polybus-System gegeben werden, unterscheiden sich im wesentlichen in der beim Polybus grob um einen Faktore 20 höheren Zahl an Steckplätzen; die hohe Zahl an logischen Modulen ist in der Praxis kaum von Bedeutung.

Tabelle 19: Systemgrößen beim Polybus-Systems

Polybus-System	
frei verwendbare Steckplätze	480
spezielle Steckplätze	0
logische Module	65535 (direkt) und 256 (Broadcast)
Selbstkonfiguration	jederzeit
Bus-Repeater	nicht spezifiziert

Erweiterungen zu größeren Systemen hin sind prinzipiell bei allen Bussystemen durch entsprechende Logik möglich. Dies ist beim Fastbus standardmäßig implementiert (Segment-Interconnect) und wird beim Futurebus unterstützt. Beim Polybus-System ergibt sich auf Grund der hohen Zahl von Steckplätzen kaum die Notwendigkeit einer Erweiterung; diese ist zur Zeit nicht spezifiziert. Wie früher diskutiert, ist auch die vollständige Unterstützung von Selbstkonfiguration wichtig, die im Fastbus und Futurebus realisiert und auch im Polybus-System implementiert wurde.

Zwei der Standard-Busse, VME-Bus und MultibusII, unterstützen lokale Buserweiterungen (Tabelle 13). Das Äquivalent dazu sind im Polybus-System die Modulbusse, die die Units jeden Moduls verbinden (Tabelle 20). Während beide Standard-Busse lokal bis zu 6 Steckplätze anbieten und bis zu zwei Master zulassen, sind die Modulbusse im Augenblick auf 16 Steckplätze ausgelegt. Durch Verwendung anderer Backplanes ist eine Erweiterung möglich.

Im Gegensatz zu den Standard-Bussen ist auch die Zahl der Master-Units auf den Modulbussen nicht beschränkt. Unterschiede existieren auch bezüglich des lokalen Adreßraums. Da lokale Adressierung im Polybus-System über zusätzliche Leitungen selektiert wird, kann prinzipiell lokal auf einen 32-Bit Adreßraum zugegriffen werden. Im Augenblick werden davon allerdings nur 23 Bit verwendet; dies entspricht grob den lokalen Adreßräumen der beiden

Tabelle 20: Eigenschaften des Modulbusses

lokale Erweiterung	Modulbus
Steckplätze	16
Master	nicht beschränkt
Adreßraum	32 Bit
Datenbreite	Byte, Wort, Langwort
Organisation	Adressen/Daten: 2×32 Bit multiplex

Standard-Busse.

Erhebliche Unterschiede bestehen auch bezüglich der Erkennung und Behandlung von Fehlern. Wenn überhaupt, dann wird die Businformation auf Standard-Bussen durch Parität geschützt (Tabelle 14). Das Polybus-System besitzt wesentlich umfangreichere Möglichkeiten (Tabelle 21). Neben einfachen Testhilfen, wie etwa einer Stop-Leitung zum Anhalten von Übertragungen, ist vor allem die Ersetzung von Parität durch Fehlerkorrektur-Codes wichtig. Sie werden von Fehlerkorrektur-Kontrollern erzeugt und überprüft, die im Fehlerfall Adressen, Daten und einen Teil der Kontroll-Leitungen substituieren können. Solche Eingriffe in Transfers sind natürlich auch durch andere Diagnose-Einhelten möglich.

Tabelle 21: Fehlererkennung und Wartungsunterstützung beim Polybus-System

Polybus-System	
Paritäts-Bits	-
Fehlerkorrektur-Bits	7
Monitoring	Synchronisierte Überwachung durch Kontroller, beliebige Verzögerung von Zyklen
Fehlersuche	Einzelzyklen, Abschalten von Timeout

Ein letzter Gesichtspunkt ist die mechanische Auslegung der Bussysteme, wie sie in Tabelle 15 für die vier Standard-Busse und in Tabelle 22 für das Polybus-System angegeben ist.

Bemerkenswert ist hier nur der Unterschied bei den möglichen Minimalabmessungen der Platinen, die beim Polybus-System um einen Faktor 1.5 bis 7 unter denen der verglichenen Standard-Busse liegen und damit einen kompakteren Aufbau erlauben.

Tabelle 22: Stecker/Signal-Verwendung beim Polybus-System

Polybus-System	
Stecker	1
aktive Signale	56
freie Busleitungen	-
freie Stichleitungen	-
freie Daisy-Chains	-
min Platinengröße [mm^2]	100×221
Standardgröße [mm^2]	233×221

4.2. Software

Der Betrieb des Polyp-Systems erfordert System-Software, die es erlaubt, Anwenderprogramme zu bearbeiten. Ein Teil davon ist auf dem Host-Rechner installiert, ein anderer, wesentlich umfangreicherer, auf dem Polyp-System selbst. Dieser Teil stellt das Betriebssystem des Multiprozessors dar, das je nach Anwendung unterschiedliche Komplexität aufweist.

Der Teil der System-Software, der auf dem Host-Rechner installiert ist, wird für zwei Aufgaben benötigt, die Vorbereitung einer Polyp-Anwendung und die Bearbeitung von I/O-Anforderungen während des Einsatzes des Systems. Dabei umfaßt die Vorbereitungsphase die Erstellung des Anwenderprogramms und die Initialisierung des Polyp-Systems.

4.2.1. Programmentwicklung

Anwenderprogramme werden zum größten Teil auf dem Host-Rechner entwickelt. Da fast alle Programme nur relativ kleine Anteile zeitkritischen Codes enthalten, werden Polyp-Programme vorwiegend in einer höheren Programmiersprache geschrieben. Dazu stehen Compiler für Pascal, Fortran und C zur Verfügung. Zeitkritische Routinen werden in Assembler geschrieben. In einfachen Fällen unterscheidet sich das Anwenderprogramm in keiner Weise von einem Programm für einen Einzelprozessor. In anderen Fällen nimmt der Programmierer eine Zerlegung in parallele Prozesse vor. Diese Möglichkeiten werden später diskutiert. Unabhängig davon wird immer ein Gesamtprogramm erstellt, das unter Umständen die Teilprozesse enthält.

Die Verwendung höherer Programmiersprachen bietet neben den bekannten Vorteilen die Gelegenheit, die entsprechenden Teile des Anwenderprogramms auf dem Host-Rechner zu testen und dabei die gesamte Unterstützung von Standard-Systemen in Anspruch nehmen zu können. Bisher wurden zur Programmentwicklung Großrechner (IBM 3081), Minicomputer (VAX/VMS) und Mikroprozessorsysteme (68000/UNIX) eingesetzt; eine entsprechende Software-Unterstützung direkt auf dem Polyp-System zu realisieren, wäre sehr aufwendig und brächte kaum Vorteile. Selbst die zeitkritischen Assembler-Routinen können zum Teil auf Host-Rechnern getestet werden, entweder direkt, wenn dort der gleiche CPU-Typ eingesetzt wird, oder durch Simulation. Erst wenn alle auf dem Host-Rechner durchführbaren Tests erfolgreich waren, werden alle Teile zu einem kompletten Anwenderprogramm gebunden und dann zum Polyp-System übertragen.

Die Struktur des Polyp-Adreßraums gestattet es, das Programm identisch in den lokalen Speicher aller Prozessor-Module zu übertragen. Es kann dort ausgeführt werden, selbst wenn es absolute Speicheradressen enthält. Der Transfer zu allen Modulen wird üblicherweise per Broadcast ausgeführt. Nach der Initialisierung des Polyp-Systems durch den Host-Rechner kann das Programm dort weiteren Tests unterzogen werden, die nur auf dem Multiprozessor selbst möglich sind; dies betrifft etwa die Kommunikation zwischen Modulen oder das Echtzeitverhalten.

Die parallele Abspeicherung des gesamten Programms ist notwendig, wenn es von allen Prozessor-Modulen in identischer Weise an unterschiedlichen Daten ausgeführt werden soll. In anderen Anwendungen ist dies nicht der Fall, etwa wenn Prozesse dynamisch auf die zur Verfügung stehenden Prozessoren verteilt werden sollen. Dann wäre es prinzipiell möglich, vor Ausführung eines Prozesses den entsprechenden Programm-Code an das selektierte Modul zu übertragen; dazu muß es positionsunabhängig sein oder eine dynamische Adreßumsetzung zur Verfügung stehen. Beim Polyp-System wird der hohe Zeitaufwand für die Übertragung des Prozesses dadurch vermieden, daß auch in solchen Anwendungsfällen das gesamte Anwenderprogramm in jedem Modul lokal abgespeichert wird. Dies ist möglich, weil das System immer nur für einzelne Anwendungen eingesetzt wird, bei denen der Satz von benötigten Programmen vor Ausführung festgelegt werden kann. Bei einem Mehrbenutzer-Betrieb wäre dies nicht der Fall. In dem extremen Fall, daß das Anwendungsprogramm in dem lokalen Speicher ($\leq$ 6 MBytes) keinen Platz findet, kann es durch entsprechende Wahl der Basisadresse in einem globalen Speicher abgelegt werden; dies ist allerdings nur sinnvoll, wenn Zugriffskonflikte durch Cache-Memories weitgehend vermieden werden.

Ist das Anwendungsprogramm zum Polyp-System übertragen, so kann es vom Host-Rechner gestartet werden. Üblicherweise konfiguriert sich daraufhin das System selbst und beginnt dann die Ausführung. Da das Polyp-System direkte I/O-Kanäle nur zu spezieller Peripherie wie Datenaufnahmesystemen besitzt, werden alle üblichen I/O-Vorgänge vom Host-Rechner übernommen. Dies umfaßt die Handhabung der Standard-Peripherie wie Platte oder Magnetband, aber auch die interaktive Bedienung des Polyp-Systems über ein Terminal. Eine entsprechende System-Software auf dem Multiprozessor macht die Umleitung der I/O-Vorgänge über den Host-Rechner für die Anwendungs-Software unsichtbar. Umgekehrt sorgt Software auf dem Host-Rechner dafür, daß die auf dem Polyp-System laufenden Anwenderprogramme wie eine oder mehrere lokale Tasks erscheinen.

4.2.2. Statische Prozeß-Zuweisung

Bei der Bearbeitung einfacher Probleme ist auf dem Multiprozessor keine weitere Betriebssystem-Unterstützung notwendig. Dies gilt z.B. für die Ereignisfilterung. Hier existiert nur ein Programm, das von allen Prozessor-Modulen auf verschiedene Ereignisse angewendet wird. Die Betriebssystem-Aufrufe beschränken sich dann auf

- Anforderung neuer Ereignisse

- Weitergabe gefilterter Ereignisse an den Host-Rechner

- Ausgabe von Fehlermeldungen.

Solche Aufrufe sind nur insofern Multiprozessor-spezifisch, als sie die Synchronisation zwischen den Modulen sicherstellen müssen.

Ebenso einfach zu realisieren sind Anwendungen, in denen den Prozessor-Modulen des Polyp-Systems teils gleiche, teils verschiedene Prozesse zugewiesen werden, solange diese Zuweisung während der gesamten Programmbearbeitung nicht verändert wird (statisches Scheduling). In diesem Fall sind Betriebssystemfunktionen zur Verteilung der Prozesse nicht notwendig; die Zuordnung von Prozessen zu Prozessor-Modulen kann auf einfache Weise vom Benutzer selbst programmiert werden. In Pascal könnte dies geschehen durch die Anweisungen

```
CASE Prozessor_Nummer OF
   1: Prozess_Nr_1;
   2: Prozess_Nr_2;
        .

        .

        .

   END;
```

Dabei sind die parallelen Prozesse als Prozeduren des Hauptprogramms definiert. Die Variable, die die Nummer des das Programm ausführenden Prozessor-Moduls enthält, ist dabei auf das entsprechende Register abgebildet.

Anwendungen, in denen Prozesse statisch auf das Multiprozessor-System verteilt werden, können besonders effizient bearbeitet werden, weil kein Verwaltungsaufwand für Prozeßumverteilungen anfällt. Ein kleiner Teil anderer Polyp-Anwendungen erfordert jedoch eine dynamische Prozeßzuweisung. Für diese Fälle wurden zwei Betriebssysteme entwickelt. Eines davon erlaubt dem Benutzer, das Polyp-System Multiprozessor-transparent in Pascal zu programmieren. Das andere ist den üblichen Multitasking-Betriebssystemen für Einzelprozessoren vergleichbar.

4.2.3. Paralleles Pascal

Multiprozessor-Systeme können dann optimal genutzt werden, wenn die Architektur des Systems bereits bei der Programmierung berücksichtigt wird. Dies ist jedoch den meisten Benutzern nicht möglich. Andererseits gestattet ein großes Multiprozessor-System auch dann eine erhebliche Geschwindigkeitssteigerung gegenüber einem Einzelprozessor, wenn es nicht mit optimaler Effizienz betrieben wird. Für das Polyp-System wurde deshalb eine Möglichkeit geschaffen, gewöhnliche sequentielle Pascal-Programme durch minimale Änderungen parallel ablauffähig zu machen. Pascal wurde gewählt, weil es gegenüber älteren Sprachen wie Fortran die bekannten Vorteile strenger Typisierung und guter Strukturierung bietet; das beschriebene Verfahren ist jedoch auch bei anderen höheren Sprachen anwendbar.

Ausgangspunkt ist ein sequentielles Programm, das ein genügend komplexes Problem löst. Wie früher diskutiert, läßt es sich in Prozesse auflösen, die parallel oder sequentiell bearbeitet werden können. Die Prozeduren und Funktionen des Programms sind solche Prozesse, die normalerweise alle konsekutiv ausgeführt werden. In wie weit einer dieser Prozesse auch parallel zum rufenden Programm ablaufen könnte, hängt davon ab, ob Resultate, die von ihm erzeugt werden, unmittelbar im rufenden Programm benötigt werden. Da alle Funktionswerte nach dem Funktionsaufruf sofort verwendet werden, kommen als parallele Prozesse nur Prozeduren in Frage.

Resultate, die von Prozeduren erzeugt werden, werden aber unter Umständen nicht unmittelbar benützt. In diesem Fall kann der Programmierer die Prozedur zu einer parallel ausführbaren Task erklären durch die Anweisung

Task (Gruppen_nummer),

die unmittelbar vor Aufruf der Prozedur erfolgt. Dabei gehört "Task" zu einem kleinen satz von Routinen, die standardmäßig zur Kontrolle der Parallelverarbeitung angeboten werden. "Gruppen_Nummer" ist ein frei wählbarer Parameter, mit dem sich mehrere Tasks zu einer Gruppe zusammenfassen lassen. Der Aufruf von "Task" veranlaßt das Betriebssystem, den Fortgang des rufenden Programms zu überwachen, bis der Sprung zum Unterprogramm erfolgt. Zu diesem Zeitpunkt sind die aktuellen Übergabeparameter und die Startadresse der Prozedur bekannt. Der Prozeß wird in eine Warteschlange eingereiht und das rufende Programm so fortgesetzt, als ob die Prozedur ausgeführt worden wäre.

Dies ist so lange möglich, so lange die Resultate der Prozedur nicht benötigt werden. Wenn dies der Fall ist, müssen rufendes Programm und Prozeß synchronisiert werden. Dies geschieht durch den Aufruf einer weiteren Systemroutine

WAIT (Gruppen_Nummer).

Sie gestattet es, an einer beliebigen Stelle des Programms auf die Beendigung aller unter der angegebenen Gruppen-Nummer gestarteten Tasks zu warten. Im einfachsten Fall gestatten beide Systemroutinen, Teilaufgaben auf eine Anzahl von Prozessoren zu verteilen:

```
FOR Index := 1 TO Anzahl_Prozesse DO
  BEGIN
    TASK (Gruppe_1);
    Prozess (Daten (Index));
  END;
WAIT (Gruppe_1);
```

Diese einfache Methode, Parallelverarbeitung zu organisieren, ist sehr flexibel. Zunächst ist sie auf allen Ebenen eines Programms anwendbar. Prozeduren rufen selbst wieder Prozeduren auf, die teilweise wieder zu Tasks erklärt werden können. Damit können Task-Bäume beliebiger Tiefe erzeugt werden, die auch ein großes Multiprozessor-System auslasten können. Dabei ist die Art der Programmausführung auf einer Ebene für die darüber liegende Ebene völlig transparent; es können z.B. Bibliotheksroutinen verwendet werden, von denen nicht bekannt ist, ob sie sequentiell oder parallel ausgeführt werden. Ein besonders wichtiger Gesichtspunkt ist dabei noch, daß keine Spracherweiterung vorgenommen wurde. Dies erlaubt die Verwendung von Standard-Compilern und bietet eine einfache Möglichkeit, das gesamte Programm nicht nur parallel, sondern auch sequentiell ablaufen lassen zu können. Dazu ist es nur notwendig, die beiden Systemroutinen wahlweise ohne Aktion zu durchlaufen. Diese Möglichkeit ist für eine Fehlersuche wichtig. Üblicherweise wird ein solches Programm sequentiell entwickelt und bis zur Fehlerfreiheit getestet; erst dann wird die Parallelverarbeitung erlaubt.

Die Implementierung dieses Verfahrens erfordert vom Benutzer einige Einschränkungen bei der Programmierung. Auf Grund der erforderlichen Abbildung zwischen Prozessor- und Polyp-Adreßraum sind als Argumente von parallel ausführbaren Prozeduren nur VAR-Parameter möglich. Die Verwendung globaler Variabler ist erlaubt, erschwert aber die Entscheidung über eine mögliche Parallelisierung. Diese Einschränkungen gegenüber den vollen Möglichkeiten von Pascal sind gering. Jedoch läßt die Vorgehenweise, ein Programm durch wiederholtes Teilen zu parallelisieren, nur Systeme paralleler Prozesse baumartiger Struktur zu. Eine Kommunikation ist nur zwischen rufender und gerufenen Prozeduren möglich und zwar über gemeinsam verwendete Variable ohne Mitwirkung des Betriebssystems.

Das Betriebssystem selbst wird zum Erzeugen neuer Prozesse ("Task"), zu deren Vernichtung bei Prozeßende und zur Synchronisation ("Wait") benötigt. Es wird wie die Benutzerprogramme bei der Systeminitialisierung in die lokalen Speicher aller Module kopiert. Deshalb können parallel beliebig viele Systemaufrufe bearbeitet werden, mit Ausnahme des Zugriffs auf gemeinsame Systemtabellen, etwa die Prozeßwarteschlange. Prozessor-Module, die einen Prozeß beendet haben oder infolge einer Synchronisationsbedingung nicht mehr weiter bearbeitet werden können, entnehmen dieser Warteschlange einen neuen zu bearbeitenden Prozeß (Non-preemptive Scheduling). Das beschriebene Betriebssystem befindet sich derzeit in der Testphase.

4.2.4. Priorisiertes Multitasking

Non-preemptive Scheduling ist für Echtzeitanwendungen nicht geeignet, weil wichtige Prozesse beliebig lange blockiert werden können. Solche Anwendungen erfordern daher, daß Prozesse nach Prioritäten bearbeitet werden, wobei wichtige Prozesse unwichtigere jederzeit unterbrechen können (Preemptive Scheduling). Zusätzliche Flexibilität kann dadurch gewonnen werden, daß nicht nur rufenden und gerufene Tasks, sondern beliebige miteinander kommunizieren können. Die erweiterten Möglichkeiten erfordern auch eine zusätzliche Ressourcen-Verwaltung, z.B. von Datenpuffern, die für die Kommunikation verwendet werden. Die Funktionen

- Erzeugen und Vernichten von Tasks
- Priorisiertes Multitasking mit preemptive Scheduling
- Intertask-Kommunikation über asynchrones Senden und Empfangen von messages
- Verwaltung der System-Ressourcen

stellt ein weiteres Betriebssystem zur Verfügung, das ebenfalls für das Polyp-System entwickelt wurde [257]. Auch dieses Betriebssystem ist dezentral organisiert. Systemaufrufe können zum großen Teil parallel bearbeitet werden, ebenfalls mit Ausnahme des Zugriffs auf gemeinsame Systemtabellen.

Dieses Betriebssystem wurde größtenteils in Pascal geschrieben; nur zeitkritische Routinen, etwa zur Synchronisierung von Tasks, und in Pascal nicht realisierbare Operationen, etwa Stackmanipulationen, wurden in Assembler programmiert. Das Betriebssystem wurde auf kleinen Polyp-Systemen getestet und soll in Kürze an dem 30-Prozessor-System am Kristallkugel-Spektrometer erprobt werden.

5. Zusammenfassung

In den vorangegangenen Kapiteln wurde der Entwurf und die Realisierung des Multiprozessor-Systems Heidelberger Polyp beschrieben. Ausgehend von den Prinzipien der Parallelverarbeitung wurde versucht, aus der Vielfalt der möglichen Parallelrechner-Architekturen an hand einer konkreten Anwendung eine spezielle Struktur abzuleiten. Die Darstelung der Realisierungsphase zeigte, daß auch bei definierter Systemarchitektur noch sehr viele freie Parameter existieren, die die Leistungsfähigkeit des Systems entscheidend beeinflussen können. In vielen Fällen sind die impliziten Abhängigkeiten der Parameter so unüberschaubar, daß sich ein System scheinbar paradox verhält: Bei C.mmp nahm die Leistung ab einer bestimmten Systemgröße mit zunehmender Prozessorzahl ab. Analog könnte beim Polyp-System die Zuverlässigkeit allein dadurch sinken, daß es fehlertolerant ausgelegt wurde und damit komplexer ist als ohne Unterstützung von Fehlerbehandlung. Die Abhängigkeiten der Parameter untereinander sind zum Teil nichtlinear, etwa zwischen der Leistung eines Prozessors und der Größe seines Cache-Memorys. Andere Parameter sind diskontinuierlich, etwa die Entscheidung zwischen Multiplex- oder paralleler Übertragung von Adressen und Daten auf dem Bus. Infolgedessen kann eine Systemoptimierung nicht mit Standardverfahren, z.B. linearer Programmierung durchgeführt werden; das Optimierungsproblem ist sogar NP-vollständig. Die Festlegung der Systemparameter folgt deshalb immer gewissen Heuristiken, deren Erfolg nicht garantiert ist. Die Leistungsfähigkeit des Polyp-Systems muß sich deshalb erst in einem längeren Einsatz bei verschiedenen Anwendungen zeigen.

Solche Erfahrungen liegen im Augenblick noch nicht vor. Stattdessen sollen hier noch einmal die Eigenschaften des Polyp-Systems zusammengefaßt und ihre sich abzeichnende Nutzung diskutiert werden.

Die Leistungsfähigkeit des Polyp-Systems hängt von seiner Größe ab. Obwohl die prinzipielle Grenze sehr hoch liegt (65535 Module), sind bisher nur Systeme mit bis zu 30 Modulen realisiert worden. Solche Systeme lassen sich in einem Standard-Rack aufbauen und am normalen Netz betreiben; eine Erweiterung auf mehrere Racks würde auch eine Aufbereitung der Bussignale erfordern.

Bisher wurden zwei 30-Modul-Systeme installiert. Eines davon ist für die Ereignisfilterung am Kristallkugel-Spektrometer vorgesehen, das andere wird am Optical Sciences Center der University of Arizona für die Analyse von Gewebeschnitten eingesetzt. Ein System mit zwölf Modulen führt in einem biologischen Dosimeter eine automatische Klassifikation von Chromosomen durch. Allen Anwendungen gemeinsam ist die erforderliche hohe Rechenleistung, die leichte Separierbarkeit der zu verarbeitenden Daten in unabhängige Teile wie Ereignisse, Zellen oder Chromosomen und die Komplexität der Teilaufgaben, die ideale Einsatzbedingungen für einen MIMD-Rechner sind.

Jedes der verwendeten Module ist bei diesen Anwendungen mit einem 32-Bit-Prozessor bestückt; für die Ereignisfilterung ist pro Modul ein zweiter, auf Gleitkomma-Operationen spezialisierter Prozessor vorgesehen. Damit ist in einem 30-Modul-System eine totale Rechenleistung von bis zu 180 MIPS und 60 MFLOPS (etwa $70 \times$ VAX11/780) erreichbar. Stehen später

Prozessorplatinen mit lokalem Speicher zur Verfügung, so könnte die Zahl der Prozessoren pro Modul auf bis zu 7 erhöht werden.

Dies ist durch die Zahl der verfügbaren Steckplätze begrenzt. Pro Modul sind augenblicklich acht Doppelsteckplätze vorhanden, wobei Prozessor-, Speicher- und Busswitch-Platinen (für je zwei Polybusse) jeweils einen Doppelsteckplatz belegen. Es ist also möglich, je nach Anwendungsfall die relative Anzahl dieser Einheiten optimal zu wählen.

Die jetzigen Systeme arbeiten mit zwei Bussen. Der Betrieb mit vier Bussen wurde getestet, jedoch war bisher bei keiner Anwendung die Erweiterung des Bussystems zwingend notwendig. Dies wird allerdings für das am Kristallkugel-Spektrometer installierte System erwartet. Im jetzigen Aufbau können bis zu zwölf parallele Busse eingesetzt werden. Jeder Bus besitzt bei Blocktransfer-Betrieb einen Bandbreite von ca. 8 MBytes/s. Im Maximalausbau kann daher eine totale Bandbreite von 96 MBytes/s erreicht werden. Diese Bandbreite kann wegen der Geschwindigkeitsadaption durch Busteilnehmer wie Mikroprozessoren und DMA-Kontrollern voll genutzt werden.

Die hohe Busbandbreite erlaubt auch einen stark gekoppelten Betrieb des Systems. Werden von den jetzigen 30 Modulen 18 als globale Speicher benutzt, so könnten 12 Prozessor-Module über 12 Busse auf 144 MBytes Speicher global mit hoher Rate zugreifen. In den meisten Anwendungen sind allerdings globale Zugriffe weit weniger häufig als lokale, so daß eine höhere Zahl an Prozessor-Modulen und weniger Busse Verwendung finden würden.

Da das Polyp-System 32-Bit breit aufgebaut ist und lokale und globale Adreßräume unterschieden werden, können im Prinzip bis zu 516 GBytes Speicher adressiert werden. Im augenblicklichen Aufbau sind davon 180 MBytes verwendbar, bei Verwendung einer neuen Speicherplatine mit 1 MBit-Speicherchips bis zu 720 MBytes. Die bisher realisierten Systeme sind von dieser Grenze noch weit entfernt. Der größte bisher verwendete lokale Speicher umfaßt 2 MBytes pro Modul; in den 30-Modul-Systemen werden derzeit lokale Speicher der Größe 1 MByte und keine globalen Speicher eingesetzt.

Es ist geplant, nach und nach alle Prozessor-Module mit Cache-Memories auszurüsten und damit die Rechenleistung weiter zu erhöhen. Bisher wurde nur eine kleine Zahl solcher Einheiten gebaut. Sie weden derzeit in einem 30-Prozessor-System bei der Ereignisfiterung praktisch erprobt.

Die angedeuteten Kombinationsmöglichkeiten weisen auf die hohe Flexibilität des Systems hin, die es erlaubt, die Leistungsparameter jeweils um eine Größenordnung oder mehr frei zu variieren. Zur Unterstützung dieser Variabilität besitzt das Polyp-System Mechanismen, die Zahl der Module gleicher Art völlig Benutzer-transparent zu machen, so daß Veränderungen in der Systemgröße keinerlei Software-Adaption erfordern.

Die Strukturierung in funktionelle Pools kann z.B. bei der Ereignisfilterung ausgenützt werden, um die Menge der verfügbaren Prozessoren zu verwalten. Bei der Analyse von Gewebeschnitten werden Pools von Prozessoren gebildet, die Zellen nach verschiedenen Gesichtspunkten untersuchen. Die Größe der Pools wird dabei dynamisch nach der Struktur der jeweiligen Probe festgelegt.

Die bisher installierten Systeme laufen seit ca. einem Jahr in den jeweiligen Anwendungen ohne ernste Probleme. Die dezentrale Organisation der Hard- und Software toleriert einzelne auftretende Modulfehler. Das in Heidelberg installierte 30-Prozessor-System wird bisher vorwiegend für Tests und Hard- und Software-Entwicklung verwendet. Unter extremen Testbedingungen lassen sich hier noch Fehlerraten von bis zu 1/Tag erzeugen. Diese Fehler scheinen durch Störungen auf dem Polybus-System hervorgerufen zu werden; ein Teil davon, z.B. Adreßfehler, wird bereits ohne Fehlerkorrektur-Kontroller automatisch durch Transferwiederholung korrigiert. Fatale Fehler, die den Ausfall einzelner Prozessoren zur Folgen haben, führen nur zu einer prozentualen Leistungsabnahme im Gesamtsystem. Es wird erwartet, daß die Installation von Fehlerkorrektur-Kontrollern die Zuverlässigkeit noch weiter erhöht.

Die bisherigen Aufgaben, für die das Polyp-System eingesetzt wird, sind für Parallelverarbeitung ideal geeignet: Sowohl bei der kernphysikalischen Ereignisfilterung, als auch der medizinischen Bildverarbeitung (Untersuchung von Gewebeschnitten, biologisches Dosimeter) bearbeiten die einzelnen Prozessoren jeweils unabhängige Datensätze, z.B. einzelne Ereignisse, Zellen oder Chromosomen. Dabei ist die Bearbeitungszeit für einen solchen Datensatz immer groß gegenüber der Zeit, ihn in den lokalen Speicher des jeweiligen Prozessor-Moduls zu übertragen bzw. von dort an den Host-Computer weiterzugeben. Insofern ist es nicht verwunderlich, daß die totale Rechenleistung des Polyp-Systems bei den bisherigen Anwendungen tatsächlich linear mit der Systemgröße wächst. Derzeit beginnen Versuche, Probleme auf dem Polyp-System zu rechnen, die eine wesentlich stärkere Kopplung der Prozessoren erfordern. Ein Beispiel sind Monte-Carlo-Rechnungen im Rahmen von Gitter-Eich-Theorien der Elementarteilchen-Physik. Es bleibt abzuwarten, in wie weit sich dort die Größe des Polybus-Systems auf die Effizienz des Multiprozessor-Systems auswirken wird.

Anhang A1: Anti-Compton-Filter

Eine Klasse unerwünschter Ereignisse sind beim Kristallkugel-Spektrometer solche, bei denen durch Compton-Effekt benachbarte Detektoren zum Ansprechen gebracht wurden. Ein Ausfiltern dieser Ereignisse erfordert deshalb, solche benachbarten Doppeltreffer zu finden. Die erforderliche Rechenleistung kann an hand eines Assembler-Programms entsprechender Funktion abgeschätzt werden.

Vorausgesetzt wird eine typische Konfiguration, in der Ereignisse, die aus dem Fastbus-System komprimiert ausgelesen werden, in einem mit dem Ereignis-Sortierer ausgerüsteten statischen Speicher unsortiert und sortiert vorliegen. Bearbeitet werden diese Daten durch einen 68000 Mikroprozessor.

```
* Anti-Compton-Filter for the Heidelberg-Darmstadt Crystalball Detector
*
*
        MOVE.W    NRHITS,DO       ;get number of hits in current event
        LEA       UNSEV+2,AO      ;get pointer to channel number of 1st
                                  ; hit in unsorted event
        LEA       SRTEV,A1        ;get pointer to sorted event
        LEA       NGBTB,A2        ;get pointer to neighbor table
NXHIT:  MOVE.L    (AO)+,D1        ;get channel number of next hit
        ASL.W     #2,D1           ;make longword offset
        MOVE.L    O(A2,D1.W),A3   ;get pointer to neighbors
NXNGB:  MOVE.W    (A3)+,D2        ;get number of next neighbor detector
        BEQ.S     NOMNB           ;branch, if no more neighbors
        TST.W     2(A1,D2.W)      ;test for compton-hit in this neighbor
        BEQ       NXNGB           ;if no hit, go test next one
        BRA       DROPEV          ;if compton hit, go drop event
NOMNB:  DBF       DO,NXHIT        ;loop, if more hits
```

Für eine grobe Abschätzung der erforderlichen Rechenzeit genügt es, die mittlere Anzahl von Speicherzugriffen abzuzählen.

Das Programm, das für jedes Ereignis einmal durchlaufen wird, besteht aus einem Vorbereitungteil, einer Schleife zur Behandlung aller Hits und einer Schleife, die für jeden Hit durchlaufen wird und alle Nachbarn dieses Hits nach Compton-Ereignissen absucht. Es wird davon ausgegangen, daß erstens nahezu alle Ereignisse Compton-Hits aufweisen; nur dann ist ein solches Filter notwendig und effektiv eingesetzt. Zweitens soll der Füllfaktor des Detektors 10% bis 20% betragen, d.h. nur ein kleiner Teil aller Einzeldetektoren weist einen Hit auf. Unter diesen Voraussetzungen tragen die Fälle, in denen kein Compton-Hit gefunden wird und deshalb die Routine komplett durchlaufen werden muß, zeitlich nicht bei. Wenn im Mittel ein Compton-Hit pro Ereignis auftritt, so wird er im Mittel nach der Überprüfung der Hälfte aller Hits eines Ereignisses gefunden werden. Bei einem Füllfaktor von 15% und 162 Detektoren sind dies 12 Hits, für die die äußere Schleife (4 Instruktionen) komplett, d.h. 6 mal, durchlaufen werden muß. Dies ergibt im Mittel 336 Instruktionen/Ereignis.

Anhang A2: Verfügbarkeit eines Pools

Gegeben sei die Gesamtleistung eines Pools L, die sich gleichmäßig auf allé N Mitglieder verteilt. Die Leistung eines Mitglieds ist dann $l = L/N$.

Jedes Mitglied habe eine konstante Verfügbarkeit V. Wenn Ausfälle einzelner Mitglieder unabhängig voneinander auftreten, gilt für die Wahrscheinlichkeit $P(n, N)$, daß n von N Mitgliedern verfügbar sind, die Binomialverteilung

$$P(n, N) = \frac{N!}{n!(N - n)!} V^n (1 - V)^{N-n} \, .$$

Da die Gesamtleistung L des Pools als konstant vorausgesetzt wurde, gilt dies auch für seine mittlere Leistung $\langle l \rangle = VL$. Für die Varianz der Poolleistung folgt dann

$$\langle (\Delta L)^2 \rangle = \langle N(\Delta l)^2 \rangle = N \langle (l - \langle l \rangle)^2 \rangle \, ,$$

wobei l bzw. $\langle l \rangle$ der aktuellen bzw. mittleren Leistung eines Mitglieds des Pools entsprechen. Auf Grund der normierten Gesamtleistung gilt

$$\langle l \rangle = \frac{\langle l \rangle}{N} \, .$$

Da Poolmitglieder nur funktionsfähig oder defekt sein können, nimmt l nur die Werte L/N oder 0 an. Damit folgt

$$\langle (\Delta L)^2 \rangle = N(V(\frac{L}{N} - \frac{\langle l \rangle}{N})^2 + (1 - V)(0 - \frac{\langle l \rangle}{N})^2) \, .$$

Die Verfügbarkeit der einzelnen Mitglieder ist unter realistischen Umständen ≈ 1, so daß gilt

$$\langle (\Delta L)^2 \rangle \approx \frac{1}{N}(L - \langle l \rangle)^2 \, .$$

Für die Standardabweichung S folgt dann

$$S = \sqrt{\langle (\Delta L)^2 \rangle} = \frac{1}{\sqrt{N}}(L - \langle l \rangle)$$

und für die relative Abweichung

$$\frac{S}{\langle l \rangle} = \frac{1}{\sqrt{N}}(\frac{L}{\langle l \rangle} - 1) \, .$$

Literaturverzeichnis

[1] Backus J.: Can Programming Be Liberated from the von Neumann Style? A Functional Style and Its Algebra of Programs; *Comm. ACM*, Aug. 1978, 613 – 641

[2] Halatsis C.: Highly Concurrent Computing Structures; *Proc. Three Day In-Depth Rev. on the Impact of Spec. Proc. in Elem. Part. Phys.*, Padua (1983) 1 – 32

[3] Adelberger E., Albrecht R., Fischer R. D., Habs D., Helmer K., v. Helmholt U., Hennerici W., Hennrich H. J., Heyng H. W., Himmele G., Kolb B., Krieger H., Kroth R., Koschorrek O., Kühn W., Lazzarini A., Mühlhans R., Metag V., Pelte D., Repnow R., Schwalm D., Simon R. S., Wahl W.: Eigenschaften des Kristallkugelspektrometers, Jahresber. MPI f. Kernphysik Heidelberg (1982) 38 – 42

[4] Heuer R. D.: Trigger and Data Reduction in High Energy e^+ e^- Experiments; *Proc. Three Day In-Depth Rev. on the Impact of Spec. Proc. in Elem. Part. Phys.*, Padua (1983) 303 – 319

[5] SIS — eine Beschleunigeranlage für relativistische schwere Ionen; GSI report, Nov 1981

[6] Nash T.: A Review of Programmable Systems Associated with Fermilab Experiments; *Proc. Topical Conf. on the Applic. of Microproc. to HEP Exp.*, Genf (1981) 132 – 163

[7] Hertzberger L. O., Verkerk C.: Notes on Trigger Logic and Processing; CERN SSG/19/2 (1979)

[8] Lütjens G.: How Can Fast Programmable Devices Enhance the Quality of Particle Experiments; *Proc. Topical Conf. on the Applic. of Microproc. to HEP Exp.*, Genf (1981) 236 – 249

[9] Frehse H.: On-Line Filtering at the CERN-ISR; *Proc. Topical Conf. on the Applic. of Microproc. to HEP Exp.*, Genf (1981) 303 – 315

[10] Aprile E., Hausammann R., Heer E., Hess R., Lechanoine-Leluc C., Leo W. R., Moranzoni S., Onel Y., Rapin D.: A Fast On-Line Event Reconstruction Procedure Based on a Linearized Least-Squares Fit; *Proc. Topical Conf. on the Applic. of Microproc. to HEP Exp.*, Genf (1981) 124 – 131

[11] Männer R.: GOD — Ein flexibles Realtime-Multitasking-System mit virtueller Speicherung und Demand-Paging zur schnellen Datenaufnahme und -Analyse bei vielparametrigen Experimenten; Dissertation Univ. Heidelberg (1979)

[12] Bertuzzi C., Drijard D., Frehse H., Gavillet P., Gokieli R., Innocenti P. G., Messerli R., Mornacchi G., Norton A., Porte J. P.: On-Line Use of the 168/E Emulator at the CERN ISR SFM Detector; *Proc. Topical Conf. on the Applic. of Microproc. to HEP Exp.*, Genf (1981) 329 – 335

[13] Lord D., Kunz P., Botterill D. R., Edwards A., Fucci A., Lee G., Martin B., Mornacchi G., Scharff-Hausen P., Storr M., Streater T.: The 168/E at CERN and the MARK2, an Improved Processor Design; *Proc. Topical Conf. on the Applic. of Microproc. to HEP Exp.*, Genf (1981) 341 – 354

[14] Kunz P. F., Gravina M., Oxoby G., Trang Q., Fucci A., Jacobs D., Martin B., Storr K.: The 3081/E Processor; *Proc. Three Day In-Depth Rev. on the Impact of Spec. Proc. in Elem. Part. Phys.*, Padua (1983) 83 – 100

[15] Jacobs A. D.: Experience with ESOP, a Fast Microprogrammable Trigger Processor; *Proc. 4th Summer School Comp. Techn. in Phys.*, Stara Lesna, CSSR (1981) 182 – 198

[16] Motorola Inc.: *MC68020 32-Bit Microprocessor User's Manual, Datenbuch #MC68020UM/AD*; Prenctice-Hall, Englewood Cliffs, N.J. (1985)

[17] Voelcker J.: Microprocessors; *IEEE Spectrum* **23**, 1 (1986) 46 – 48

[18] Hertzberger L. O., Kieft G., Kisielewski B., Wiggers L. W., Engster C., van Konigsveld L.: The Fast Amsterdam Multiprocessor (FAMP) System Hardware; *Proc. Topical Conf. on the Applic. of Microproc. to HEP Exp.*, Genf (1981) 70 – 82

[19] Hertzberger L. O., Hoogland W., Wiggers L. W.: Application of the FAMP Multiprocessor System in Experiment NA11 at the SPS; *Proc. Topical Conf. on the Applic. of Microproc. to HEP Exp.*, Genf (1981) 488 – 494

[20] Baer J.-L.: Computer Architecture; *Computer* **17**, 10 (1984) 77 – 87

[21] Barnes G. H., Brown R. M., Maso K., Kuck D. J., Slotnik D. L., Stokes R. A.: The ILLIAC IV Computer; *IEEE Trans. Comp.* **C-17** (1968) 746 – 757

[22] Fuller S. H., Harbison S. P.: The C.mmp Multiprocessor; Rep. CMU-CS-78-146, Carnegie Mellon Univ., Pittsburgh, Pa. (1978)

[23] Batcher K. E.: STARAN Parallel Processor System Hardware; *Proc. NCC* **43** (1974) 405 – 410

[24] Browne J. C.: Framework for Formulation and Analysis of Parallel Computation Structures; *Proc. 18th Hawaii Int'l Conf. Syst. Sci.* (1985) 2 – 7

[25] Kuck D. J.: Parallel Processing of Ordinary Programs; *Adv. in Comp.* **15** (1976) 119 – 179

[26] Padua D. A., Kuck D. J., Lawrie D. L.: High Speed Multiprocessor and Compilation Techniques; *IEEE Trans. Comp.* **C-29**, 9 (1980) 763 – 776

[27] Fisher J. A.: Very Long Instruction Word Architectures and the ELI 512; *Proc. 10th Symp. Comp. Arch.* (1983) 140 – 150

[28] Ben-Ari M.: *Grundlagen der Parallel-Programmierung*; Hanser, München (1985)

[29] Dijkstra E. W.: Cooperating Sequential Processes; in: Genuy F., Ed.: *Programming Languages*; Acad. Press, New York (1968)

[30] Brinch Hansen P.: Concurrent Programming Concepts; *Comp. Surv.* **5**, 4 (1973) 223 – 245

[31] Stone H. S.: Database Applications of the FETCH-AND-ADD Instruction; *IEEE Trans. Comp.* **C-33**, 7 (1984) 604 – 612

[32] Hoare C. A. R.: Monitors: An Operating System Structuring Concept; *Comm. ACM* **17** (1974) 549 – 557

[33] Hebalkar P.: Deadlock-Free Sharing of Resources in Asynchronous Systems; Ph.D. diss., Dep. EE, MIT, Cambridge, MA (1970)

[34] Commoner F.: Deadlocks in Petri Nets; Rep. CA-7206-2311, Massachusetts Comp. Associates, Wakefield, Mass. (1972)

[35] Coffman E. G., Elphick M. J., Shoshani A.: System Deadlocks; *ACM Comp. Surv.* **3**, 2 (1971) 67 – 78

[36] Milner R.: The Use of Machines to Assist in Rigorous Proofs; in: Hoare C., Shepherdson J., Eds.: *Proc. discussion meeting Roy. Soc. of London*; Prentice-Hall, Englewood Cliffs, NJ (1985) 77 – 88

[37] Lamport L., Schneider F. B.: Formal Foundation for Specification and Verification; in: Alford M. W., Ansart J. P., Hommel G., Lamport L., Liskov B., Mullery G. P., Schneider F. B.: *Distributed Systems*; Springer, Heidelberg (1985) 203 – 286

[38] Stigall P. D., Tasar O.: A Review of Directed Graphs as Applied to Computers; *Computer* **7**, 10 (1974) 39 – 47

[39] Zimmermann H.-J.: *Netzplantechnik*; de Gruyter, Berlin (1971)

[40] Müller R. W.: *Schedule, Cost and Profit with PERT*; McGraw-Hill (1963)

[41] Karp R., Miller R.: Properties of a Model for Parallel Computation: Determinacy, Termination and Queuing; *SIAM J. Appl. Math.* **14**, 6 (1966) 1390 – 1411

[42] Baer J.: Graph Models of Computations in Computer Systems; Ph.D. diss., Dept. EE, UCLA, Los Angeles, CA (1968)

[43] Petri C.: Kommunikation mit Automaten; Dissertation Univ. Bonn, Bonn (1962)

[44] Peterson J. L.: *Petri Net Theory and the Modeling of Systems*; Prentice-Hall, Englewood Cliffs, N.J. (1981)

[45] Zuberek W. M.: Timed Petri Nets and the Preliminary Performance Evaluation; *Proc. 7th Ann. Symp. Comp. Arch.* (1980)

[46] Molloy M. K.: On the Integration of Delay and Throuput Measures in Distributed Processing Models; Ph.D. diss., university of California, Los Angeles (1981)

[47] Patton P. C.: Multiprocessors: Architecture and Applications; *Computer* **18**, 6 (1985) 29 – 40

[48] Flynn M. J.: Some Computer Organizations and Their Effectiveness; *IEEE Trans. Comp.* **C-21**, 9 (1972) 948 – 960

[49] *ACM computing reviews* classification tree

[50] Richmond I. M.: Classification of Computer Systems; Rep. AIP of ESPRIT (1984)

[51] Vegdahl S. R.: A Survey of Proposed Architectures for the Execution of Functional Languages; *IEEE Trans. Comp.* **C-33**, 12 (1984) 1050 – 1071

[52] U.S. Dep. of Defense: Reference Manual for the Ada Programming Language; ANSI/MIL-STD-1815A-1983 (1983)

[53] Davis R. E.: Logic Programming and Prolog; *IEEE Software* **2**, 5 (1985) 53 – 62

[54] Wu C., Feng T.: *Tutorial: Interconnection Networks for Parallel and Distributed Processing*; IEEE comp. soc. press, Silver Spring, MD (1984)

[55] Ramamoorthy C. V., Li H. F.: *Comp. Surv.* **9**, 1 (1977) 61 – 102

[56] Rieger C., Bane J., Trigg R.: ZMOB: A Highly Parallel Multiprocessor; Rep. TR-911, Univ. of Maryland, College Park, Maryland (1980)

[57] Rieger C.: ZMOB: Hardware from a User's Viewpoint; Rep. TR-1042, Univ. of Maryland, College Park, Maryland (1981)

[58] NEC: μPD7281 Image Pipelined Processor; Datenblatt (1985)

[59] Batcher K. E.: Design of a Massively Parallel Processor; *IEEE Trans. Comp.* **C-29**, 9 (1980) 836 – 840

[60] INMOS Ltd.: *IMS T424 Transputer; Publ. #72-TRN-007-000*; Bristol (1984)

[61] Mead C., Convay L.: *Introduction to VLSI Systems;* Add.-Wesley, Reading, MA (1980) 276 – 285

[62] Snyder L.: Introduction to the Configurable, Highly Parallel Computer; *Computer* 1 (1982) 47 – 56

[63] Browning S.: The Tree Machine: A Highly Concurrent Programming Environment; Ph.D. thesis, Caltech (1980)

[64] Bentley J. L., Kung H. T.: A Tree Machine for Searching Problems; *Proc. Int'l Conf. Parallel Proc.* (1979) 257 – 266

[65] Snyder L.: Tree-Organized Processor Structure; Tech. Rep. Yale Univ., New Haven, Conn. (1980)

[66] Goodman J. R., Sequin C. H.: Hypertree: A Multiprocessor Interconnection Topology; *IEEE Trans. Comp.* **C-30**, 12 (1981) 923 – 933

[67] Arden B. W., Lee H.: Analysis of Chordal Ring Network; *IEEE Trans. Comp.* **C-30**, 4 (1981) 291 – 295

[68] Doty K. W.: New Designs for Dense Processor Interconnection Networks; *IEEE Trans. Comp.* **C-33**, 5 (1984) 447 – 450

[69] Preparata F. P., Vuillemin J.: The Cube-Connected Cycles: A Versatile Network for Parallel Computations; *Comm. ACM* (1981) 300 – 300

[70] Händler W., Hofmann F., Schneider H. J.: A General Purpose Array with a Broad Spectrum of Application; *Proc. 1st Workshop Comp. Arch.*; in: *Inform. Fachber.* **4**, Springer (1976) 311 – 335

[71] Pease M. C.: The Indirect Binary n-Cube Microprocessor Array; *IEEE Trans. Comp.* **C-26** (1977) 458 – 473

[72] Seitz C. L.: The Cosmic Cube; *Comm. ACM*, Jan 1985

[73] Wallich P., Zorpette G.: Minis and Mainframes; *IEEE Spectrum* **23**, 1 (1986) 36 – 39

[74] Masson G. M., Gingher G. C., Nakamura S.: A Sampler of Circuit Switching Networks; *Computer* **12**, 6 (1979) 32 – 48

[75] Wulf W. A., Bell C. G.: C.mmp — A Multiminiprocessor; *Proc. AFIPS Fall Joint Comp. Conf.* (1972) 765 – 777

[76] McGehearty P. F.: Performance Evaluation of a Multiprocessor under Interactive Workloads; Rep. CMU-CS-80-137, Carnegie Mellon Univ., Pittsburgh, Pa. (1980)

[77] Lawrie D. H.: Access and Alignment of Data in an Array Processor; *IEEE Trans. Comp.* **C-24**, 12 (1975) 1145 – 1155

[78] Feng T.: Data Manipulating Functions in Parallel Processors and Their Implementations; *IEEE Trans. Comp.* **C-23** (1974) 309 – 318

[79] Stone H. S.: Parallel Processing with the Perfect Shuffle; *IEEE Trans. Comp.* **C-20**, 2 (1971) 153 – 161

[80] Batcher K. E.: The Flip Network in STARAN; *Proc. 1976 Int'l Conf. Parallel Proc.* (1976) 65 – 71

[81] Benes V. E.: On Rearrangeable Three-Stage Connecting Networks; *Bell Systems Techn. J.* **41** (1962) 1481 – 1492

[82] Clos C.: A Study of Nonblocking Switching Networks; *Bell Systems Techn. J.* **32** (1953) 406 – 424

[83] Cantor D. G.: On Nonblocking Switching Networks; *Networks* **1**, 4 (1971) 367 – 377

[84] Pinsker M.: On the Complexity of a Concentrator; *Proc. 7th Int'l Teletraffic Conf.*, Stockholm (1973) 318/1 – 318/4

[85] Masson G.: Binomial Switching Networks for Concentration and Distribution; *IEEE Trans. Comm.* **COM-25** (1977) 873 – 883

[86] Benes V.E.: Algebraic and Topological Properties of Connecting Networks; *Bell Systems Techn. J.* (1962) 1249 – 1273

[87] Shannon C.: Memory Requirements in a Telephone Exchange; *Bell Systems Techn. J.* **29** (1950) 343 – 349

[88] Opferman D. C., Tsao-Wu N. T.: On a Class of Rearrangeable Switching Networks; *Bell Systems Techn. J.* **50**, 5 (1971) 1579 – 1618

[89] Goke L. R., Lipovski G. J.: Banyan Networks for Partitioning Multiprocessor Systems; *Proc. 1st Ann. Symp. Comp. Arch.* (1973) 21 – 28

[90] McCluskey E. J.: *Introduction to the Theory of Switching Circuits*; McGraw-Hill, New York (1965)

[91] Huffman D. A.: The Synthesis of Sequential Switching Circuits; in: Moore E. F., Ed.: *Sequential Machines, Selected Papers*; Add.-Wesley, Reading, MA (1964) 3 – 62

[92] Unger S. H.: *Asynchronous Sequential Switching Circuits*; Wiley, New York (1969)

[93] Friedman A. D., Menon P. R.: Synthesis of Asynchronous Sequential Circuits with Multiple-Input Changes; *IEEE Trans. Comp.* **C-17**, 6 (1968) 559 – 566

[94] Unger S. H.: Self-Synchronizing Circuits And Nonfundamental Mode Operations; *IEEE Trans. Comp.* **C-26**, 3 (1977) 278 – 281

[95] Clare C. R.: *Designing Logic Systems Using State Machines*; McGraw-Hill, New York (1972)

[96] Yoeli M., Rinon S.: Application of Ternary Algebra to the Study of Static Hazards; *J. ACM* **11** (1964) 84 – 97

[97] Friedman A. D.: Feedback in Asynchronous Sequential Circuits; *IEEE Trans. Electr. Comp.* **EC-15** (1966) 740 – 749

[98] Chaney T. J., Molnar C. E.: Anomalous Behavior of Synchronizer and Arbiter Circuits; *IEEE Trans. Comp.* **C-22**, 4 (1973) 421 – 422

[99] Couranz G. R., Wann D. F.: Theoretical and Experimental Behavior of Synchronizers Operating in the Metastable Region; *IEEE Trans. Comp.* **C-24**, 6 (1975) 604 – 616

[100] Wormald E. G.: A Note on Synchronizer or Interlock Maloperation; *IEEE Trans. Comp.* **C-26** (1977) 317 – 318

[101] Plummer W. W.: Asynchronous Arbiters; *IEEE Trans. Comp.* **C-21**, 1 (1972) 37 – 42

[102] Pearce R. C., Field J. A., Little W.D.: Asynchronous Arbiter Module; *IEEE Trans. Comp.* **C-24**, 9 (1975) 931 – 932

[103] Barros J. C., Johnson B. W.: Equivalence of the Arbiter, the Synchronizer, the Latch, and the Inertial Delay; *IEEE Trans. Comp.* **C-32**, 7 (1983) 603 – 614

[104] Mead C., Convay L.: *Introduction to VLSI Systems*; Add.-Wesley, Reading, MA (1980) 236 – 242

[105] Chaney T. J., Rosenberger F. K.: Characterization and Scaling of MOS Flip-Flop Performance in Synchronizer Applications; *Proc. Conf. VLSI Arch., Design, Fabr.*, Caltech (1979) 357 – 374

[106] Chaney T. J.: Measured Flip-Flop Responses to Marginal Triggering; *IEEE Trans. Comp.* **C-32**, 12 (1983) 1207 – 1209

[107] Marrin K.: Metastability haunts VMEbus and MultibusII system designers; *Comp. Design* **24**, 9 (1985) 29 – 32

[108] Kuhn R. H., Padua D. A.: *Tutorial on Parallel Processing*; IEEE comp. soc. press, Los Angeles, CA (1981)

[109] Gottlieb A., Grishman R., Kruskal C. P., McAuliffe K. P., Rudolph L., Snir M.: The NYU-Ultracomputer — Designing an MIMD Shared Memory Parallel Computer; *IEEE Trans. Comp.* **C-32**, 2 (1983) 175 – 189

[110] Ashbury R., Frison S. G., Roth T.: Concurrent Computer Ideal for Inherently Parallel Problems; *Comp. Design* **24**, 11 (1985) 99 – 107

[111] Kober R., Kuznia C.: SMS — A Multiprocessor Architecture for High Speed Numerical Calculations; *Proc. 1978 Int'l Conf. Parallel Proc.* (1978) 18 – 23

[112] Swan R. J., Fuller S. H., Siewiorek D. P.: Cm∗ — A Modular Multimicroprocessor; *Proc. AFIPS 1977 NCC* (1977) 637 – 644

[113] Gilliland M. C., Smith B. J., Calvert W.: HEP — A Semaphore-Synchronized Multiprocessor with Central Control; *Proc. 1976 Summer Comp. Simul. Conf.*, Washington, DC (1976) 57 – 62

[114] Fielland G., Rodgers D.: 32-bit computer system shares load equally among up to 12 processors; *Electr. Design*, Sep. 6 (1984) 153 – 168

[115] Widdoes L. C.: High-Performance Digital Computer Development in the S-1 Project; *Proc. Compcon Fall 80* (1980) 282 – 291

[116] Johnson D.: The Intel 432: A VLSI Architecture for Fault-Tolerant Computer Systems; *Computer* **17**, 8 (1984) 40 – 48

[117] Chen S. C.: Large-Scale and High-Speed Multiprocessor System for Scientific Applications — CRAY-X-MP-2 Series; *NATO Adv. Res. Workshop on High Speed Comp.*, Jülich (1983)

[118] Kuck D. J., Stokes R. A.: The Burroughs Scientific Processor (BSP); *IEEE Trans. Comp.* **C-31** (1982) 363 – 376

[119] Thornton J.: Design of a Computer: *The Control Data 6600*; Scott, Foresman & C0, Glenview, Ill (1970)

[120] Hintz R. G., Tate D. P.: Control Data Star-100 Processor Design; *Proc. Compcon Fall 1972* (1972) 1 – 4

[121] Jones A. K., Gehringer E. F.: The Cm∗ Multiprocessor Project: A Research Review; Rep. CMU-CS-80-131, Carnegie Mellon Univ., Pittsburgh, Pa. (1980)

[122] Ramakrishnan I. V., Fussell D. S., Silberschatz A.: Mapping Homogeneous Graphs on Linear Arrays; *IEEE Trans. Comp.* **C-35**, 3 (1986) 189 – 209

[123] Graham R. L. et al.: Optimization and Approximation in Deterministic Sequencing and Scheduling: A Survey; *Ann. of Discr. Math.* **5** (1979) 287 – 326

[124] Kartashev S. P., Kartashev S. I., Vick C. R.: Historic Progress in Architectures for Computers and Systems; in: Kartashev S. P., Kartashev S. I., Eds.: *LSI Modular Computer Systems*; Prentice-Hall, Englewood Cliffs, N.J. (1982) 81 – 93

[125] Wilkes M. V.: The Best Way to Design An Automatic Calculating Machine; *Proc. Manch. Univ. Comp. Inaugural Conf.*, Ferranti Ltd., London (1951)

[126] Love H. H.: Reconfigurable Parallel Array Systems; in: Kartashev S. P., Kartashev S. I., Eds.: *LSI Modular Computer Systems*; Prentice-Hall, Englewood Cliffs, N.J. (1982) 99 – 244

[127] Kartashev S. I., Kartashev S. P.: Designing and Programming Supersystems with Dynamic Architecture; in: Kartashev S. P., Kartashev S. I., Eds.: *LSI Modular Computer Systems*; Prentice-Hall, Englewood Cliffs, N.J. (1982) 245 – 385

[128] Kartashev S. I., Kartashev S. P.: Multiprocessor System with Dynamic Architecture; *IEEE Trans. Comp.* **C-28**, 10 (1979) 704 – 721

[129] Siegel H. J., Siegel L. J., Kemmerer F. C., Mueller P. T., Smalley H. E. Jr., Smith S. D.:
PASM: A Partitionable SIMD/MIMD System For Image Processing and Pattern Recognition;
IEEE Trans. Comp. **C-30**, 12 (1981) 934 – 947

[130] Motorola Inc.: *MC68881 Floating-Point Coprocessor User's Manual; #MC68881UM/AD*
(1985)

[131] Zapf T.: Dynamische Thermographie mit dem Multiprozessor Heidelberger Polyp; Diss.
Univ. Heidelberg (1985)

[132] Kain R. Y., Raie A. A., Gouda M. G.: Multiple Processor Scheduling Policies; *Proc. 1st Int'l
Conf. Distr. Comp. Syst.* (1979) 660 – 668

[133] Coffman E. G.: *Computer and Job Scheduling Theory*; Wiley, New York (1976)

[134] Lenstra J. K., Kan A. H. G. R.: Complexity of Scheduling under Precedence Constraints;
Oper. Res. **26** (1978) 22 – 35

[135] Hu T. C.: Parallel Sequencing and Assembly Line Problem; *Oper. Res.* 9 (1961) 841 – 848

[136] Coffman E. G., Graham R. L.: Optimal Scheduling for Two-Processor Systems; *Acta Inf.* 1
(1972) 200 - 213

[137] Kasahara H., Narita S.: Practical Multiprocessor Scheduling Algorithms for Efficient Parallel
Processing; *IEEE Trans. Comp.* **C-33**, 11 (1984) 1023 – 1029

[138] Garey M. R., Johnson D. S.: Complexity Results for Multiprocessor Scheduling Under
Resource Constraints; *SIAM J. of Comp.* **4** (1975)

[139] Johnson H. H., Madison M. S.: Deadline Scheduling for a Real-Time Multiprocessor; NTIS
(N76-15843), Springfield, VA (1974)

[140] Muntz R. R., Coffman E. G.: Preemptive Scheduling of Real-Time Tasks on Multiprocessor
Systems; *J. ACM* **17**, 2 (1970)

[141] Ramamitham K., Stankovitch J. A.: Dynamic Task Scheduling in Hard Real-Time
Distributed Systems; *IEEE Software*, July 1984, 65-75

[142] Dennis J., van Horn E.: Programming Semantics for Multiprogrammed Computations;
Comm. ACM **9**, 3 (1966) 143 – 155

[143] Requa J. R., McGraw J. R.: The Piecewise Data Flow Architecture: Architectural Concepts;
IEEE Trans. Comp. **C-32**, 5 (1983) 425 – 438

[144] Gajski D. et al.: CEDAR: A Large Multiprocessor; *Comp. Arch. News* **11**, 1 (1983) 7 – 11

[145] Babb II R. G.: Parallel Processing with Large-Grain Data Flow Techniques; *Computer* **17**,
7 (1984) 55 – 61

[146] Minsky M., Papert S.: On Some Associative, Parallel and Analog Computations; in: Jacks E. J., Ed.: *Associative Information Technology*, Elsevier, New York (1971)

[147] Amdahl G. M.: Validity of the Single Processor Approach to Achieving Large Scale Computing Capabilities; *Proc. AFIPS* **30** (1967) 483 – 485

[148] Vrsalovic D. et al.: The Influence of Parallel Decomposition Strategies on the Performance of Multiprocessor Systems; *Proc. 12th Ann. Symp. Comp. Arch.* (1985) 396 – 405

[149] Segall Z., Rudolph L.: PIE: A Programming and Instrumentation Environment for Parallel Processing; *Software* **2**, 6 (1985) 22 – 37

[150] Rennels D. A.: Fault-Tolerant Computing — Concepts and Examples; *IEEE Trans. Comp.* **C-33**, 12 (1984) 1116 – 1129

[151] Kuhl J. G., Reddy M.: Fault-Tolerant Considerations in Large, Multiple-processor Systems; *Computer* **19**, 3 (1986) 56 – 67

[152] Carter W. et al.: Cost Effectiveness of Self-Checking Computer Design; *Dig. 7th Int'l Symp. Fault-Tol. Comp.*, Los Angeles, CA (1977) 117 – 123

[153] Khakbaz J., McCluskey E. J.: Self-Testing Embedded Parity Checkers; *IEEE Trans. Comp.* **C-33**, 8 (1984) 753 – 756

[154] Khakbaz J.: Testing and Concurrent Checking for PLAs, and Related Checker Design Issues; Ph.D. diss., Dep. EE, Stanford Univ., Stanford, CA (1983)

[155] Rao T. R. N.: *Error Coding for Arithmetic Processors*; Acad. Press, New York (1974)

[156] Iyengar V. S., Kinney L. L.: Concurrent Fault Detection in Microprogrammed Control Units; *IEEE Trans. Comp.* **C-34**, 9 (1985) 810 – 821

[157] Siemens AG: Perkeo — A Hardware/Software System for Personal Scientific Computing; Rep. Central Res. and Dev. Lab München (1981)

[158] Siewiorek D. P., Kini V., Mashburn H., McConnel S. R., Tsao M.: A Case Study of C.mmp, Cm∗, and C.vmp: Part I — Experiences with Fault Tolerance in Mutiprocessor Systems; *Proc. IEEE* **66**, 10 (1978) 1178 – 1199

[159] Siewiorek D. P., Kini V., Joobbani R., Bellis H.: A Case Study of C.mmp, Cm∗, and C.vmp: Part II — Predicting and Calibrating Reliability of Multiprocessor Systems; *Proc. IEEE* **66**, 10 (1978) 1200 – 1220

[160] Zorpette G.: Computers that are "Never" Down; *IEEE Spectrum* **22**, 4 (1985) 46 – 54

[161] Swoboda J.: *Codierung zur Fehlerkorrektur und Fehlererkennung*; Oldenbourg, München (1973)

[162] INTEL: *MultibusII Bus Architecture Specification Handbook; #230900* (1984)

[163] I896 working group of EWICS-TC10: i896 — A Proposed Standard Backplane Bus Specification for Advanced Microcomputer Systems, Draft 5.2 (1983)

[164] Hamming R. R.: Error Detection and Correction Code; *Bell Systems Techn. J.* **29** (1950) 147 – 160

[165] McEliece R. J.: Die Zuverlässigkeit elektronischer Datenspeicher; *Sp. d. Wiss.* 3 (1985) 70 – 75

[166] Bose B., Lin D. J.: Systematic Unidirectional Error-Detection Codes; *IEEE Trans. Comp.* **C-34**, 11 (1985) 1026 – 1032

[167] NCR: NCR45CG72 Geometric Arthmetic Parallel Processor; Datenblätter (1984)

[168] Manhattan Skyline: Handling Real Time Images Comes Naturally to the NCR Systolic Array Processor; Seminarunterlagen (1985)

[169] Schildt P., Stuckenberg H.-J., Wermes N.: MONICA — A Programmable Microprocessor for Track Recognition in an e^+e^--Experiment at Petra; *Proc. Topical Conf. on the Applic. of Microproc. to HEP Exp.*, Genf (1981) 38 – 45

[170] Medav GmbH: MOSFFT FFT-Prozessormodul; Techn. Beschr. Vers. 08/85 (1985)

[171] Bartels P. H., Männer R., Shoemaker R. L., Paplanus S., Graham A.: Computer Configurations for the Processing of Diagnostic Imagery in Histopathology; in: Uhr L., Preston Jr. K., Levaldi S., Duff M. J. B., Eds.: *Evaluation of Multicomputers for Image Processing*; Acad. Press, Orlando, Florida (1986) 239 – 278

[172] Bille J., Scharfenberg H., Männer R.: Biological Dosimetry by Chromosome Aberration Scoring with Parallel Image Processing with the Heidelberg Polyp Polyprocessor System; *Comput. Biol. Med.* **13**, 1 (1983) 49 – 79

[173] Strecker W. D.: Analysis of the Instruction Execution Rate in Certain Computer Structures; Ph.D. thesis, Carnegie Mellon Univ., Pittsburgh, Pa. (1970)

[174] Bhandarkar D. P., Fuller S. H.: A Survey of Techniques for Analyzing Memory Interference in Multiprocessor Systems; Rep. Carnegie Mellon Univ., Pittsburgh, Pa. (1973)

[175] Baskett F., Smith A. J.: Interference in Multiprocessor Computer Systems with Interleaved Memory; *Comm. ACM* **19**, 6 (1976) 327 – 334

[176] Ajmone Marsan M., Gerla M.: Markov Models for Multiplebus Multiprocessors; *IEEE Trans. Comp.* **C-31** (1982) 239 – 248

[177] Lang T., Valero M., Alegre I.: Bandwidth of Crossbar and Multiple-Bus Connections for Multiprocessors; *IEEE Trans. Comp.* **C-31**, 12 (1982) 1227 – 1234

[178] Valero M. et al.: A Performance Evaluation of the Multiplebus Network for Multiprocessor Systems; *Proc. ACM SIGMETRICS Conf.* (1983) 200 – 206

[179] Mudge T. N., Al-Sadoun H. B.: A Semi-Markov Model for the Performance of Multiple-Bus Systems; *IEEE Trans. Comp.* **C-34**, 10 (1985) 934 – 942

[180] Bhuyan L. N.: A Combinatorial Analysis of Multibus Multiprocessors; *Proc. Int'l. Conf. Parallel Proc.* (1984) 225 – 227

[181] Irani K. B., Önyüksel I. H.: A Closed-Form Solution for the Performance Analysis of Multiple-Bus Multiprocessor Systems; *IEEE Trans. Comp.* **C-33**, 11 (1984) 1004 – 1012

[182] Mudge T. et al.: Analysis of Multiple-Bus Interconnection Networks; *Proc. Int'l Conf. Parallel Proc.* (1984) 228 – 232

[183] Towsley D.: Approximate Models of Multiple Bus Multiprocessor Systems; *IEEE Trans. Comp.* **C-35**, 3 (9186) 220 – 228

[184] Das C. R., Bhuyan L. N.: Bandwidth Availability of Multiple-Bus Multiprocessors; *IEEE Trans. Comp.* **C-34**, 10 (1985) 918 – 926

[185] Lang T., Valero M., Fiol M. A.: Reduction of Connections for Multibus Organizations; *IEEE Trans. Comp.* **C-32**, 8 (1983) 707 – 716

[186] Maekawa M., Yamazaki I., Maeda A., Miyata M., Kamiya S., Kasai H.: Experimental Polyprocessor System (EPOS); Rep. Toshiba Res. a. Dev. Center, Kawasaki (1978)

[187] Ackerman W. B., Dennis J. B.: VAL — A Value-Oriented Algorithmic Language; Rep. MIT/LCS/TR-218 Lab. Comp. Sci, MIT, Cambridge, MA (1979)

[188] Griswold W. G., Bartels P. H., Shoemaker R. L., Bartels H. G., Männer R., Hillman D.: Multiprocessor Computer System for Medical Image Processing; in: Duff M. J. B., Ed.: *Intermediate Level Image Processing*; Acad. Press, London (1986) 267 – 286

[189] Stucky O.: Ein Fehlerkorrektur-Controller für den Heidelberger Multiprozessor Polyp; Diplomarbeit Univ. Heidelberg (1984)

[190] Pohm A. V.: High Speed Memory Systems; *Computer* **17**, 10 (1984) 162 – 171

[191] Digital Equipment Corp.: *DEC System 10 Technical Summary*; Marlborough, MA (1981)

[192] Russell R. M.: The Cray-1 Computer System; *Comm. ACM* **21**, 1 (1978) 63 – 72

[193] Denning P. J., Ullman J. D.: Principles of Optimal Page Replacement; *J. ACM* **18**, 1 (1971) 80

[194] Schmitt S.: Virtual Memory for Microcomputers; *Byte*, Apr. 1983, 210 – 238

[195] Smith A. J.: Cache Memories; *Comp. Surv.* **14**, 3 (1982) 473 – 530

[196] Smith A. J.: Line (Block) Size Choice for CPU Cache Memories; Rep. Comp. Sci. Div., Univ. Cali. Berk., CA (1983)

[197] Rao G. S.: Performance Analysis of Cache Memories; *J. ACM* **25** (1978) 378 – 395

[198] King W. F.: Analysis of Paging Algorithms; *Proc. IFIP Cong.* (1971) 485 – 490

[199] Tang C. K.: Cache System Design in the Tightly Coupled Multiprocessor System; *Proc. AFIPS NCC* (1976) 749 – 753

[200] Yen W. C., Yen D. W. L., Fu K.-S.: Data Coherence Problem in a Multicache System; *IEEE Trans. Comp.* **C-34**, 1 (1985) 56 – 65

[201] Agrawal O. P., Pohm A. V.: Cache Memory Systems for Multiprocessor Architectures; *Proc. AFIPS NCC* (1977)

[202] Goodman J. R.: Using Cache Memory to Reduce Processor/Memory Traffic; *10th Ann. Symp. Comp. Arch.* (1983) 124 – 131

[203] Sweazey P.: The Futurebus Caching System; P896 Mailing #10606, Okt 1985

[204] Katz R. H., Eggers S. J., Wood D. A., Perkins C. L., Sheldon R. G.: Implementing a Cache Consistency Protocol; P896 Mailing #10605, Okt 1985

[205] Hindin H. J.: Single-Board Computers Boost System Throughput; *Comp. Design* **24**, 16 (1985) 45 – 59

[206] Lampson B. W.: Hints for Computer System Design; *IEEE Software* **1**, 1 (1984) 11 – 28

[207] Parnas D. L.: On the Criteria to be Used in Decomposing Systems into Modules; *Comm. ACM* **15**, 12 (1972) 1053 – 1058

[208] Britton K. H. et al.: A Procedure for Designing Abstract Interfaces for Device Interface Modules; *Proc. 5th Int'l Conf. Softw. Eng.* (1981) 195 – 204

[209] Milutinovic V., Fura D., Helbig W.: An Introduction to GaAs Microprocessor Architecture for VLSI; *Computer* **19**, 3 (1986) 30 – 42

[210] U.S. NIM Committee: Fastbus Modular High Speed Data Acquisition and Control System for High Energy Physics and Other Applications; Rep. DOE/ER-0189, U.S. Dep. of Energy, Washington, DC. (1983)

[211] Geyer J.: 32-bit-Mikrocomputer besitzt neuartige Architektur; *Elektronik* 5 (1981) 59

[212] Motorola Inc.: MC68451 Memory Management Unit; Datenblatt (1983)

[213] Rathi B. D., Tripathi A. R., Lipovski G. J.: Hardwired Resource Allocators for Reconfigurable Architectures; *Proc. 1980 Int'l Conf. Parallel Proc.* (1980) 109 – 117

[214] Jenevein R., Degroot D., Lipovski G. J.: A Hardware Support Mechanism for Scheduling Resources in a Parallel Machine Environment; *Proc. 8th Ann. Symp. Comp. Arch.* (1981) 57 – 66

[215] Wah B. W., Hicks A.: Distributed Scheduling of Resources on Interconnection Networks; *Proc. NCC* (1982) 697 – 709

[216] Wah B. W.: A Comparative Study of Distributed Resource Sharing on Multiprocessors; *IEEE Trans. Comp.* **C-33**, 8 (1984) 700 – 711

[217] Männer R.: Hardware Task/Processor Scheduling in a Polyprocessor Environment; *IEEE Trans. Comp.* **C-33**, 7 (1984) 626 – 636

[218] Liebchen A.: Design eines Fastbus-Polyp High Speed Data Links; Diplomarbeit Universität Heidelberg (1986)

[219] Radin G.: The 801 Minicomputer; *Proc. Symp. Archit. Supp. for Progr. Languages and Oper. Syst.* (1982) 39 – 47

[220] Colwell R. P., Hitchcock III C. Y., Jensen E. D., Sprunt H. M. B., Kollar C. P.: Computers, Complexity, and Controversy; *Computer* **18**, 9 (1985) 8 – 19

[221] Motorola Inc.: *MC68000 16-Bit Microprocessor User's Manual, Datenbuch #MC68000UM(AD2)* (1980)

[222] Männer R., Deluigi B.: 16-Bit-Prozessoren im Vergleich; *Elektronik* 5 (1981) 77 – 83, 6 (1981) 119 – 124, 7 (1981) 101 – 107

[223] Feilhufe M.: Soft Error in Semiconductor Memories; *Compcom 79 Digest* (1979) 210 – 216

[224] Sachs H.: Improved Cache Scheme Boosts System Performance; *Comp. Design* **24**, 15 (1985) 83 – 86

[225] Smith A. J.: Cache Evaluation and the Impact of Workload Choice; *Proc. 12th Int'l. Symp. Comp. Arch.* (1985)

[226] Kaplan K. R., Winder R. O.: Cache-Based Computer Systems; *Computer* 6 (1973)

[227] Streker W. D.: Cache Memories for PDP11 Family Computers; *Proc. 3rd Ann. Symp. Comp. Arch.* (1976)

[228] Smith J. E., Goodman J. R.: Instruction Cache Replacement Policies and Organizations; *IEEE Trans. Comp.* **C-34**, 3 (1985) 234 – 241

[229] Goodman J. R.: Cache Memory Optimization to Reduce Processor/Memory Traffic; *ACM Trans. Comp. Syst.* (1983)

[230] Archibald J., Baer J.-L.: An Economical Solution to the Cache Coherence Problem; *Proc. 11th Ann. Symp. Comp. Arch.* (1984) 355 – 362

[231] Frank S., Inselberg A.: Synapse tightly coupled multiprocessors: A new approach to solve old problems; *Proc. NCC* 1984, 41 – 50

[232] Rudolph L., Segall Z.: Dynamic Decentralized Cache Schemes for MIMD Parallel Processors; *Proc. 11th Ann. Symp. Comp. Arch.* (1984) 340 – 347

[233] Papamarcos M. S., Patel J. H.: A Low-Overhead Coherence Solution For Multiprocessors With Private Cache Memories; *Proc. 11th Ann. Symp. Comp. Arch.* (1984) 348 – 354

[234] Briggs F. A., Dubois M.: Effectiveness of Private Caches in Multiprocessor Systems with Parallel-Pipelined Memories; *IEEE Trans. Comp.* C-32, 1 (1983) 48-59

[235] Yeh P. C. C., Patel J. H., Davidson E. S.: Shared Cache for Multiple-Stream Computer Systems; *IEEE Trans. Comp.* C-32, 1 (1983) 38 – 47

[236] Becker H.: Ein Hardware-Event-Sorter für vielparametrige Experimente; Diplomarbeit Universität Heidelberg (1985)

[237] Engster C., van Konigsveld L. G.: MTD Reordering Memory Type 291; CERN EP div. (1984)

[238] Motorola Inc.: *VME System Architecture Manual; #MVMESYSAM/D1* (1985)

[239] Borrill P. L.: Comparison of 32-Bit Buses; Contrib. #P896-10616, P896 mailing Sep/Oct 1985

[240] Motorola Inc.: *MC68440 Dual-Channel Direct Memory Access Controller; Nr. ADI-1002 und ADI-1002AI*, East Kilbridge, Scotland (1984)

[241] Pietaninen E.: VME-Bus Interconnect Manual; Rep. Dep. HEP, Univ. Helsinki (1985)

[242] U.S. Dep. of Defence: Reliability Prediction of Electronic Equipment; MIL-HDBK-217B, Washington, D.C.

[243] Backplane Subcommittee of the IEEE Computer Society Microprocessor Standard Committee: Proposed Standard Specifications for Advanced Microcomputer System Backplane P896/D3.3 (1981)

[244] Männer R., Deluigi B., Saaler W., Sauer T., v. Walter P.: The Polybus: A Flexible and Fault-Tolerant Multiprocessor Interconnection; *Interf. in Comp.* 2 (1984) 45 – 68

[245] Digital Equipment Corp.: *PDP11 Peripherals Handbook, #112.00973.2908 RD-09-30* (1973)

[246] Blumann W.: Eine Einführung in das ISO-Referenzmodell für offene Rechnernetze und einige seiner Anwendungen; *Elektr. Rechenanlagen* 27, 6 (1985)323 – 333

[247] Borrill P. L., Del-Corso D.: Backplane Bus Model; Contrib. #P896-10563, P896 mailing Jan/May 1985

[248] Balakrishnan R. V.: The Proposed IEEE 896 Futurebus — A Solution to the Bus Driving Problem; *IEEE Micro*, Aug. 1984, 23 – 27

[249] Gustavson D. B., Theus J.: Wire-OR Logic on Transmission Lines; *IEEE Micro* **3**, 3 (1983) 51 – 55

[250] Taub D. M.: Limitations of Looped-Line Scheme for Overcoming Wired-OR Glitch Effects; *Electr. Lett.* **19**, 15 (1983) 579 – 580

[251] Taub D. M.: Hardware Method of Synchronising Processes without Using a Clock; *Electr. Lett.* **19**, 19 (1983) 772 – 773

[252] Deluigi B.: Ein universeles Multiprozessor-System für die schnelle Erfassung und Verarbeitung von Positronenkamera-Daten; Dissertation Univ. Heidelberg (1983)

[253] Thurber et al.: A Systematic Approach to the Design of Digital Bussing Strctures; *Fall Joint Comp. Conf.* (1972)

[254] Färber G.: Ein dezentraler fairer Busarbiter; *Elektronik* 8 (1980) 65 – 68

[255] Taub D. M.: Contention-Resolving Circuits for Computer Interrupt Systems; *Proc. IEE* **123**, 9 (1976) 845 – 850

[256] Männer R., Deluigi B.: Busvergabe durch dezentralen Arbiter; *Elektronik* 1 (1981) 86 – 88

[257] Bauer P.: Ein Betriebssystem für den Multiprozessor "Heidelberger POLYP"; Diplomarbeit Universität Heidelberg (1983)

Glossar

- Arbiter

  Eine Einheit, die unter mehreren Möglichkeiten eine auswählt. Sie ist bei der Synchronisation
  paralleler Prozesse notwendig, wenn gegenseitiger Ausschluß erzwungen werden soll.

- Bit-Slice

  Kaskadierbare logische Baugruppe, aus der sich mikroprogrammierbare Prozessoren
  beliebiger Wortbreite nach Bedarf aufbauen lassen.

- Busswitch

  Interface zwischen einem Modulbus und einem Polybus.

- CISC

  Complex Instruction Set Computer

- Commander

  Das Modul, das bei einem Transfer den Master enthält.

- DMA

  Direct-Memory-Access; ein Transfer, der nicht von dem Prozessor eines Moduls initiiert wird.

- DMAC

  Direct Memory Access Controller

- FIFO

  First-In First-Out; Speicher-Organisation, bei der Daten sequentiell abgespeichert und
  sequentiell in der gleichen Reihenfolge wieder ausgelesen werden können.

- Fork-Operation

  Die Aufspaltung eines Instruktionsstroms in mehrere parallele Ströme (Prozesse)

- FPLA

  Field Programmable Logic Array

- Inference-Maschine

  Ein Rechner vorwiegend für Anwendungen in der künstlichen Intelligenz, dessen Basisopera-
  tionen die Auswertung von Ausdrücken aus der Prädikatenlogik sind.

- Join-Operation

  Die Vereinigung mehrerer paralleler Prozesse zu einem einzigen Instruktionsstrom

- Master

  Die Unit, die einen Transfer initiiert.

- MFLOPS

  Millionen Floating-Point Operationen pro Sekunde

- MIMD

  Rechner-Klassifizierung: Multiple-Instruction-Multiple-Data-Stream

- MIPS

  Millionen Instruktionen pro Sekunde

- Modul

  Jeder an das Polybus-System angeschlossene Teilnehmer ist ein Modul. Der Anschluss erfolgt standardmäßig mit Hilfe von einem oder mehreren Busswitches, die Teil des betreffenden Moduls sind. Waehrend eines Transfers kann ein Modul passiv sein, d.h. an dem Transfers nicht teilnehmen, oder aktiv, d.h. entweder als Commander oder als Responder an dem Transfer teilnehmen. Ein Modul besteht in der Regel aus einer Backplane und mehreren Platinen (Units).

- Modulbus

  Modul-interner Bus, der all Units eines Moduls einschließlich seiner Busswitches verbindet.

- Monitor

  Eine Systemroutine mit einem Satz komplexer Operationen, die von anderen Prozessen aufgerufen werden können. Monitore operieren auf Datensätzen, auf die von außen nicht zugegriffen werden kann.

- NP-Vollständigkeit

  Ein kombinatorisches Problem ist NP-vollständig, wenn eine gesuchte Lösung nur durch Vergleich aller möglichen Kombinationen gefunden werden kann.

- PAL

  Programmable Array Logic

- Plättbarer Graph

  Ein Graph, der so auf eine Ebene projeziert werden kann, daß sich keine Kanten kreuzen.

- Polybus

  Das Polybus-System besteht aus mehreren unabhängigen Einzelbussen; jeder davon wird Polybus genannt.

- PROM

  Programmable Read-Only Memory

- Prozess

  Ein für sich ausführbarer Teil einer Aufgabe.

- Responder

  Ein Modul, das bei einem Transfer einen Slave enthält.

- RISC

  Reduced Instruction Set Computer

- Scheduling

  Die Zuweisung eines geeigneten Prozesses an einen geeigneten Prozessor nach einem festgelegten Algorithmus.

- Semaphore

  Im einfachsten Fall ein Bit, das einen Belegt-Zustand anzeigt. Sie darf nur durch eine ununterbrechbare test-and-set-Operation gesetzt werden.

- SIMD

  Rechner-Klassifizierung: Single-Instruction-Multiple-Data-Stream

- Slave

  Eine Unit, die auf die Initiierung eines Transfers durch einen Master reagiert. Bei Broadcast-Transfers können beliebig viele Slaves angesprochen werden; bei allen anderen Transfers höchstens ein Slave. Wird kein Slave angesprochen, so endet ein Transfer mit Timeout.

- Transparentes Multiprocessing

  Betriebsweise eines Multiprozessors, bei dem die Größe des Systems für den Betrieb belanglos ist; in diesem Fall kann es wie ein Einprozessorsystem benutzt werden.

- Unit

  Jeder an einen Modulbus angeschlossene Teilnehmer ist eine Unit. Waehrend eines Transfers kann eine Unit passiv sein, d.h. an einem Transfer nicht teilnehmen, oder aktiv, d.h. entweder als Master oder als Slave an dem Transfer teilnehmen. Eine Unit ist in der Regel eine Platine eines Moduls.

- von-Neumann-Architektur

  Rechner-Architektur, bei der ein einziger Instruktions-Strom verarbeitet wird. Die Instruktionen werden sequentiell aus dem Speicher gelesen und ausgeführt.